教育部中外语言交流合作中心"'中文+阿拉伯语'国际中文教师人才培养创新项目",项目批准号：21YH015CX1。

中国文化对外传播研究

以"中文＋"模式为视角

宋学清　肖可意◎著

九州出版社
JIUZHOUPRESS

图书在版编目（CIP）数据

中国文化对外传播研究：以"中文+"模式为视角／
宋学清，肖可意著 . --北京：九州出版社，2024.9.
ISBN 978-7-5225-3395-7

Ⅰ . G125

中国国家版本馆 CIP 数据核字第 2024GK4322 号

中国文化对外传播研究：以"中文+"模式为视角

作　　者　宋学清　肖可意　著
责任编辑　陈丹青
出版发行　九州出版社
地　　址　北京市西城区阜外大街甲 35 号（100037）
发行电话　（010）68992190/3/5/6
网　　址　www. jiuzhoupress. com
印　　刷　唐山才智印刷有限公司
开　　本　710 毫米×1000 毫米　16 开
印　　张　15.5
字　　数　281 千字
版　　次　2025 年 1 月第 1 版
印　　次　2025 年 1 月第 1 次印刷
书　　号　ISBN 978-7-5225-3395-7
定　　价　95.00 元

目　录
CONTENTS

绪　论

一、研究背景

（一）汉语国际教育的发展趋势和现状

当前汉语国际教育呈现出蓬勃发展的态势，但仍面临诸多挑战，如教学资源不平衡、师资力量不足、跨文化冲突等。为了实现可持续发展，需要进一步加强师资培训、教学资源建设和国际合作，不断创新教学模式和方法，以适应时代发展的需求。

1. 全球汉语学习人数持续增长

随着中国经济的崛起和国际影响力的提升，全球范围内的汉语学习人数不断增长。据国家汉办粗略估算，国外正在学习中文的人数超过 3000 万，累计学习和使用中文的人数接近 2 亿。[①] 许多国家将汉语纳入国民教育体系，同时越来越多的国际学生选择到中国留学，学习汉语和中华文化。

德国目前有 300 余所中小学开设了汉语课，其中近 70 所中学把汉语作为正式学分课程及高中毕业会考科目。在法国，汉语已成为初、中等教育阶段位列西班牙语、德语、意大利语之后的第四大"第二外语"。在素有"英国高考"之称的 A-level 考试中，2018 年选考汉语的考生人数首次超过德语，汉语成为英国第三大热门外语。2017 年 12 月 4 日，爱尔兰正式公布把汉语纳入爱尔兰高中教育体系，自 2020 年起，中文出现在爱尔兰大学考试的外语科目之中。南非从2016 年开始在部分中小学依次启动了多个汉语教学试点，毛里求斯、坦桑尼亚、喀麦隆、赞比亚等非洲国家也纷纷把汉语纳入国民教育体系。和其他国家相比，泰国、马来西亚等东南亚国家较早通过政策和法规形成了从学前教育、基础教

---

① 陈丽湘 . 乐见全球"中文热"持续升温［N］. 光明日报，2024-06-11（2）.

育、职业教育到高等教育的完整的汉语教学体系。美国、加拿大、日本、韩国、澳大利亚等国也都先后把汉语列为大学入学考试的外语科目之一。①

2. 多元化和个性化的教学模式

为了满足不同国家和群体的学习需求，汉语国际教育的教学模式逐渐趋向多元化和个性化。例如，采用线上线下的混合式教学模式，以及针对不同年龄段、职业和学习目的开展个性化课程设计。

针对不同国家和地区、不同年龄段、不同学习目的的学生采用不同的教学方法和教材。例如，对于汉字文化圈的学生，可以采用传统的汉字教学法，而对于非汉字文化圈的学生，则可以采用拼音教学法。此外，针对不同国家和地区的学生，可以采用具有当地特色的教材，以更好地满足他们的学习需求。对于儿童和青少年学生，可以采用游戏化教学法和故事化教学法，以激发他们的学习兴趣和动力。对于成年人学生，则可以采用实用教学法和任务教学法，以满足他们的工作和生活需求。对于以旅游为目的的学生，可以采用实地教学法和情境教学法，使他们更好地了解当地的文化和语言。对于以商务为目的的学生，则可以采用商务汉语教学法和案例教学法，以帮助他们更好地掌握商务场合的语言表达和沟通技巧。

3. 跨文化交流与合作日益频繁

跨文化交流的现状在全球化的背景下呈现出更加活跃和多元的态势。随着国际贸易、合作项目以及科研合作的不断深入，不同文化背景的人们需要更多地相互配合与交流。此外，移民、留学、国际旅游等也让人们有更多机会接触和了解不同文化，促进了跨文化交流的进一步发展。在这个过程中，语言成为跨文化交流的重要工具。英语是全球范围内使用最广的语言，不同国家的人们通过英语可以更轻松地进行信息交流与合作。除了英语，汉语、西班牙语、法语等语言也在全球范围内被广泛使用，推动了跨文化交流的深入发展。汉语是中国文化基因的重要载体和显性表现，承载着中国文化的传承和发展使命。在跨文化交际中，汉语是中国文化走出去的基本桥梁。汉语国际教育致力于对外汉语教学和中国文化传播，担负着东西方沟通桥梁的历史使命。②

汉语国际教育在跨文化交流中起到了重要作用。首先，对外汉语教学不仅

---

① 黄彩玉. 汉语纳入多国国民教育体系之后［N］. 光明日报，2019-01-12.

② 吴小华. 汉语国际教育在跨文化交际中的作用探讨——评《汉语国际教育与跨文化交际能力培养研究》［J］. 中国教育学刊，2023（11）：144.

是语言教学，也是一种文化教学。教师与学生间存在不同的文化背景，很容易产生文化碰撞和冲突。因此，在汉语教学过程中，教师应树立跨文化交际意识，尽量规避文化冲突，提高教学质量。

其次，跨文化交际是传播中华文化、提高汉语国际影响力的有效方式。教师在教学中应依据学生的文化背景选取适当的教学方式，并引入中华文化因素，潜移默化地提升中国文化的国际影响力。

4. 科技与数字化技术的应用

科技和数字化技术为汉语国际教育提供了新的发展机遇。利用人工智能、虚拟现实等技术手段，可以创新教学方式，提高教学效果，同时为远程教育和在线学习提供技术支持。

比如，智能语音识别和语音合成技术：这些技术可以帮助教师更准确地评估学生的发音和语调，并提供及时的反馈。同时，语音合成技术可以将文本转换成自然语音，为汉语学习者提供更丰富的学习资源。

虚拟现实和增强现实技术：这些技术可以为学生提供沉浸式的学习体验，让他们在模拟的真实环境中学习汉语。例如，通过模拟中国城市的街景、商店、交通等场景，学生可以在互动中学习汉语口语和听力。

在线学习平台和移动应用程序：这些平台和应用程序提供了丰富的汉语学习资源，包括课程、视频、音频、练习和游戏等。学生可以在任何时间、任何地点学习汉语，提高学习效率和兴趣。

大数据和人工智能技术：这些技术可以帮助教师更好地了解学生的学习需求和困难，提供个性化的学习方案。同时，通过分析大量的学习数据，教师可以发现学生的学习模式和习惯，进一步优化教学策略。

5. 汉语国际教育面临的挑战

目前，汉语国际教育呈现出蓬勃发展的态势，但仍面临诸多挑战，如教学资源不平衡、师资力量不足、跨文化冲突等。师资建设是学科建设的根本，① 然而，当下汉语国际教育教学由于教学环境、教育体系，以及教学方法的局限性，难以跟上学科发展规模，无论是在实践教学还是在理论教学中，都面临较大困境。②

---

① 李泉，关蕾. 对外汉语教学：教师、匠人、学者 [J]. 国际汉语教育（中英文），2019（01）：34-35.

② 王禹然. 汉语国际教育学科发展现状及教学策略研究 [J]. 产业与科技论坛，2020（02）：260-261.

许多汉语教师教学任务繁重、工作压力大、教学水平有限，影响了汉语教师的工作质量。此外，由于汉语国际教育的特殊性，教师需要具备跨文化交际能力和较高的语言水平，也增加了师资培养的难度。

除了师资问题，汉语国际教育还面临着教材和教学资源有限的问题。虽然市场上已经有一些汉语教材和教学资源，但它们的质量和适应性参差不齐，难以满足不同学习者的需求。此外，由于汉语的语法、词汇和发音与英语等西方语言有很大的不同，一些教材和教学资源可能难以被非母语学习者理解和接受。

另外，文化差异也是汉语国际教育面临的一个重要挑战。由于汉语的文化背景和表达方式与西方语言存在很大的差异，教师和学习者可能会面临文化差异带来的理解困难和沟通障碍。例如，一些中国特有的文化概念、历史背景和价值观念可能难以被非母语学习者所理解和接受。

（二）"中文+"教学模式的提出和意义

中国国家汉办提出"中文+"模式，旨在通过中文教育促进中外人文交流，推动中国与世界各国互学互鉴、合作共赢。该模式将中文教育与中国经济、文化、科技等领域的快速发展相结合，为世界各国提供更多的中文教育资源和机会，以满足各国人民对中文学习的需求。

1. "中文+"模式对汉语国际教育的现实意义

随着中国经济的崛起和国际影响力的提升，全球对中文教育的需求不断增长。"中文+"模式通过将中文教育与各种职业技能相结合，为全球学习者提供了更加多样化的中文学习选择，满足了不同领域和行业的中文学习需求。

"中文+"模式不仅注重语言教学，还强调文化交流与合作。通过"中文+"模式，中外双方可以开展更加深入的文化交流与合作，增进相互理解和友谊，推动各领域合作的不断深化。

"中文+"模式鼓励中外教育机构和行业企业合作开展教学，引入优质教育资源和先进的教育理念，提高国际汉语教育的质量和学习效率。同时，该模式还注重培养学习者的实际应用能力，使学习者能够更好地适应全球化时代的工作和生活。

"中文+"模式为国际汉语教育注入了新的活力和动力，推动了教育的创新发展。该模式鼓励教育机构和教师不断探索新的教学方法和手段，提高教育效果和质量，推动国际汉语教育的持续发展。

2. "中文+"模式对汉语教育的理论意义

"中文+"模式的提出为国际汉语教育的理论体系提供了新的思路和方法，

丰富和发展了国际汉语教育的理论体系。该模式注重跨文化交际、全球视野和实际应用等方面的培养,为国际汉语教育的理论体系提供了新的视角和观点,有助于推动该领域理论的不断完善和发展。

(三)"中文+"教学的实践案例和应用领域

"中文+"教学模式已经在多个领域得到了应用,如商务、科技、文化、旅游等。例如,在中国政府倡议下,"中文+"商务模式被广泛应用于中国与沿线国家的商务交流中,帮助企业和个人更好地了解和掌握中国的商务文化和规则。在科技领域,"中文+"科技模式被应用于中国的科技创新和人才培养中,帮助学生更好地掌握科技知识和技能。在文化领域,"中文+"文化模式被应用于中国的文化交流和推广中,帮助外国人更好地了解和欣赏中国的传统文化。在旅游领域,"中文+"旅游模式被应用于中国的旅游服务和推广中,帮助旅游从业者和游客更好地掌握中文和了解中国文化。

此外,"中文+"教学模式也在许多教育机构得到了应用。例如,在孔子学院和海外的中文学校中,"中文+"教学模式被广泛应用于汉语教学和跨文化交流中,帮助学生更好地掌握中文和了解中国文化。在中国的一些高校中,"中文+"教学模式也被应用于国际化人才培养中,帮助学生更好地掌握跨文化交际能力和专业技能。

"中文+"教学模式已经在多个领域得到了应用,并取得了良好的效果。随着中文国际地位的不断提升和相关政策倡议的深入推进,"中文+"教学模式的应用前景将更加广阔。

1. "中文+"职业技能

"中文+"职业技能是一种将中文教育与职业技能培训相结合的教育模式。这种模式的目标是通过中文学习,帮助学习者获得相关的职业技能,促进中外交流与合作。

"中文+"职业技能的教育模式将中文作为媒介,将语言学习与职业技能培训相结合,旨在培养学习者在特定领域的专业技能和语言能力。这种模式不仅注重语言交际能力的培养,还强调实际操作能力和跨文化交流能力的提升。

"中文+"职业技能的教育模式可以应用于各种领域,如经贸、旅游、酒店管理、航空等。通过这种模式,学习者可以在掌握中文的同时,获得相关行业的专业技能和知识,提高其在国际市场上的竞争力。

近年来随着我国教育对外开放的不断深入,职业教育在服务中国企业"走出去"进程中国际化程度不断提升,增强了全球适应性,特别是国际中文教育赋能，推动了"中文+"职业技能的快速发展，形成了国际中文教育与职业教育协同"走出去"的新型教育模式，在一些国家形成了中国特色的职业教育品牌。①

"中文+"职业技能的教育模式具有以下特点：第一，跨学科性，该模式涉及语言和职业技能两个领域，是一种跨学科的教育模式。第二，实用性，该模式注重实际应用，通过模拟真实场景和实际操作，提高学习者的实际操作能力和问题解决能力。第三，国际化，该模式旨在培养具有国际视野和跨文化交流能力的人才，促进中外交流与合作。第四，灵活性，该模式可以根据学习者的需求和行业特点进行灵活设置，满足不同领域和层次的学习需求。

"中文+"职业技能的教育模式可以有效提高学习者的语言和职业技能水平，培养具有国际视野和跨文化交流能力的人才。同时，这种模式也可以为中外交流与合作提供更多的人才支持和智力保障。

"中文+"职业技能人才培养模式的内涵是通过国际中文教育和职业教育的有机融合，实现"精技术、通中文、懂文化"的人才培养目标，提出构建"中文+"职业技能双向多元人才培养模式，也就是"引进来"与"走出去"相结合的多元利益主体合作共建模式；专业、课程、资源、模式、评价等多元一体的教学标准体系；师资队伍、资格认证等多元保障机制。②

2. "中文+"跨境电商

"中文+"跨境电商是指面向中国市场的跨境电商平台或服务，主要针对中国消费者和商家，使用中文进行商品描述、浏览购物界面和交流等操作。这种类型的平台和服务允许中国的买家和卖家跨越国界进行交易，充分利用全球化的机遇和优势。

在具体实施中，"中文+"跨境电商需要进行多方面的考量，例如如何提供高质量的中文客户服务、如何适应中国市场的文化与习惯、如何应对潜在的物流和税收问题等。此外，由于中国市场的特殊性，平台可能需要采取一些针对性的策略，如优化商品推荐算法以适应当地的购物习惯，提供更灵活的支付方式等。

"中文+"跨境电商通常拥有多个中文页面和服务选项，从商品详情到订单

---

① 李瑞林，李正升，马可. "中文+"职业技能"人才培养模式探究［J］. 云南师范大学学报（对外汉语教学与研究版），2023（06）：21-27.

② 李瑞林，李正升，马可. "中文+"职业技能"人才培养模式探究［J］. 云南师范大学学报（对外汉语教学与研究版），2023（06）：21-27.

确认和售后支持等全部支持中文操作，便于中文用户使用和理解。这也是与其他语言跨境电商的一个重要区别。

"中文+"跨境电商的出现和发展，有助于促进中国与全球的商业交流与合作，为中国的企业和消费者提供了更广阔的市场和机会。然而，这也需要平台和服务商具备相应的专业知识和能力，以应对各种挑战和机遇。

近年来，中国与东盟合作交流不断深入，已建立起可持续的、互惠互利的全面战略伙伴关系。其中，跨境电商逐渐成为东盟发展的新业态，中国与东盟在跨境电商领域的务实合作日益形成拉动数字经济的新增长点。2022年，我国跨境电商贸易保持强劲增势，特别是上半年面向东盟的跨境电商出口增长了98.5%。

现阶段，面向东盟的"中文+"跨境电商人才培养，教育部中外语言交流合作中心及相关高校、职校等教育机构已开展了富有成效的合作交流。在政策支持下，通过项目合作、人才培养和资源开发，建设"电商谷"（国际化产教合作平台）、设定国别化"1+X"制度（跨境电商职业技能培训标准）、完成学习资源包（含核心课程/项目案例）等创新实践，逐步探索面向东盟的"岗—课—赛—证"结合的人才培养模式和具体实践方案，建设"政—行—企—校"多方参与的"中文+"职教共同体，旨在整体推动跨区域、跨国界的国际中文教育与职业教育的协同发展。①

（四）"中文+"教学面临的挑战和机遇

1. 挑战方面

首先，随着中文学习人数的增长，对中文教育资源的需求也在增加，但目前全球范围内的中文教育资源还相对有限，这给"中文+"教学带来了很大的挑战。其次，由于中文的语法、词汇和拼音系统与许多其他语言有很大的不同，因此，对于非母语的初学者来说，中文的学习难度较大，这对"中文+"教学提出了更高的要求。此外，由于"中文+"教学需要融合其他领域的知识和技能，教师需要具备跨学科的知识和技能，但目前这种教师资源还比较稀缺。

"中文+"模式面临的挑战还包括以下几个方面：

文化差异："中文+"模式不仅涉及语言学习，还包括文化传承。由于文化背景和价值观等方面的差异，学习者在学习过程中可能会面临文化冲突和跨文

---

① 石琳，蒋梅玲."一带一路"背景下面向东盟的"中文+"跨境电商"人才培养模式创新研究［J］.广西社会科学，2023（08）：68-76.

化适应等问题。

教育资源："中文+"模式需要大量的教育资源支持，如教师、教材和学习设施等。同时，还需要有适合不同年龄段和学习水平的课程体系和教学资源。

就业前景：虽然中文在全球范围内得到广泛使用，但并不是所有的职业都需要中文技能。因此，学习者需要认真考虑自己的职业规划和就业前景，以便更好地选择学习方向和制定职业规划。

社会环境："中文+"模式的发展还受到社会环境的影响。例如，国家政策、经济发展和国际关系等，都会对中文教育的推广和应用产生影响。

"中文+"模式面临的挑战是多方面的，需要政府、教育机构、企业和个人等各方面的共同努力来克服。同时，也需要不断探索和创新，提高中文教育的质量和效果，为推动全球范围内的中文教育和文化交流作出更大的贡献。

2. 机遇方面

随着中国经济的快速发展和国际影响力的提升，中文在国际交流中的作用越来越重要，这为"中文+"教学的发展提供了广阔的市场空间。同时，随着科技的不断进步，数字化和在线教育的发展也为"中文+"教学提供了新的发展机遇。例如，通过在线教育平台，可以打破地域和时间的限制，让更多的人接收到优质的中文教育资源。此外，随着相关政策倡议的深入推进，沿线国家的中文教育需求也在不断增加，这也为"中文+"教学提供了新的发展机遇。

"中文+"教学在面临挑战的同时，也迎来了许多机遇。只有不断加强自身建设和发展创新，才能更好地应对挑战、抓住机遇，推动"中文+"教学的可持续发展。

（五）研究"中文+"模式背景下的中国文化对外传播的原因

文化是国家软实力的重要组成部分，中国文化对外传播能够提升中国的国际影响力和文化竞争力。通过向世界展示中国文化的独特魅力和价值，可以增强外国友人对中国的了解和认同，提高中国的国际形象和声誉。

中国文化对外传播能够促进中外文化交流和跨文化理解，有助于消除文化隔阂和误解，增进中外人民的友谊和合作。同时，通过吸收借鉴外国文化的优秀成果，可以推动中国文化不断创新和发展。

中国文化对外传播能够促进中文的国际化和普及化。随着中国经济的快速发展和国际地位的提升，越来越多的国家和人民开始关注中国，学习中文的需求不断增加。通过中国文化对外传播，可以促进中文的国际化和普及化，为全球汉语学习者提供更好的学习资源和机会。

中国文化对外传播能够推动中国的全球化进程。在全球化的时代背景下，中国需要积极参与全球治理和国际合作，为中国的发展创造更加有利的国际环境。通过中国文化对外传播，可以增强中国在国际舞台上的影响力和话语权，推动中国的全球化进程。

研究"中文+"模式背景下的中国文化对外传播对于提升中国的国际形象和声誉、促进中外文化交流和跨文化理解、带动中文的国际化和普及化以及推动中国的全球化进程都具有重要意义。

二、研究现状

（一）"中文+"模式的相关研究

近些年，随着世界各国的合作交流不断深入，国际社会对于"中文+"复合型人才的需求增多，而"中文+"模式作为一种专门应用于国际中文教学的新形式，受到了越来越多的关注，得到了学界的普遍肯定，认为其具有广阔的发展空间和深远的价值意义。在知网上，我们以"中文+"为关键词进行检索，通过对文献内容筛选，发现与主题相关的学位论文有 7 篇，期刊 75 篇左右。其中大部分研究成果都集中在探讨如何建设"中文+职业技能"的教育体系，如何运用"中文+职业技能"模式培养复合型人才等问题，而对于"中文+"其他领域的研究文献屈指可数。因此，拓宽"中文+"项目的研究领域，成为国际中文教育可持续发展过程中亟须突破的节点。

1. "中文+"模式的内涵建构与流变研究

第一，"中文+"概念的提出与发展研究

"中文+"是国际汉语教育职业化和国际化相融合的特色创新人才培养模式，旨在为各国培育掌握汉语和职业技能的复合型人才。① 其概念的提出是建立于新时代我国对外发展战略需求的基础上，通过一步步探索总结而最终产生的。在 2018 年的第十三届孔子学院大会中，国务院副总理孙春兰首次提出"汉语+"这一概念，强调实施"汉语+"项目要因地制宜开设技能、商务、中医等特色课程，建立务实合作支撑平台。要坚持开门办学，发挥双方办学优势，培养更多熟悉双方国家的优秀人才，搭建友好的国家交往平台，不断深化中外友谊，积

---

① 李瑶，沈丹，聂熙忱. 面向"中文+"的高职院校国际汉语线上教学探索与实践——以贵州轻工职业技术学院为例 [J]. 汉字文化，2023（07）：98-100.

极推动构建人类命运共同体。① 之后的"中文+"也是从"大中文"的站位和国际化的视野对"汉语+"理念的丰富与拓展，可以说"汉语+"为"中文+"的提出和发展奠定了最为直接的基础。②

2019 年国际中文教育大会召开，孙春兰在会议中再次强调了深化国际中文教育的重要性，指出要积极聚焦语言主业，鼓励支持中外高校、企业、社会组织开展国际中文教育项目和交流合作，构建更加开放、包容、规范的现代国际中文教育体系。③ 同时，会议中增设了"中文+职业技能"项目的专题论坛，探讨中文教育如何与当地的就业创业相对接、承担起服务当地社会经济发展的责任。从此"中文+"这个概念开始逐渐进入大众的视野，并被学界广泛地采纳和使用。

2020 年，教育部等九部门制定印发了《职业教育提质培优行动计划（2020—2023 年）》，其中明确提出："要加快培养国际产能合作急需人才，加强职业学校与境外中资企业合作，支持职业学校到国（境）外办学，培育一批'鲁班工坊'，推动中国与产能合作国远程教育培训合作，推进'中文+职业技能'项目，助力中国职业教育走出去，提升国际影响力。"④ 同年 11 月，国家语合中心与南京工业职业技术大学共建了全国首个"中文+职业技能"国际推广基地，致力于整合国际中文教育和职业教育资源，培养更多"中文+职业技能"教育专业人才，满足我国企业"走出去"发展战略的需求。同年 12 月，语合中心与泰国教育部职业教育委员会签署《关于开展"中文+职业技能"合作的谅解备忘录》，启动建设全球第一所语言与职业教育学院。⑤ 这些举措的实施，进一步体现了"中文+"模式在我国对外发展战略中所起到的重要作用，也预示着国家针对"中文+"项目下一步的相关部署和具体工作已迅速开始筹备和实施。

近年来，随着全球一体化进程的深入发展，对外发展政策建设的稳步推进，以及"人类命运共同体"方案的有效提出，中国在扩大开放中深度融入世界，与各国之间在不同领域的交流合作不断加深，中国亟须培养出更多知己知彼的

① 第十三届全球孔子学院召开［EB/OL］. 北京大学新闻网，2018-12-04.
② 刘丹，刘澍. "中文+职业技能"视域下高职国际中文教育发展研究［J］. 石家庄职业技术学院学报，2023（03）：15-20.
③ 孙春兰出席国际中文教育大会并发表主旨演讲［EB/OL］. 中国政府网，2019-12-09.
④ 教育部等九部门关于印发《职业教育提质培优行动计划（2020—2023 年）》的通知［EB/OL］. 中国政府网，2019-09-16.
⑤ 教育项目研究组. 构建"中文+职业技能"教育高质量发展新体系［J］. 中国职业技术教育，2021（12）：119-123.

复合型人才。"中文+"模式作为一个新兴的国际中文教学热点,为解决这个问题提供了新的研究方向。目前,马来西亚、泰国、尼日利亚、老挝等 40 多个国家的上百所孔子学院均已开设"中文+"课程,如"中文+农业""中文+物流""中文+中医药"等,涉及航空、铁路、翻译、法律、经贸等数十个领域,不断推动着"中文+"教育的可持续发展,为各国学员进行中文与专业技能学习提供更多的培训机会,极大促进了中国与世界各国之间的经贸往来和文化交流。①

第二,专门用途汉语与"中文+"的相关性研究

"专门用途汉语"(Chinese for Special Purposes,简称 CSP)是指应用于某个专业领域、特定范围和固定场合的汉语。我国的专门用途汉语教学起源于 20 世纪 50 年代的汉语预备教育,直到 1977 年,杜厚文教授在其论文中首次提到"专业汉语教学"这一概念,专门用途汉语教学才开始正式进入学界的视线。1981 年,杜厚文为帮助理工类来华留学生学好专业课,提高汉语理解能力,对汉语科技文体的语言特点进行了专门研究,这标志着我国对外汉语教学界正式开启了专门用途汉语教学的学术研究。② 此后,不断有学者对不同领域、不同专业的专门用途汉语教学、教材等进行研究,取得的成果显著。2003 年,王若江将西方的 ESP 理论引申到"专门用途汉语"中进行教学实践,针对泰国公主的实际情况制定特殊的教学计划,成功让其在一个月内就能回答出高级的汉语问题,这是我国"专门用途汉语"教学发展过程中取得的又一次重大突破。③ 2011 年,李泉对专门用途汉语进行了更为明确的分类,他认为专门用途汉语可以分为两种类型,一种是服务学科教学的专业汉语,如理科专业汉语、工科专业汉语、文史哲专业汉语等;一种是与语言交际密切相关的业务汉语,如旅游汉语、外贸汉语、酒店汉语等。④ 纵观专门用途汉语的发展历程,其本质作用在于为学习者进入专业学习或完成职业培训搭建通道,帮助学习者获得用中文学习专业知识或职业技能的语言能力。⑤

① 张洁. 马来西亚彭亨大学孔子学院"中文+"项目研究及对策分析[D]. 保定:河北大学,2023.
② 孙莹,李泉. 专门用途汉语教学研究综论(1980—1999)[J]. 国际汉语教学研究,2022(04):28.
③ 王若江. 特殊目的汉语教学实践引发的思考[J]. 语言教学与研究,2003(01):52-57.
④ 李泉. 论专门用途汉语教学[J]. 语言文字应用,2011(03):110-117.
⑤ 关道雄. 专门用途中文的理论初建与教学探索[J]. 国际中文教育(中英文),2023(03):3-4.

　　伴随着全球化趋势加深和相关对外政策的推进，中国与其他国家的合作往来日益紧密，许多国家和地区对于学习不同领域的专业汉语的需求也在不断增长，对"专门用途汉语"教学不断提出新的挑战，因而"中文+"应运而生。"专门用途汉语"教学从最初为帮助来华留学生掌握课程知识的"专业汉语"教学，到为服务来华外交人员、公司经理、艺术从业者等职场人士的"业务汉语"教学，其教学模式的类型不断丰富，辐射的领域不断扩展。2019 年，"中文+职业技能"项目论坛的开展，直接带动了"中文+"教育模式的兴起，也为专门用途汉语教学的建设提供了一个崭新的发展方向。目前，"中文+"教育与对外发展政策紧密相连，如泰国东方大学孔子学院和中国温州医科大学合作开展的"中文+中医"培训课程、白俄罗斯明斯克国立语言大学孔子学院开展的"中白工业园企业校招会"活动，以及塞内加尔达喀尔大学孔子学院开设的"中塞农学班"项目等，都是对外发展政策建设中"中文+职业教育"的典范项目。①

　　"中文+"是专门用途汉语研究、发展到了一个新阶段的产物，也是专门用途汉语教学在新时期所呈现出的新发展样态，突出"中文+"职业与就业。② 专门用途汉语教学和"中文+"教学在本质上并无明显的区别，二者都需要将汉语教学与某个专业、某个行业或某个领域的专用汉语的教学结合起来，而"中文+"在专门用途汉语的基础上更加注重专业实践，将中文教育同职业技能教育、职业技能实践相结合，旨在培养既懂中文又精通某领域专业技术的复合型人才。③

　　2. "中文+"模式的实际应用与探索研究

　　第一，国内各高校"中文+"教育的相关研究

　　随着我国对外开放速度不断加快，"中文+职业技能"教学项目已成为我国职业教育深化和传播对外开放理念的重要途径。现阶段，国内职业院校开展的"中文+职业技能"项目已取得了很大的成就，但在教学活动设计、教育资源开发、师资建设等方面遇到了不小的阻碍，因此，如何构建"中文+职业技能"教

① 耿虎，马晨."一带一路""中文+"教育发展探析［J］.闽南师范大学学报（哲学社会科学版），2021（01）：117-124.
② 李怡."中文+"：专门用途中文教学的新发展及问题探析［J］.国际中文教育（中英文），2023（03）：16-23+75.
③ 张宸宇.广西高校"中文+"课程开展情况调查分析［D］.南宁：广西民族大学，2023.

育发展新体系成了各大院校亟须解决的问题。① 邓嘉琪、吴成年对陕西省各高校"中文+职业技能"项目展开了调查,在"三教"问题的基础上,发现其项目在发展过程中存在政府、学校、企业三者间联合力度弱的问题,建议高校应加快建立政—校—企"三结合"的育人用人保障机制。② 李景成以安徽省高职院校为研究对象,探讨了该地区高校"中文+职业技能"教育中存在的问题,指出扩大办学规模、强化文献资源建设、创新教育教学模式、建立科学考评体系的重要性。③ 张建通过研究哈尔滨职业技术学院"中文+职业技能"的教学建设,认为该院校采用"语言+技能+文化"的特色教学模式,能够真正使学生成为"熟知汉语+掌握专业技术技能"的"中文+"复合型人才,也为其他高水平职业院校进行国际汉语教学提供宝贵的经验借鉴。④

在"中文+"课程研究方面,李瑶、沈丹、聂熙忱通过分析高职院校开展"中文+"课程线上教学存在的问题,并具体结合贵州轻工职业技术学院"中文+"课程的线上教学实践,从完善"中文+"国际汉语教学体系、设计有效互动模式、推进国际化合作等方面提出切实的建议。⑤ 张宸宇以广西高校针对留学生的"中文+"课程为研究重点,总结出广西高校在"中文+"课程开展过程中存在教材选择不合理、"中文+"专业实践投入不足等问题,并从"中文+"留学生的角度、"中文+"教师的角度,以及开设"中文+"课程的高校的角度出发,分别提出了相应的解决措施。⑥ 康建伟基于对西部欠发达地区政法院校的现实考量,分析了其地区高校建设"中文+新闻"写作课程的可行性,认为通过该课程模式可以有效整合各类文科资源,提高学生的综合写作能力,培养出更多

---

① 刘丹,刘澍."中文+职业技能"视域下高职国际中文教育发展研究 [J]. 石家庄职业技术学院学报,2023(03):15-20.
② 邓嘉琪,吴成年. 高职院校"中文+职业教育"国际化发展现状、问题与对策 [J]. 陕西教育(高教),2024(01):73-75.
③ 李景成."双高计划"实施背景下高职院校"中文+职业技能"教育调查研究——以安徽省高职院校为例 [J]. 阜阳职业技术学院学报,2023(03):17-21.
④ 张建. 基于"中文+职业技能"的高水平职业院校国际汉语教学探析 [J]. 哈尔滨职业技术学院学报,2022(03):53-55.
⑤ 李瑶,沈丹,聂熙忱. 面向"中文+"的高职院校国际汉语线上教学探索与实践——以贵州轻工职业技术学院为例 [J]. 汉字文化,2023(07):98-100.
⑥ 张宸宇. 广西高校"中文+"课程开展情况调查分析 [D]. 南宁:广西民族大学,2023.

的复合型、应用型专业人才。①

第二，"对外发展政策"背景下"中文+"教育的发展对策研究

"对外发展政策"是中国教育国际交流合作的顶层设计、中国教育走向世界舞台中央的路线图，是在更高层次、更大范围、更广领域推进教育国际合作交流的重要抓手。教育部曾明确指出，要大力发展国际化人才共育培训，加强沿线国家间的交流对话。为推动"中文+"教育发展战略的需求，学者们不断从教学模式优化、教材设计、课程改良、人才培养、师资建设等方面展开研究探讨，提供了许多有价值的建议和方案。

在教学模式优化方面，孙世娟、江颖以南京工业职业技术大学的"中文+职业技能"教育模式为例，指出了当前国际中文教学普遍采用"泛化式"教学模式的局限性，认为"中文+职业技能"教学模式应从教学内容、教学方式、学习效果评价机制等方面进行转型和创新，通过打造"精准化"强针对性的教育模式来达到教学效果大幅提高的目的。② 杜修平、李梦迪、尹晓静在情境教育理论和工作本位学习理论的基础上，建构出"中文+职业教育"SSF 构建逻辑理论模型，即从结构（Structure）、情境（Situation）和功能（Function）三个方面探讨了国际中文教育与职业教育的融合共通性特征，为"中文+职业技能"教学模式理论体系的构建提供了巨大的参考价值。③ 陈玉婷对高职院校"中文+职业技能"教育模式的推广路径展开探索，通过分析总结高职院校推广"中文+职业技能"教育模式的困难与挑战，认为高职院校"中文+职业技能"教育模式的推广需要在办学模式、标准建设、企业联动等方面持续加大研究力度，为打造出独具特色的职业教育品牌奠定基础。④ 潘颖通过分析高职院校国际汉语教学课堂对互联网技术的应用需求，从教学规划制订、信息化教学资源体系打造和师资团队建设三个方面出发，构建了高职院校"中文+职业技能"对外汉语教学新体

---

① 康建伟. 新文科理念下"中文+新闻"写作课群架构设计——基于西部欠发达地区政法院校的现实考量［J］. 甘肃开放大学学报，2022（06）：1-5.

② 孙世娟，江颖."中文+职业技能"背景下国际中文教育模式转型和实践研究——以南京工业职业技术大学为例［J］. 湖北开放职业学院学报，2023（17）：54-55+58.

③ 杜修平，李梦迪，尹晓静."中文+职业教育"融合模式的构建逻辑［J］. 中国职业技术教育，2023（09）：20-27.

④ 陈玉婷."一带一路"背景下高职院校"中文+职业技能"教育模式推广路径探索［J］. 齐齐哈尔高等师范专科学校学报，2023（05）：1-3.

系，并探讨了互联网背景下基于微信和慕课开展新模式教学实践的可行性。①

在教材设计方面，陈曼倩、赵永生基于 CBI 教育理念，认为教材在编订过程中应注重教材内容中知识框架的搭建，形成"语言架构、技能主线"的教材结构。同时，他们基于"双零起点、同步递升"的教材开发原则，具体阐述"中文+职业技能"教材的开发思路、特点与编写实施路径，为今后"中文+职业技能"教材的开发提供了可行的操作指南。② 孙雨桐对当前大多数汉语文化类教材和职业技能类教材进行了分析研究，指出其已难以满足文化传播的发展需求，并从理念构建、内容设计、话语体系打造等角度出发，探讨了"中文+职业技能"文化类教材的研发路径。③ 刘皓文以国家开放大学出版社研发的《工业汉语——电气自动化技术》教材为例，从教材概述、教材内容、教材使用情况等方面对该教材编写的优缺点展开分析，并根据教材中存在的相关问题，为工业汉语教材编写提供了相应的建议与使用策略。④ 林欣通过分析国际中文教育和职业教育"走出去"背景下"中文+物流管理"的发展现状，强调优化"中文+物流管理"教材结构的必要性，并根据工作本位学习理论和情境教育理论，从成果导向、工作本位、情境创设方面提出了自己的建议。⑤

在课程改良方面，姚成雨、石琳围绕数智技术赋能的"中文+跨境电商"课程体系开展研究。作者认为，随着"丝路电商"经济下的跨境电商发展对复合型人才的需求持续增长，如何加快"中文+跨境电商"数智化课程资源建设成为一个亟须解决的重要问题。对此，作者又分别从国别教育、资源供求和系统生态三个角度出发，提出"中文+跨境电商"数智化课程体系的优化策略。⑥ 罗珊珊认为"中文+职业技能"课程教学不应只是单纯的智育教学，也应注重对留学生的思政教育。作者通过分析课程育人任务在与"中文+职业技能"教学融合过

① 潘颖．互联网背景下"中文+职业技能"导向高职对外汉语教学实践［J］．办公自化，2022（17）：16-18+9.

② 陈曼倩，赵永生．"中文+职业技能"教材开发思路与实施路径初探［J］．国际汉语教学研究，2023（04）：9-16+25.

③ 孙雨桐．"中文+职业技能"文化类教材的研发路径探析［J］．职业教育研究，2023（06）：41-46.

④ 刘皓文．"中文+职业技能"培养模式下专门用途汉语教材分析［D］．南京：南京信息工程大学，2023.

⑤ 林欣．"中文+物流管理"教材建设的现实理据与融合路径［J］．中国物流与采购，2023（22）：57-60.

⑥ 姚成雨，石琳．数智技术赋能的"中文+跨境电商"课程体系建设［J］．广西职业技术学院学报，2023（05）：47-54.

程中产生的问题，阐述了开辟系统化融入路径的重要性。① 伴随工业机器人技术在对外发展建设中发挥的作用越来越显著，其对应的"中文+"课程建设也就成为大势所趋。常丽园根据"中文+"课程建设策略，分析出工业机器人技术基础及应用课程的建设需求，并从课程目标、课程体系、课程评价等方面提出相应的优化建议，为工业机器人领域"中文+"课程建设提供了参考范式。②

在人才培养方面，张琪指出"中文+职业技能"是当前高校国际中文教育转型升级的重要方向，但在人才培养方案的设计上还存在诸多问题。文中提出打造"中文+职业技能"人才需要完善"中文+职业技能"的人才培养生态，构建专科、本科、硕士和博士多层次的培养体系，同时也需要政府的大力支持及社会方面的积极配合。③ 商坤则基于"中文+职业技能"模式的人才培养现状，探讨了三学期制对国际化技能人才培养的积极作用，并提出构建多元教学模式、建设资源共享平台等建议，以促进"中文+职业技能"人才培养质量的提升。④ 针对各国对"中文+物流管理"人才的需求，黄朝阳认为"中文+物流管理"的人才培训模式应加快推进职业中文标准体系建设，开发出更多样的中文教学资源，探索建设海外"中文+物流管理"的1+X证书等级试点，推动国际中文教育与职业教育协同"走出去"。⑤ 朱宇欣通过分析高校"中文+物流管理"人才培养模式的局限性，指出了建设"教学—实践—实习—就业"一体化综合实践基地的必要性。⑥ 在海外国家培养本土"中文+"人才上，刘振平、吕明璋以东盟"中文+铁路"人才培养方案为研究对象，指出当前东盟在"中文+铁路"人才培养上存在培养方案缺失、办学主体参与度不够等问题，提出建立多元化人才培养长效机制、采用"线上+线下"混合型教学模式等建议，为中国—东盟人

---

① 罗珊珊.在"中文+职业技能"培养模式下实现课程育人的路径研究［J］.中国多媒体与网络教学学报（中旬刊），2023（08）：143-146.

② 常丽园.工业机器人技术基础及应用"中文+"课程建设［J］.中国高新科技，2022（11）：155-157.

③ 张琪."一带一路"背景下的"中文+职业技能"国际中文教育专业人才培养［J］.汉字文化，2023（S1）：151-152.

④ 商坤.基于三学期制的"中文+职业技能"人才培养模式探析［J］.黄河水利职业技术学院学报，2022（03）：73-77.

⑤ 黄朝阳.职业教育视角下"中文+物流管理"人才培养模式探究［J］.中国物流与采购，2023（13）：90-91.

⑥ 朱宇欣."一带一路"背景下"中文+物流管理"培养模式研究［J］.中国物流与采购，2023（01）：80-81.

才培养提供了新的路径和方向。① 李晓东、刘玉屏、尹春梅发现中亚"中文+"人才培养仍存在课程建设不完善、培养的汉语人才同中资企业用工标准匹配度不高等问题，他们提出打造独具特色的中亚"中文+"人才培养模式、开设专门性汉语课程、提升汉语教学质量等对策，为其他沿线国家的"中文+"人才培养提供了一定的借鉴。②

在师资建设方面，伴随着中外高质量共建发展稳步推进，沿线各国对"中文+职业技能"本土人才的需求日益旺盛，因此打造出一支既能胜任中文教学又能进行专业技能指导的复合型师资队伍就成了"中文+职业教育"可持续发展的重要保障。乔万俊对"中文+职业教育"背景下高职教师的专业发展进行了研究，总结出当前高职院校的整体师资力量偏弱，并从教师自身培养和学校师资建设两个维度出发，探讨了高职教师专业发展的路径与策略。③ 闫克、马宁从产教融合视角出发，清晰阐述了"中文+职业技能"双师型教师的内涵及特征。又基于"中文+职业技能"双师型教师发展现况中存在的问题，从职业认知、校企协同、考核激励标准等方面提出有益的建议。④ 周燕、段媛媛、王瀛在"双师型"教师概念的基础上，通过分析"中文+职业技能"教育师资所需要的能力和素质，提出"双师+"型教师的新概念，即"能上讲台、能下车间、会教中文"，兼备"专业讲师、工程师、国际中文讲师"多重身份的复合型教师。文中又具体论述了"双师+"型师资体系建设的可行性，为"中文+职业技能"双师型教师人才的培养提供了一个新的发展方向。⑤ 侯露露基于对"中文+物流管理"教师供需现状的分析，指出当前我国物流管理专业的师资供给严重不足，并提出建设专职师资队伍、完善专业教师培养方案、开发优质教师教育资源等供给优化策略，为物流汉语师资供给问题的解决给予了巨大帮助。⑥

---

① 刘振平，吕明璋. "一带一路"背景下东盟"中文+铁路"人才培养的应为、难为与可为 [J]. 北部湾大学学报，2023（05）：49-55.

② 李晓东，刘玉屏，尹春梅. 中亚本土"中文+"复合型人才需求分析与培养方略研究 [J]. 齐齐哈尔大学学报（哲学社会科学版），2021（01）：184-188.

③ 乔万俊. "中文+职业教育"背景下高职教师专业发展研究 [J]. 太原城市职业技术学院学报，2023（04）：90-92.

④ 闫克，马宁. 产教融合赋能"中文+职业技能"双师型教师人才培养新模式 [J]. 吉林省教育学院学报，2023（02）：1-8.

⑤ 周燕，段媛媛，王瀛. 面向"中文+职业技能"教育的"双师+"型师资队伍建设 [J]. 国际汉语教学研究，2023（04）：26-33.

⑥ 侯露露. "中文+物流管理"汉语教师的供给优化策略 [J]. 中国物流与采购，2023（02）：85-86.

第三，孔子学院"中文+"项目开展情况研究

孔子学院是中外合作建立的非营利性教育机构，作为推广中国文化国际传播的主要平台，也是今后国际中文教育的龙头，孔子学院致力于开展各种汉语教学活动，促进中国与世界各国之间的文化交流合作。截至2020年底，全球已有162个国家（地区）设立了541所孔子学院和1170个孔子课堂。① 伴随着全球化趋势的加深，世界各国在不同发展领域对汉语学习呈现出多样化的需求，孔子学院通过不断丰富教学内容，探索"中文+"教学模式，培养了一批能满足当地社会发展需要的"中文+"人才，成为推行"中文+"项目发展的重要力量。

莫小赫、杨祥全对中华武术在白俄罗斯的传播历程进行走访调查研究，指出白俄罗斯国立体育大学孔子学院"中文+武术"项目在推广中文和中国文化方面发挥着重要作用。其孔子学院通过加强与国内高校的合作交流，设计合理的汉语基础课程，组织丰富多样的武术教学活动等措施，不断完善"中文+武术"的教学形式，增强武术在白俄罗斯的影响力，有效推动了中白文化互动，加深了中白两国人民之间的相互理解和友谊。②

陈明昆、程媛媛、刘健调查分析了疫情前后非洲孔子学院开展"中文+职业技能"教育的情况，指出近年来非洲孔院开展"中文+职业技能"项目的比例已有了明显的提高，且项目的类型趋于多样化，其中"中文+农业技术"和"中文+旅游服务"两大专业类型项目的数量较多，发展速度较快，进一步促进了非洲当地社会的经济发展。在"中文+"模式建设上，非洲孔院虽然还存在专用教材落后、发展经费不足、设施设备不完善等问题，但也有着诸多的发展优势和实践价值。文中指出可以通过建立"中文+职业技能"政策支持和质量标准体系，发挥信息技术新手段，打造多元化技术类师资队伍等手段，进一步推进非洲孔院"中文+职业技能"教育高质量发展。③

田诗园以巴西戈亚斯联邦大学孔子学院"中文+中医药"的发展模式为研究对象，发现由于巴西戈亚斯联邦大学中医孔子学院建立的时间较短，其"中文+

① 张东辉，郑佳.孔子学院海内外镜像之比较——基于2015—2020年间的孔子学院中英文文献述评［J］.中国人民大学教育学刊，2021（01）：151-169.
② 莫小赫，杨祥全."一带一路"倡议下武术在白俄罗斯的传播历程与动力研究［J］.武术研究，2024（01）：24-27+31.
③ 陈明昆，程媛媛，刘健.非洲开展"中文+职业技能"实践调研及发展分析［J］.中国职业技术教育，2023（03）：48-57.

中医药"项目建设在管理模式、师资结构、课程体系、教学形式、文化活动、人才培养模式等方面存在较大问题。作者认为可以通过优化顶层设计，加强师资培训，积极开发教材，丰富线上教学形式，打造多样化传播途径，创新专业人才培养机制等方式，完善"中文+中医药"的发展模式，满足巴西民众多元化的健康需求，增强当地民众对中医药的认可，提高中华优秀文化的海外传播力。①

张洁基于对马来西亚彭亨大学孔子学院的"中文+铁路"和"中文+钢铁"两个项目开展现状的研究，发现彭亨大学孔子学院"中文+"项目整体开展情况较好，但仍存在教材体系建设不完善、教学安排不合理、复合型师资力量薄弱、课程培训方法单一等问题。因此，她认为未来孔院的"中文+"项目发展应强化协作机制，建设专业化师资团队，制定灵活人才培养计划，并开展数字化教育培训，以进一步推动"中文+"模式的可持续发展。② 同样以马来西亚彭孔学院"中文+钢铁"项目为研究对象，陈欣调查发现其项目的学习者在理解"能""会"两种语言点上容易产生偏误，通过对比分析法和偏误分析法指出其原因主要集中在语言、学生、教师和教材四个方面。认为项目学习者应主动发挥学习能动性，教师教学应注重语言表达的明晰性，学院在教材设计上应增加更多的习题练习，这为马来西亚其他孔子学院的"中文+"教育提供了有益的参考价值。③

综上所述，我们通过对"中文+"相关文献的收集、分类、整合后，发现目前"中文+"研究整体上还处于发展的初级阶段，研究成果不足百篇，"中文+"研究视角也有待拓宽和创新。在关于"中文+"内涵的研究方面，相关文献寥寥无几，且大多数研究都直接将"中文+"与"汉语+"的概念完全等同，缺乏对"中文+"概念作清晰的解释和界定。此外，"中文+"模式的兴起与"对外发展政策"倡议的提出有着密不可分的联系。伴随对外发展建设过程中对各类复合型人才的需求日益增加，"中文+"模式在教育领域中发挥的作用越来越显著。有关"中文+"教育模式、教材设计、人才培养等方面的研究成果日益丰硕，但

① 田诗园. 中医孔子学院"中文+中医药"发展模式研究——以巴西戈亚斯联邦大学为研究对象 [J]. 华章，2023（08）：76-80.

② 张洁. 马来西亚彭亨大学孔子学院"中文+"项目研究及对策分析 [D]. 保定：河北大学，2023.

③ 陈欣. 马来西亚彭亨孔院"中文+钢铁"项目初级汉语学习者能愿动词"能""会"习得偏误研究 [D]. 保定：河北大学，2023.

研究方向主要集中在"中文+职业技能"上，缺乏扩展"+"后的内容，且很少有学者对国内具体高校和国外孔子学院开展的"中文+"项目进行细致的研究和探讨。

（二）中国文化对外传播研究

随着我国对外开放力度不断加大，文化"软实力"在综合国力中的地位不断提升，我国越来越重视文化产业的发展与文化的对外传播。党的十九大报告明确提出："推进国际传播能力建设，讲好中国故事，展现真实、立体、全面的中国，提高国家文化软实力。"① 贯彻中国文化"走出去"战略，不断增强与其他国家的文化交流，加大中国文化的对外传播力度，是讲好"中国故事"、坚定"文化自信"的重要途径。基于大环境下，学界也意识到传播和交流中国文化的重要性，开始不断从文化传播的各个角度出发展开研究，以期推动中国文化更好地走向世界。在知网上，以"中国文化对外传播"为关键词进行主题检索，发现截至 2024 年初，所搜集到的相关学位论文大致有 70 篇左右，期刊文献 500余篇，研究成果显著。其中大部分研究成果都集中在中国文化对外传播的重要性、困境及发展策略方面，而在受众分析、媒介选择等方面的研究比较欠缺。

1. 中国文化对外传播的相关概念研究

第一，文化与中国文化的内涵研究

文化是一个非常庞杂的概念，其本身包罗万象的属性，促使其内涵随时代的更迭而不断翻新，因此其词义有着非常曲折的发展历史。就国内学者而言，较具权威性的定义大概多达五百多种，据国外哲学家表述就已有二十多种。在中国，"文化"一词最早出自《周易》中"观乎天文，以察时变。观乎人文，以化成天下"这句话，此时的"文"与"化"还只是相互独立，各自释义。直到西汉，刘向在《说苑·指武》中写道："圣人之治天下也，先文德而后武力。凡武之兴，为不服也，文化不改，然后加诛。"这一时期"文"与"化"开始走向联用，"文化"一词用来表示"文治教化"，是一种思想层面的统治手段。联系西方的词语的起源翻译"文化"一词，可以翻译为教养、栽培、耕作等意思。② 由此可见，中国的"文化"是一种精神层面的抽象义，而西方的"文化"则可指向生活中的具体实践活动。

---

① 习近平：决胜全面建成小康社会 夺取新时代中国特色社会主义伟大胜利：在中国共产党第十九次全国代表大会上的报告［EB/OL］. 中国政府网，2017-10-27（1）.
② 马建宏. 中华文化对外传播策略研究［D］. 兰州：兰州大学，2012.

关于文化的其他定义，《辞海》中记载："文化，从广义来说，指人类社会历史实践过程中所创造的物质财富和精神财富的总和。从狭义上说，指社会意识形态，以及与之相适应的制度和组织机构。"① 从民族意义上来说，文化或文明是包括知识、信仰、艺术、道德、法律、习俗和任何人作为一名社会成员而获得的能力和习惯在内的复杂整体。② 从当代视角来看，文化是人的生活图景与生活图式有机统合而成的生活样式。③ 在传统观念中，文化是一种历史现象，它是人类在长期改造自然界中所形成的产物。文化既脱离于物质世界，又凝聚于物质之中，它能够被人们传承和传播。同时文化也会受到民族思维、价值观念及生活方式等各项因素的影响。④ 总之，文化依托于人类社会的土壤才得以存在与演化，人类社会的发展与变革也离不开文化的反哺，二者相辅相成，互相联结。

中国文化是以华夏文明为基础，充分融合不同地区、不同民族文化要素而形成的中国的文化。从内涵范围上来看，文化与中国文化是从属关系，中国文化是文化中的一部分，二者最大的区别在于文化可以存在于各个国家当中，而中国文化则具有区别于其他国家鲜明的民族性，是不同民族在长期交流互鉴、相互包容的过程中孕育而出的文化。中国文化博大精深、包罗万象，纵观上下五千多年的发展历史，它不仅包括源远流长的传统文化，也包括与时俱进的中国特色社会主义文化。

传统文化的内涵十分广博，从内容上看，它包括政治、哲学、宗教、建筑文学、艺术、科技等各种物质和精神层面；从思想上看，它是以儒家文化为主导，兼容百家之长的一种和谐的文化。⑤ 传统文化中道统和合、礼教是构成中国文化内涵的核心组成部分，道统反映中国人的世界观，和合是中国人的方法论，礼教则是中国文化生生不息的可靠保证，三者对中国文化的繁荣与发展起着重要的推动作用。⑥ 然而，传统文化并不全都是优秀的文化，其中也存在不少的腐

① 曾艳兵. "文化"是什么 [J]. 世界文化, 2007 (08)：4-5.
② 李德顺. 文化是什么？[J]. 文化软实力研究, 2016 (04)：11-18.
③ 龙宝新. 文化是什么？——对当代"文化"概念的反思与重构 [J]. 武汉科技大学学报（社会科学版）, 2013 (04)：446-451.
④ 唐淑宏. 试析中国文化对外传播效果———以孔子学院为例 [J]. 沈阳师范大学学报：社会科学版, 2016 (2)：152-154.
⑤ 梁英. 浅谈中国传统文化的内涵及拯救措施 [J]. 科技视界, 2014 (17)：124.
⑥ 武波. 中国文化的内涵及其对外传播的原则和方法 [J]. 廊坊师范学院学报（社会科学版）, 2019 (01)：44-47+52.

朽文化。因此，在对外传播过程中要对传统文化进行仔细地甄别，取其精华，去其糟粕，以便发挥传统文化的正面意义并将其转化为更具时代特色的文化内涵，保证对外传播的是传统文化的正确内涵和积极价值。

中国特色社会主义文化，源自中华民族五千多年文明所孕育的中华优秀传统文化，熔铸于党领导人民在革命、建设、改革中创造的革命文化和社会主义先进文化，根植于中国特色社会主义伟大实践。① 这一部分的文化是立足于当代中国现实、结合当今时代条件的文化，也是面向世界、面向未来的、科学的、大众的社会主义文化。它反映了今后中国文化的发展趋势，展现了当今中国人民的美好生活样式，有助于国际社会了解当代更真实的中国，也为世界各国的文化建设提供了中国智慧和中国方案。②

国家之魂，文以化之，文以铸之。一个国家、一个民族的强盛，总是以文化兴盛为支撑，中华民族伟大复兴需要以中国文化的繁荣发展为条件。传统文化与中国特色社会主义文化是相互联系、互相发展的，中国文化在对外传播中也需注重对这两种文化的传播，同时中国文化在与世界各国文化交流的过程中，要平等尊重世界各国的文化差异，积极吸收借鉴各国文明中的有益成分，推动中国文化更好地进行创造性转化和创新性发展。

第二，对外传播的概念研究

在中国，传播一词起源于《北史·突厥传》中"宜传播天下，咸使知闻"这一句话，意为"广泛散布、长久传扬"。在西方，传播一词源于拉丁语"Communis"，主要有交流、通信、书信、联络、共享等意思。由此可见，中国的"传播"一词侧重于主体信息的单向表达和传递，而西方的"传播"一词则是一种信息共享，偏向于主体与客体信息的双向互动过程。③ 对外传播一词来源于国际传播（international communication），是国际传播中的一部分。广义上，国际传播是国与国之间的外交往来与政务交流，包括国家首脑互访、国际会谈等；狭义上，国际传播是跨越国界的大众信息传播。国际传播是国与国之间对外信息交流的重要途径，它包括两种形式。一种是将国外的信息收集概括传递给本国群众；另一种则是将关于本国政治、经济、文化、思想等方面的内容向国际社会

① 拓展了中国特色社会主义文化发展道路：坚持以习近平文化思想为引领不断开创宣传思想文化工作新局面［EB/OL］. 国家林业和草原局政府网，2024-01-24.
② 卢思搏. 文化产业推动中国文化对外传播的实践路径研究［D］. 石家庄：河北师范大学，2022.
③ 马建宏. 中华文化对外传播策略研究［D］. 兰州：兰州大学，2012.

传递，即对外传播。伴随着世界各国间的交流不断密切，加强对外传播已成为各国扩大国际影响力、树立国家形象的重要举措，在推动世界文化发展中起着巨大作用。

人类学家爱德华·霍尔曾提出：文化即传播，传播即文化。① 一切文化都在传播的过程中得以生成和发展，它一经产生就有一种向外扩散和传递的冲动，总是在不断流动演化。② 可见，文化的发展离不开传播，传播是文化的本质属性和发展的内在要求。③ 因此，对外传播基本上也就是跨文化的传播。这一概念，最早由爱德华·霍尔在《沉默的语言》一书中提出，他赞同文化与传播的同构关系，认为文化与传播是一对同义词，这为文化传播学的发展开创了一个崭新的研究领域。④ 跨文化传播是信息、观念、价值观在不同国家、民族文化背景下的传递与交流过程，旨在促进不同文化之间相互理解和共融。在全球化趋势的不断深化下，人们需要通过媒体、影视、文学等各种各样的形式来加强自身的跨文化交际能力，即了解和适应不同文化的风俗习惯、思想内涵等，具备跨文化意识和敏感性，尊重包容不同的文化观点，以此来减少或避免文化的冲突和误解。借助跨文化传播，各国能够从不同文化中获得启示和借鉴，促进本国文化的创新与传播，进一步推动世界文化多样性的发展。

2. 中国文化对外传播存在的问题及困境研究

2019 年，在亚洲文明对话大会开幕式上，我国提出："文明因交流而多彩，文明因互鉴而丰富，中华文明是在同其他文明不断交流互鉴中形成的开放体系。"⑤ 进入 21 世纪以来，中国与世界的关系在全球化的进程中日益紧密。强起来的中国，需要展示自己；变革中的世界，需要了解中国。要想树立良好的国家形象，离不开高水准的对外传播能力建设。⑥ 然而，目前的国际局势风云变幻无常，存在过多的不稳定因素，这也对中国文化对外传播增添了极大的阻碍。

基于当前逆全球化的国际背景下，姜华等人指出，西方发达资本主义国家

① 霍尔. 沉默的语言 [M]. 刘建荣，译. 上海：上海人民出版社，1991：206.
② 蒋晓丽，石慕. 传媒与文化：文化视角下的传媒研究 [M]. 北京：华夏出版社，2008：50.
③ 武斌. 中华文化海外传播史（第一卷）[M]. 西安：陕西人民出版社，1998：23.
④ 徐永红. 中医药文化对外传播研究 [D]. 华东师范大学，2014.
⑤ 习近平. 深化文明交流互鉴 共建亚洲命运共同体：在亚洲文明对话大会开幕式上的主旨演讲 [J]. 思想政治工作研究，2019（6）：4-6.
⑥ 向全世界讲好"中国故事"：三论学习习近平总书记中央外事工作会议重要讲话 [EB/OL]. 中国经济网，2018-06-26.

推行文化霸权主义，造成了世界各国之间文化交流、共享的合作危机，致使全球跨文化传播遭到阻碍。与此同时，美国及其盟友凭借其强大的国际话语权不断给中国制造负面舆论，丑化、歪曲中国形象，遏制中国话语的生成与表达，企图封堵中国意识形态的对外传播。并通过打压中国的通信公司，禁用中国通信设备等恶劣手段，限制中国媒介传播技术的发展。在中国对外文化产业方面，部分西方发达资本主义国家甚至加大对中国海外文化产品的审查与阻击力度，致使中国文化产业遭到重创，严重影响了中国文化的对外传播发展。①

邹蕾指出，中国文化对外传播需要经过沿线众多国家，语言环境复杂，与各国间的文化价值契合点难以一一探寻，容易产生文化观念的冲突。同时，由于国内非通用语种的翻译人才极度稀缺，导致在交流过程中一些沿线国家难以及时有效地理解中国文化，双方语言沟通不畅已成为中国文化对外传播亟须解决的重大难题之一。② 席明提出在新的对外发展政策下，虽然出现了新的机遇，但中国文化产品的出口仍呈现出一种逆差态势。究其原因，中国文化对外传播的综合实力还有待提高，在面向沿线国家时所选择的传播主体、传播方式、传播内容等方面仍存在着不少的问题。③

在中国文化对外传播力的研究方面，杨泽喜认为与经济政治体制改革相比，我国文化管理体制改革明显滞后，文化对外传播体制改革更是落后于时代的要求。在文化对外传播表达方式上，依旧习惯将干部与群众、工人与农民、党内与党外等进行分类表述，这种基于官职等级、人员类型的报道思维与西方众生平等的思想相抵触，不利于文化对外传播力的提高。④ 潘荣成从文化层次性的视角出发，指出文化"走出去"战略在实施过程中过于依赖表象物质文化的传播，仍停留在古器物和行为文化层面，如丝绸、瓷器、针灸、功夫等，而忽视结合当今时代意义发展更高层次的精神文化，造成中国文化对外交流内容层次偏低、古今比例失调、国际影响力不强等问题。⑤

① 姜华，喻长友.逆全球化背景下中国文化对外传播的实践路向 [J].内蒙古社会科学，2023（04）：188-195.
② 邹蕾."一带一路"倡议视角下中国文化对外传播研究 [D].湘潭：湘潭大学，2019.
③ 席明."一带一路"背景下中国文化对外传播研究 [J].山西高等学校社会科学学报，2019（05）：92-96.
④ 杨泽喜.中国文化对外传播力现状审视与提升路径 [J].湖北理工学院学报（人文社会科学版），2018（03）：58-63.
⑤ 潘荣成.中国文化对外传播面临的问题及其对策——基于文化层次性的研究 [J].理论月刊，2018（05）：167-173.

3. 中国文化对外传播策略研究

第一，不同视角下中国文化对外传播策略研究

贺琳从推动构建人类命运共同体出发，探讨了中国文化对外传播在人类命运共同体构建过程中发挥的重要意义，指出中国文化对外传播需要积极开展多层次的海外沟通对话，合理选择中国文学海外传播的作品，同时充分发挥新技术新媒介的传播作用，以提高中国文化的国际影响力，推动人类命运共同体的建构。① 王君根据语境顺应理论，并结合中国文化对外传播的实际案例，阐述了语境顺应论在中国文化对外传播实践中应用的可行性，认为语境顺应论下的交际语境和语言语境的运用、构建和变化能有效促进中国文化的国际传播，对提高中国文化在世界范围中的传播效果具有重要意义。② 吴欣欣、汪莉以弱传播理论为研究基础，从主体、内容、形式方面概述了现今中国文化对外传播的发展现状，通过分析弱传播理论中弱者优势、情感强势、轻者为重、次者为主四个核心观点，指出弱传播理论在一定程度上能为中国文化对外传播提供新的发展思路，以更灵活的方式传播中国文化，增强中国文化的亲和力和感召力。③ 刘一瑾基于元宇宙视域，以《元宇宙与未来媒介》一书为例，具体探讨了元宇宙这一新兴传播媒介的特性，认为中国文化对外传播可借助元宇宙来搭建中国文化叙事语境下的虚拟平台，以帮助文化接受客体在沉浸式体验中更好地理解中国文化的内涵与价值。④

第二，文化产业与文化产品对外传播策略研究

伴随文化贸易的全球化和国家经济的转型升级，大力发展文化产业已经成为我国的一项重要战略举措。近些年，影视文化产业的蓬勃发展推动了中华优秀传统文化走向更广阔的世界舞台，极大提高了中国文化的国际竞争力和影响力。杨琼以国内电视节目为研究对象，分析了电视节目在对外文化传播中的重要性，认为电视节目"走出去"应注重文化价值内涵的构建和节目类型的创新，充分利用优秀的文娱类电视节目自身的喜剧效果及传播范围广等优势，增强文

① 贺琳. 人类命运共同体视域下中国文化对外传播的实践策略 [J]. 行政科学论坛, 2023 (02): 16-19+55.

② 王君. 语境顺应论下中国文化对外传播实践与研究 [J]. 中国民族博览, 2023 (02): 95-97.

③ 吴欣欣, 汪莉. 弱传播理论视域下中国文化对外传播对策思考 [J]. 新闻前哨, 2023 (01): 15-17.

④ 刘一瑾. 讲好中国故事: 元宇宙视阈下中国文化对外传播的新思考——评《元宇宙与未来媒介》[J]. 当代电影, 2023 (11): 177.

化的对外传播效果。① 张淦、李晓燕以科幻电影《流浪地球》为例，系统论述了其文化对外传播的创新性策略，指出中国电影对外传播需要基于观众接受视野进行全球化叙事，传播内容要彰显文化自信，避免"自我东方化"，并运用大众喜闻乐见的表达形式讲好中国故事。②

游戏产品是深受广大群众热爱的文化产品，如今已成为传统文化的新兴载体，游戏产业也逐渐成为中国文化产业"走出去"中的支柱产业。何雨晴基于国产手机游戏的发展现状，总结出游戏产业在跨文化传播中存在游戏产品同质化严重、游戏开发技术人才短缺、产业链发展不平衡等问题，并从文化内涵、市场环境、人才培养等方面提出相应的改进策略。如政府要加大扶持力度与服务性保障，游戏企业要注重游戏的文化内涵开发等，以期推动游戏产业及产品更好地走向国际市场，带动中国文化在国际上进行更广泛的传播。③

改革开放以来，翻译中国文化典籍已逐渐成为中国文化对外传播的重要途径之一。陈子娟基于多模态理论，以《道德经》冯氏英译本为例，从跨文化的叙事转换、模态转换、文化体系转换等层面出发，深入分析《道德经》冯氏译本运用多模态模式进行对外传播的可行性，为中国文化典籍"走出去"提供了新的翻译思路和方式。④ 邓建波以拉斯韦尔的传播模型为主要框架，指出中国文化典籍翻译存在译介主体不强、译介渠道单一、译作质量较差等问题，强调中国文化典籍在传播过程要把握五个主要因素，即选好译介主体、内容和途径，满足译介受众的需求，注重提高译介的传播效果。⑤

第三，地方文化对外传播策略研究

地方文化是中国文化多样性的重要组成部分，具有独特而丰富的区域特色。着力加强地方文化对外传播能力建设，有利于促进文明的交流互鉴，能够让世界人民了解到更加立体、全面、真实的中国，打破国际社会对中国文化的刻板印象。戴定华、项毅通过分析安徽亳文化的传播现状，发现该地区的文化传播意识较为薄弱，亳文化产业发展速度相对滞后，指出亳文化的对外传播需要在

① 杨琼. 电视节目在文化对外传播中的重要性［J］. 中国报业，2023（02）：174-175.
② 张淦，李晓燕. 中国文化对外传播创新策略探析——以科幻电影《流浪地球》为例［J］. 视听，2022（05）：15-19.
③ 何雨晴. 游戏在跨文化传播中的发展现状及前景展望［J］. 科技传播，2021（20）：155-157.
④ 陈子娟. 中国文化典籍对外传播的多模态模式探索——以《道德经》冯氏英译本为例［J］. 华北理工大学学报（社会科学版），2021（04）：120-123+146.
⑤ 邓建波. 中国文化典籍的对外传播［J］. 普洱学院学报，2018（04）：66-69.

传播理念、传播主体、传播媒介、品牌效应等方面加强探索和建设。① 徐开妍、饶明姝结合江苏地区的发展优势和文化特点，探讨了运用国际汉语教学推广江苏区域文化传播的可行性，并基于江苏区域文化体系的庞杂特性，建议江苏地区对文化传播项目做进一步筛选和分类定级。② 蒋欣在梳理浙江地方文化对外传播与发展历史的基础上，以在浙外籍人士为调研对象，从文化符号认知、文化接触渠道两个方面探索国外受众对浙江文化的了解程度，并通过调查结果汇总出浙江文化对外传播中存在的问题，针对性地提出拓展多元文化符号、推动地方媒体融合发展、助力地方文化产品推广等措施。③ 施昭卉从齐鲁文化自身的特点、国家政策扶持、历史影响等方面系统阐述了齐鲁文化对外传播的重要性和可行性，并基于"5W"传播理论，为齐鲁文化对外传播提供相应的策略与建议，如扩大文化传播主体队伍、创新文化传播方式、建立文化传播反馈机制等。④

第四，各类传统文化对外传播策略研究

在陶瓷文化方面，钟春霞、李芦生等基于对景德镇陶瓷文化对外传播的现状研究，指出其当今发展陷入传播力度弱、传播渠道少、传播平台有限等困境，认为景德镇陶瓷文化需要在文化传承和创新的基础上加强培养陶瓷文化传播专业人才，努力探索搭建对外交流新平台，利用智媒技术丰富对外传播途径，从而增强景德镇陶瓷文化的内驱力和外推力，提高陶瓷文化在全球范围内的竞争力和影响力。⑤ 郑李娜对中国陶瓷文化国际传播现状进行了分析，指出当代陶瓷文化对外传播侧重于陶瓷艺术文化观念的传播，而忽视以实物为基础的器物文化传播，外销产品也只是代工生产，产品中国化信息较弱，这也导致中国陶瓷在国际市场的存在感普遍较低。基于此，作者提出设立国家级陶瓷文化传承创新平台、深化中国陶瓷文化内容制作和文化符号推广、举办国际性陶瓷展会，

① 戴定华，项毅. 安徽亳文化对外传播策略探析［J］. 文化创新比较研究，2021（28）：154-157.

② 徐开妍，饶明姝. 浅析新形势下地域文化对外传播——以江苏地区为例［J］. 文化产业，2020（27）：124-125.

③ 蒋欣. 浙江地方文化对外传播现状及发展策略研究［J］. 传媒论坛，2019（09）：10-13.

④ 施昭卉. "一带一路"背景下齐鲁文化对外传播［D］. 青岛：中国石油大学（华东），2019.

⑤ 钟春霞，李芦生，赖欣等. 基于文化传承与创新下的景德镇陶瓷文化对外传播［J］. 陶瓷研究，2023（03）：51-53.

以及展览等战略措施，以期开辟陶瓷文化对外传播新天地。①

在茶文化方面，李恩惠基于跨文化的视角，从词汇、语用、文化层面分析出茶文化对外翻译存在的问题，并针对性地提出灵活运用翻译方法、增加文化翻译解释、塑造跨文化传播多维主体等建议，以期提高茶文化的翻译质量，助推中国茶文化更好地走向世界。② 刘思含立足于新公共外交视域，具体阐述了茶文化对外传播的特点及现状，指出茶文化对外传播存在器物艺术与精神文化相割裂、国家级新媒体运营模式粗放、非政府组织固守传统等问题，并建议国家政府部门增强茶文化普及教育，继续坚持供给侧改革，完善茶叶标准化体系；企业积极创新营销方式打造世界知名品牌；非政府团体借助新媒体建设现代化传播阵地，强调了政企社三方协同发力对促进茶文化"走出去"有着巨大的推动作用。③

在武术文化方面，王浩杰基于自媒体视域，探讨了借助自媒体技术拓宽武术文化国际传播途径的必要性和可行性。同时，针对自媒体负面属性对武术文化传播造成的困境，作者提出建设武术专业传播队伍、优化武术传播内容、加强武术编码等发展对策，以期净化国际武术自媒体空间，提升武术文化的国际传播效果。④ 魏雅琴结合文化学、传播学等学科理论，对中国武术对外传播过程中遇到的阻碍进行研究，发现武术文化对外传播存在传播内容过于单一、传播模式固化严重、武术译本被误读等问题，建议要加强武术文化内涵的挖掘工作，构建武术翻译障碍的清除系统，拓展中国武术文化的传播渠道，以确保武术文化高质量对外输出。⑤

除此以外，朱涵琪在融媒体时代大背景下，梳理了中医药文化对外传播遇到的现实困境，如对外传播内容质量不高、对外传播主体构成单一、易陷入传授关系简单二元论等。他们针对相关问题，提出构建多元化中医药文化对外传播内容体系、营造亲诚惠民的中医药文化传播氛围、打造立体式中医药文化对

① 郑李娜. 当代中国陶瓷文化对外传播研究 [D]. 景德镇：景德镇陶瓷大学，2022.
② 李恩惠. 跨文化视角下中国茶文化的翻译策略与对外传播 [J]. 福建茶叶，2023（09）：184-186.
③ 刘思含. 新公共外交视阈下中国茶文化对外传播研究 [D]. 长沙：湖南大学，2020.
④ 王浩杰. "自媒体"视域下新时代武术国际化新思路 [J]. 体育科技文献通报，2022（05）：245-250.
⑤ 魏雅琴. 中国武术文化对外传播的问题反思与路径探析 [J]. 武术研究，2020（05）：42-44.

外传播平台等建议，开辟了中医药文化对外传播的新路径。① 杨振在研究中国饮食文化内涵特征及影响作用的基础上，指出饮食文化对外传播可以通过整合信息化传播方式、借鉴国外饮食文化传播经验、提升传播人员涉外服务能力等措施，进一步推动中国饮食文化"走出去"，实现与国际文化的融合发展，提高中国饮食文化在国际社会中的知名度与影响力。②

4. 孔子学院对外文化传播研究

近年来，中国对外文化传播越来越受到重视，而孔子学院项目作为国家提高文化软实力的重大工程，肩负着向世界传播中国文化的历史重任。孔子学院是中华文化走向世界的一条新途径，不仅成功扩大了汉语的国际影响力，同时还有效地将中国文化传播到全世界，增进了国际社会对我国的理解和认同。然而，随着国际安全形势日益严峻，孔子学院的文化国际传播也将面临更多挑战。

余义兵、张烨琳通过分析孔子学院文化传播的现状，发现孔子学院作为当地中国文化的一个符号，容易被西方霸权国家刻意解读成一种专门宣传国家意识形态的政治工具，给孔子学院对外文化传播增添了极大的阻力。并针对孔子学院文化对外传播中存在的相关问题，提出完善顶层设计、构建长效机制等战略性建议。③ 唐京华、李国青基于孔子学院对外文化传播功能的现状，总结出孔子学院在对外文化传播过程中存在中西方文化摩擦加剧、中国文化内涵挖掘不充分、自身文化传播能力不足等问题，认为孔子学院需要通过加强文化内涵建设、创新中西文化交流模式、改进文化传播技术等措施，来提升中国文化对外传播的效率与质量。④

在中国音乐文化传播上，胡雪丽、陈金凤基于音乐学、传播学、心理学等众多学科理论，分析出孔子学院在中国音乐对外传播过程中所面临的诸多困境，如音乐专业师资力量欠缺、本土化教材匮乏、课堂文化娱乐化过度等，并从传播者、传播内容、接受者等角度提出合理有效的建设策略。⑤ 在中国体育文化传

---

① 朱涵琪. 融媒体时代中医药文化对外传播的现实困境与出路 [J]. 产业与科技论坛，2023（01）：88-90.
② 杨振. 饮食文化的对外传播分析 [J]. 文化产业，2022（36）：55-57.
③ 余义兵，张烨琳. 论孔子学院发展与中国文化的传播 [J]. 蚌埠学院学报，2021（04）：116-120.
④ 唐京华，李国青. 孔子学院对外文化传播功能的现状与反思 [J]. 改革与开放，2018（13）：55-57.
⑤ 胡雪丽，陈金凤. 孔子学院：中国音乐传播困境与策略初探 [J]. 文化与传播，2018（06）：81-85.

播上，崔俊铭采取文献资料、实地调查等研究方法，对孔子学院体育文化传播的现状展开探索，发现孔子学院在传播中国体育文化时存在传播途径单一、传播精品不多、传播效益较差等问题，提出构建孔子学院中国体育文化传播新模式的建议，以增强孔子学院体育文化传播的广度与深度。① 在文化对外传播效果上，吴瑛以美国、日本、俄罗斯、泰国、黎巴嫩的 16 所孔子学院为研究对象，采用调查问卷的方式，从物质文化、行为文化、精神文化三个层面分析探讨了孔子学院文化对外传播的整体效果。从调查结果来看，茶叶、兵马俑、武术、书法等物质文化和行为文化的传播效果最好，而精神文化传播效果较差。基于汇总结果，作者认为中国文化对外传播需奉行循序渐进的原则，孔子学院在文化对外传播中应让物质文化先走出去，对于行为文化和精神文化的传播应注重考虑当地的文化传统，并尊重不同文化背景下的价值观念。②

综上所述，在国家相应政策的号召和影响下，针对中国文化对外传播方面的研究，当前学界已取得了丰硕的研究成果。尤其在中国文化对外传播策略的研究上，学者们通过分析中国文化对外传播的发展现状，从传播内容、传播主体、传播方式、传播媒介等方面提出建设性意见，为中国文化"走出去"提供了丰厚的理论资源。但大多数研究都是从宏观角度出发提出概述性的宽泛建议，缺乏结合时代环境、技术环境从中微观层面进行具体而精细的研究，提出有针对性的、可落地的相应对策。此外，在中国文化对外传播的困境研究中，学者们普遍采用文献分析法进行研究，通过搜集大量的文献资料，汇总归纳出传播中所遇到的问题，未进行实际性的调查研究，这就导致了其研究成果缺乏创新性和深刻性，所提供的解决措施得不到实证支持，说服力不足。目前，尽管中国文化对外传播研究覆盖范围广、理论丰富，但针对孔子学院对外文化传播方面的研究关注较少，且相对应的指导性发展策略匮乏。

三、基础概念

（一）"中文+"模式

2019 年，国际中文教育大会召开，会议设有"中文+职业技能"专题论坛，

---

① 崔俊铭. 孔子学院的体育文化传播模式研究 [J]. 广州体育学院学报，2013（04）：40-43+70.

② 吴瑛. 中国文化对外传播效果研究——对 5 国 16 所孔子学院的调查 [J]. 浙江社会科学，2012（04）：144-151+160.

探讨中文教育如何对接就业创业、发挥服务当地经济社会发展的作用。从此"中文+"作为一个概念和理念广为流传并为学界接受和使用。"中文+"概念在提出后得到社会大量关注，这是因为该模式简明扼要地点出了中文学习的附加价值，如职业技能发展、就业能力提升等，学习中文有了"获得感和幸福感"。① 而后得到中文国际推广界的积极响应，各地各校结合自身优势，纷纷推出"中文+职业技能""中文+商务""中文+中医"等特色课程。

在这一发展背景下，我们尝试提出"中文+"模式下对中国文化对外传播的研究，满足相关国家国际学生掌握扎实中文、提升就业能力的客观需求，在新形势下优化中文教学"供给侧"改革，更好地发挥"中文+"模式在推动各国共同繁荣发展，构建人类命运共同体方面的重要作用。"中文+"模式背景下的中国文化对外传播研究有着积极的现实意义和长远意义。② 它的实质依旧是一种运算，是多维度的聚能、叠加与创新，是为回应现实需求应运而生的模式。

1. "汉语+"与"中文+"

"汉语+"这一创新性概念，最初由孙春兰在第十三届孔子学院大会的致辞中提出。她倡导"实施'汉语+'项目，因地制宜开设技能、商务、中医等特色课程，建立务实合作支撑平台"。刘家思提出"汉语+"强调的是以汉语为内核，突出汉语言和中华文化的主体地位，强化外语能力和网络教学能力。③ 简单来说即"汉语+"培养的人才是懂汉语言知识、懂中国文化（文学）知识、懂英语及其他小语种国家语言、懂汉语线上教学的复合型人才。吴应辉、刘帅奇提出"汉语+"是学习者在学习汉语的基础上再利用汉语学习其他专业的知识，是以汉语学习为中心，使得汉语在更多行业有适用性。④

无论"汉语+"还是"中文+"，均体现着新时代赋予国际中文教育服务国家发展战略、助力构建人类命运共同体的新使命和新担当。⑤

① 李宝贵，李辉. 完善一带一路沿线国家"中文+"教育发展［N］. 中国社会科学报，2020-06-23.

② 李怡. "一带一路"国际学生"中文+就业"能力提升研究［J］. 国际学生教育管理研究，2023：61.

③ 刘家思. "四元融合"和"四维协同"——"汉语+"人才培养模式中的课程体系和实践体系的构建［J］石家庄职业技术学院学报，2020（03）：38-42.

④ 吴应辉，刘帅奇. 孔子学院发展中的"汉语+"和"+汉语"［J］. 国际汉语教学研究，2020（01）：34-37.

⑤ 李怡. "中文+"：专门用途中文教学的新发展及问题探析［J］. 国际中文教育（中英文），2023（03）：17-20.

2. "中文+"的分类

在部分研究中认为"中文+"本质上属于专门用途中文教学，是专门用途中文教学在新的历史时期迈入的新发展阶段。为更好满足专业汉语教学，和跨文化交际以及跨国业务交流的需要。将专门用途中文教学分为"专业汉语教学""业务汉语教学"和"中文+"。再将'中文+'根据使用场景不同可分为"行业汉语"教学和中文+职业技能。"行业汉语"教学指的是在特定职业环境内，如高铁、旅游、民航等，指教学对象已然从事某行业，学习中文是职业需要，或者是工作加分项，又或者是依靠中文就业。但行业对中文水平要求与以中文水平有硬性要求的行业比较时，行业对汉语教学的要求不高。而"中文+职业技能"是近年来职业教育"走出去"背景下产生的一个概念，指的是职业院校协同行业企业在一些国家开办职业技术教育，除传授工业生产技术外，"汉语是一项重要培训内容"。①

"中文+"模式是在我国综合国力和国际地位不断提高的情况下，是在国际中文教育中的重要创新；② 是适应国际中文教育转型发展的需要，满足持续推进对复合型技术技能本土人才的旺盛需求；是对"中文+职业技能"理论研究和教育实践的积极践行。③

总而言之，"中文+"模式是在新时代背景下，在发展新阶段应运而生的新发展样态。

（二）中国文化对外传播

在历史长河中，世界各地在不同的地理环境、气候气象当中形成了各具特色、有同有异的文化传统和价值观，共同构成了当今世界的多元化文化大杂烩。在不断生存与消亡的过程中，各种文化交流传播，互相影响。党的十九大以来，习近平总书记多次指出，"当今世界正经历百年未有之大变局"。2017 年 12 月 28 日，我国用"百年未有之大变局"来研判世界局势："放眼世界，我们面对的是百年未有之大变局。新世纪以来一大批新兴市场国家和发展中国家快速发展，世界多极化加速发展，国际格局日趋均衡，国际潮流大势不可逆转。中国

---

① 李炜. 职业教育"走出去"背景下的"中文+职业技能"教材探索：《工业汉语·启航篇》的研发 [J]. 国际汉语，2021（01）：130-135.

② 李怡. "中文+"：专门用途中文教学的新发展及问题探析 [J]. 国际中文教育（中英文），2023（03）：17-20.

③ 李宝贵，李辉. 完善一带一路沿线国家"中文+"教育发展 [N]. 中国社会科学报，2020-06-23.

共产党团结带领中国人民顽强奋斗、发愤图强，中华民族迎来了从站起来、富起来到强起来的伟大飞跃，中华民族伟大复兴展现出前所未有的光明前景。"①在世界百年未有之大变局的背景下，日益开放友好的文化环境促进世界文化的交流，但经济发展的波动和政治格局的变化对文化有着直接性的影响。在国际新一轮"孤立主义""单边主义""民粹主义""中国威胁论"等思潮的影响下，中华文化走出去面临"文化例外""文明孤立""文化威胁"等外向性困局。②

1. 文化对外传播

从世界范围来看，许多国家都是立足于自身实际情况，结合政治经济发展水平、文化特色、民族特点、发展方式等方面，在政府推动和相关政策引导下，形成了独特的文化对外传播理念和具体实践措施，取得了重要成效和成功经验。

从具体的理论方面，有文化霸权理论，即通过发达国家本身较高的国际地位和国际影响力导致的不对等传播。文化认同理论，通过文化产品的输出和流通使接收方对自身文化理解、吸收、接纳、回应。文化外交政策，通过相关外交政策，如推动文化交流、文化展览等推动本国文化在国际舞台上的传播。跨媒体传播理论，利用新兴媒体技术，在多平台上多群体中传播自身文化。通过上述理论促进自身文化传播，从而影响其他国家文化。

世界发达国家的文化对外输出和跨国传播，有以下几个显著特征。一是产品的大众化特征，如美国大众化通俗产品（好莱坞影片、娱乐产品等），为国际受众所易于接受和乐于接受。二是文化产品的本国民族元素与国际化元素相结合，如韩国的"韩流"、日本的"酷文化"因彰显此特点而风靡亚洲和世界。三是建立国际市场营销网络，如美国的 CBS（哥伦比亚广播公司）、CNN（美国有线电视广播网）、ABC（美国广播公司）形成全球化的信息网。四是形成国际垄断，以美国的时代华纳和迪士尼、德国的贝塔斯曼为首的全球 50 家最大的传媒娱乐公司，占据了 95% 的国际文化市场，形成了世界传媒霸权。③ 世界发达国家文化产品的跨国传播，极大地彰显和拓展了本国文化的国际竞争力和国际影响力。

在文化传播的不同维度上，可分为战略传播、文化价值观传播、新闻传播。

---

① 习近平接见 2017 年度驻外使节工作会议与会使节并发表重要讲话［EB/OL］. 新华网，2017-12-28.

② 欧阳骞. 中华文化走出去战略研究［D］. 北京：北京外国语大学，2023.

③ 中央关注的若干重大问题课题组. 世界文化产业发展状况和我国文化产业发展战略［M］. 北京：中共中央党校出版社，2005.

战略传播简单来说，就是，"使用语言、行动、图像或符号来影响目标受众的态度和观点，从而塑造他们的行为，维护利益，推广政策，实现目标"。美国国防部对"战略传播"的定义是："（战略传播）是美国政府为理解并触及关键受众，以便创造、强化或保持有利于增进美国政府的利益、政策和目标的环境而进行的针对性努力。（战略传播）与国家权力的所有手段相同步，使用协调一致的方案、规划、主题、信息和产品。"① 在当今世界，传播生态发生翻天覆地的变化，国际传播主体的多样化态势展现出国际传播效果的优劣不再由单一主体——政府或媒体决定，而是由多元主体形成的系统机制所决定。从战略传播的历史经验来看，战略传播体系建设尤为重要。文化价值观传播与上述文化认同理论相似。新闻传播是国际传播最传统、最基本、最直接的方式，主要通过传统媒体以及新媒体进行。当今世界，国际传播的格局主要表现为：以政府为舵手，以企业为推手，以媒体（新闻）为先锋，以全民为依托。就新闻传播而言，这是国家直接在新闻媒体领域的竞争，聚焦的是议题设置、讯息、媒介等。②

在具体举措方面，以法国和澳大利亚为例，法国设有文化部，特别重视国家对文化发展的支持，其战略重点是强化扶持本国文化发展，积极提升法语文化的对外传播和影响力。澳大利亚1994年公布以"创意的国度"为目标的文化政策报告，1999年提出"在国际上推广澳大利亚文化"的战略计划，旨在提高文化外交能力和国家整体形象。这些国家的系列性重要举措，为本国文化发展提供了明确的战略方向、根本的法规保障、健全的政策依据和良好的制度环境。③

2. 中国文化对外传播

2002年11月党的十六大报告中强调："实施'走出去'战略是对外开放新阶段的重大举措"，首次提出文化"走出去"战略。自2006年《文化建设"十一五"规划》明确提出中华文化走出去战略开始，国内学界从各领域出发，如传播学、政治经济学等，分析"走出去"战略的价值观和方法论，研究其传播

---

① U. S. Department of Defense, Dictionary of Military and Associated Terms [M]. amended-ed. 2011.

② 惠春琳. 关于国际传播的理论与实践 [J]. 特区实践与理论, 2022 (04)：120-125.

③ 袁北星, 高昆. 国外加强文化软实力建设的重要经验和启示 [J]. 江汉大学学报（社会科学版）, 2012 (03)：5-10.

意义和传播方法。①

　　文化"走出去"战略既是"走出去"战略的延伸，也是打破当下文化传播困境的重要方式。该战略通过对我国历史、价值、社会内涵的传播，推广我国文化，丰富世界文化，促进文明的多样性和共同繁荣。

　　独特延绵的历史文化背景，使得我国拥有丰富的文化内容。而文化的对外传播，则是将我国文学、科学、哲学、艺术等领域的内容面向全世界传播。

　　从目标方向讲，通过对我国历史和文化传统，如儒家思想、道教文化、中医药、民族节日风俗等方面文化内容的传播交流，充分发挥民族自信，增强国际社会对中国文化的了解和认知，从而打破一些因认知差异而造成的文化误解，增进不同国家民族间的文化了解和交流，促进友谊和合作。

　　从形式上来看，传播方式多种多样，通过不同的传播媒介和文化形式将中国文化推向世界，比如影视作品方面，有纯粹的优秀华语电影，如《花样年华》《卧虎藏龙》《战狼》，有中国故事与外国动画公司合作的作品，如《花木兰》等等。另外，各地举办的影视交流活动：电影节、艺术节、文化展览等也是重要的传播平台。在教育方面，通过外派留学生，以及对外提供留学名额等形式，促进中外留学生交流交往，向世界传授汉语和中华文化，如设立孔子学院等形式，推广五千多年的中华传统文化。在科学领域，通过举办学术研究会议，对其他较不发达的地区和国家无私提供帮助，共享科学技术，构筑起友好沟通的桥梁，让世界认识到中华民族独特的价值观念以及中国发展速度，增进不同文化之间的相互尊重和相互理解。

　　传播形式在横向扩张的同时也纵向深入，传播方式与时俱进，从开始时简单的因人员流动带来的口头传播，到造纸术印刷术的发明，文字纸张记录的传播。后随着科技发展不同于此前纸媒的速度慢，传播范围小，在网络传播的大众传媒时代，短视频平台也是重要的输出端口。与此同时，通过利用新媒体技术，化解语言差异壁垒，将与时俱进的中国文化带向世界。

　　另外，中国文化的对外传播可以分为两个维度：政府文化交流和民间文化交流，如郑和下西洋，张骞出使西域，鉴真东渡等。民间文化交流可以是艺术团，传教士自发性的传播活动，或是由于商品流通，路上海上交通的发展随之

---

① 欧阳骞. 中华文化走出去战略研究［D］. 北京外国语大学，2023.

沟通起的文化交流活动。①

　　总的来说，中国文化的传播过程是复合上升的过程，最终都是将特色的中国文化推向世界这个广阔的大舞台，繁荣并蓄。

四、研究意义

　　"中文+"模式背景下的中国文化对外传播研究是在新文化发展时代下，分析过去发展状况，提出新发展方式的重要研究，具有承上启下的作用。

　　在"中文+"模式下，以中文为主导，融合丰富多彩的中国文化，深入探讨"中文+"模式在国际中文教育中的应用与实践，分析其对中国文化传播的影响和作用，为推动中华文化走出去提供有益的参考和建议。

　　首先，"中文+"促进传承与创新，在文化传播之前，首先要对传统文化进行保护和创新。对外传播的需求，为其提供外界动能，研究历史悠久的中华传统文化，促进对文化的保护和传承，同时推陈出新，革故鼎新，探索新时代文化，使文化传播更好地适应当代社会需求。

　　其次，"中文+"在原有的国际中文教育需求的基础上，满足新型的需求。能够提供良好的教学环境和优秀充足的教师团队，利用中文知识为学生赋能未来，使得中文教育更具适用性，培养复合型人才。

　　最后，"中文+"可以提升文化认同，巩固国际地位，增强国际话语权，提高国际影响力。研究新模式下的文化对外传播，有助于我们深入了解文化传播的方法和内涵，以此提出更具效力的传播方式和方法，将中国文化有效传播给国际受众，增强国际社会对中国文化的理解和认同。

　　从文化认同到跨文化认同，在"中文+"模式背景下，帮助中华文化对外传播完成从文化认同到跨文化认同的交际伦理转变，即将中华文化对外传播的理念从文化差异基础上的影响力博弈转变为文化多元一体基础上的文明互鉴。在中华文化对外传播实践中，要在尊重差异的基础上通过共性内容来建构对中华文化的跨文化认同，以此扩大共识和开创中华文化对外传播的新格局。②

　　在提升自身文化认同的同时，对世界历史舞台来说，研究"中文+"模式下

---

① 李姗姗. 习近平"文化走出去"战略思想研究［J］. 中华文化论坛，2017（06）：23-27.

② 范红，崔贺轩. 从文化认同到跨文化认同：中华文化对外传播的交际伦理转变［J］. 对外传播，2023（03）：52-55.

的中国文化可以促进文化多样性的发展，打破信息差异壁垒，通过多种方式促进世界范围内不同文化之间的对话和交流，互利互惠，交融发展，推动世界文化大繁荣。

对于"中文+"模式的分析可以为中国文化的对外传播提供新思路，促使运用新的传播策略和媒介，更好把握中国文化中的精髓与独特价值，为未来的传播手段和内容提供借鉴和参考，为推动中外文化交流注入新动力。在不断地交流互鉴中，跨学科交融，涉及多个领域，为各方面发展提供新思路和新方法，避免一定程度上的信息误读。在文化传播过程中，因文化差异、表达误差等固有因素，再加上受众对信息的接受具有能动性，信息误差必然存在，因此倘若受众对文化并没有理解和认同心理，任何形式的传播都将毫无意义。而在"中国+"模式下的中国文化传播的研究，则可正视甚至正确对待信息误差的产生，从而进一步提升传播效力。

"对外发展政策"与"中文+"模式下中国文化对外传播研究相辅相成，在高效的"中文+"模式下，文化传播力度深广，为实施营造有利的国际舆论环境，表达追求和平、平等、自由、民主是人类共同的价值；为相关对外发展的扎实推进提供了价值基础，促进异质文化的融合创新。①

本书以具体实例为依据进行"中文+"模式背景下的中国文化对外传播研究，通过对现有资料的整理分析为日后"中文+"模式下中国文化对外传播的实施提供可参考的理论支撑，促进国际中文教育的推广和人才培养模式的改革。同时，本文在理论研究的基础上提出一套切实可行的人才培养模式，对该模式的形成与完善起到一定作用，为国际中文教育中的应用与实践提供开创性启发。

此外，本书通过归纳总结个案中的优势与劣势提出针对不同个案具有普遍性、可行性的方案；通过分析研究选择具有代表性的国家进行案例分析，深入剖析其在"中文+"模式下开展中国文化传播的具体实践和经验教训。如对俄罗斯、埃及、泰国等国家的中国文化传播现状进行分析，总结该模式在发展过程中的优势与不足并为其日后的发展提出了相关展望，在一定程度上推动了"中文+"背景下中国文化对外传播的推广。②

总而言之，"中文+"背景下的中国文化传播既是吸纳反思过去，得到经验

---

① 李姗姗. 习近平"文化走出去"战略思想研究 [J]. 中华文化论坛，2017（06）：23-28.

② 黄璐璐. "中文+职业技能"人才培养模式研究——以吉林铁道职业技术学院—中泰詹天佑学院为例 [D]. 长春：长春大学，2022.

教训，也是为将来中国文化传播奠定基石，更好更准指明发展方向，使得利益最大化、效果最佳化，推动中国文化的国际传播，增进中外文化交流与合作，为构建人类命运共同体作出贡献。

五、研究思路与方法

（一）研究思路

首先在研究新时代下的中国文化传播，必然要了解分析历史发展概况，进行理论溯源，吸收经验教训，启发未来；同时在大量的文献支撑下进行总结分析，并创新性地提出见解；进行横向深入，链接多领域研究，与各界学科专家进行合作，如语言学、传媒学、社会学、国际关系学等，进行综合研究和交流；进行跨文化对比，深刻认识自身文化独特性，传承发展，同时借鉴其他国家优秀经验；注意到政治因素的影响，关注国家相关战略政策，分析原因和发展态势；之后通过科技手段，收集大量数据资料进行分析，提供现实依据，保证其真实性；在新媒体时代，收集分析不同媒介和平台上的传播方式和效果，可以通过对传统媒体、新媒体和社交媒体的分析，探讨不同媒介对目标受众的影响力和传播效果。

（二）研究方法

文献分析法：本书通过阅读大量与文章内容相关的文献，对当前全球宏观的中国文化传播的情况和各地方中国文化传播现状作出总结，并阅读相关的报道和各国相关实践信息，对"中文+"模式进行调查分析，在此基础上对新模式下中国文化的对外传播形成自己的微薄见解。

历史分析法：本研究将使用历史分析法梳理"中文+"模式的形成与理论溯源，以及中国文化对外传播历史的演绎，为中国文化的对外传播提供基于历史研究的经验阐释和学术考量。同时，本书着眼于全球史视角下的中外交流史研究，在经验层面突出国际史、跨国史研究方法，在实践层面侧重于对历史个案的分析和总结。

问卷调查法：本书通过对全球范围内部分参加国际中文教育和接触中国文化的人员发放问卷，如孔子学院的学员。运用统计软件对培养现状的调查情况进行分析，以提高本文研究结论的可靠性。

访谈调查法：本书的访谈以"中文+"模式背景下中国文化传播的现状和基本情况为中心来进行，通过网络交流的方式对类似于孔子课堂的相关负责人和教师以及中资企业负责人进行访谈，了解当前"中文+"模式下中国文化传播的宏观概况，并对访谈内容进行录音、转写、整理和分析，以此来了解总结。

个案研究法：本书研究的个案是在俄罗斯、泰国、埃及等国家的"中文+"模式下的中国文化传播，具有代表性，有一定的研究价值。

抽样调查法：本文的调查主要是采用随机抽样的调查方法，通过对全球范围内部分参加国际中文教育和接触中国文化的人员进行随机抽样调查，并将其作为样本进行分析。调研的方式主要是通过将问卷星发放在微信群和 Facebook 群聊，招募部分志愿者帮忙发放问卷，以期增加问卷的数量，增加样本的多样性，提高问卷的代表性。

通过上述思路和方法，可以全面深入地研究中国文化在"中文+"模式下的对外传播问题，提出专业、系统的研究成果，为中国文化对外传播的实践和发展提供理论支持和借鉴。

第一章

"中文+"模式与中国文化
对外传播的理论建构

第一节 "中文+"模式的理论基础

一、"中文+"模式的定义

"中文+"概念融合了数学运算符号"+"的内涵，象征着加法的结合与扩展，它代表了一种创新的国际中文教育模式。该模式不仅仅局限于传统的中文语言教学，而是将中文教育与多个相关领域的知识和技能相结合，形成一种多元化、跨学科的教育体系。这种教育模式的核心目标是将汉语教学拓展为一个全面的教育项目，不仅提升语言能力，还增强学生在全球化背景下的跨文化交流能力，从而提高其在全球市场中的竞争力。通过这种模式，汉语教育不再是一项孤立的语言学习活动，而是一个综合性的文化和技术交流平台，旨在推动汉语在全球范围内的广泛应用和发展。"中文+"模式的前身是"汉语+"，其理念可以从三个层面进行解读：首先，孔子学院在传授汉语的同时，可以增设专业技术培训课程，实现汉语教学与职业技术教育的有机结合，更好地服务于当地经济社会的发展需求；其次，通过先前的汉语教学，学生在掌握汉语后，可以利用这一语言工具继续深入学习并掌握相关专业技能；最后，将"汉语+"作为一种教育理念，鼓励有条件的孔子学院结合当地实际情况，以汉语教学为基础，与各行业领域进行深度融合和共同发展。然而，当前阶段在推广"中文+"模式的过程中，仍面临着诸多挑战和困难。为了克服这些困难，需要各方面的共同努力和持续探索，以期不断优化和完善这一模式，使其更好地服务于国际中文教育事业的发展。①

二、"中文+" 模式理论的提出

在 2018 年，国务院副总理孙春兰在第十三届全球孔子学院大会上提出了 "汉语+" 项目，该项目旨在根据不同地区的实际情况，开设具有地方特色的职业技能、商务交流、中医养生等课程，并建立以务实合作为基础的支持平台。这一理念鼓励根据双方合作的具体需求，开设相应的职业教育课程，并通过 "鲁班工坊" 等创新形式，助力更多人掌握实用技能，同时学习汉语。

其中相关政策的提出作为连接亚欧非大陆的重要国际合作平台，涵盖了全球超过 60 个国家和地区。至 2023 年，这些政策已走过了五个年头。在这五年间，中国与沿线国家的交流合作不断加深，当地民众对中国的了解和学习中文的热情持续高涨。同时，中国企业积极响应 "走出去" 战略，截至 2022 年底，中国企业在沿线国家建设的合作区累计投资达 3979 亿元人民币，为当地创造了 42.1 万个就业机会。②

在这样的背景下，中资企业在海外的生产活动急需大量既懂汉语又具备专业技术的本土技能人才。目前，中资企业普遍面临当地员工中文能力有限、跨文化沟通不畅等问题。③ 随着中国对外发展的不断扩展，对外技能人才的需求急剧增加，这也进一步推动了 "中文+" 模式的发展和完善，实现了跨文化交流、国际职业技能培养与国际中文教育的有效融合，开启了 "中文+" 模式的新时代。

然而，由于缺乏针对海外实际需求和特定行业、职业的中文教育和培训，中文教育在服务当地社会和经济发展方面存在局限。"中文+" 模式的提出正是为了解决传统纯语言教学中 "学非所用" 的问题，即教学内容与实际应用之间的脱节。原有的国际中文教育在专业课程设置、人才培养方式等方面与海外市场多样化的实际需求存在差距，难以有效满足学生的多元化发展需求。同时，"中文+" 模式也致力于解决国际化、专业化、高端化人才短缺的问题，这一问

---

① 吴应辉，刘帅奇. 孔子学院发展中的 "汉语+" 和 "+汉语" [J]. 国际汉语教学研究，2020 (01)：34-37+62.

② 金良快. 国新办举行 2022 年商务工作及运行情况新闻发布会 [EB/OL]. 中国政府网，2023-02-02.

③ 尤咏. 跨文化背景下 "中文+职业技能" 国际推广基地的发展策略研究 [J]. 平台与资源，2021 (42)：77-80.

题已成为制约中外多领域、深层次产业和行业合作的关键因素。

"中文+"模式的提出旨在推动国际中文教育事业向更深更广的方向发展，将中文教学与技能培训结合起来，更好地服务当地社会和经济发展。它侧重在语言学习基础上进行其他专业的学习，有助于实现海外人才市场"需求侧"与国际中文教育人才培养"供给侧"的无缝对接，进而满足当地经济社会的发展需要和建设发展的需求。

三、"中文+"模式的探索

（一）探索过程

在 20 世纪末，国际中文教育界逐步认识到，对教学模式的深入研究对于提升教育质量具有至关重要的作用。特别是在 20 世纪 80 年代中后期，国际中文教育面临了教学实践与理论之间的脱节问题，这一问题成为教育事业发展的瓶颈。为了解决这一问题，众多教育专家和学者开始回顾和总结历史上的教学模式，并积极探索教学模式的创新与改革。①

经过三十年的不懈努力和实践探索，国际中文教育界成功构建了"中文+"教学模式。这一模式突破了传统汉语教学的局限，将中文教学与其他领域的知识和技能相结合，形成了一种跨学科的综合教育模式。它不仅关注语言本身的传授，更强调语言在实际应用中的功能性和实用性，特别是在中外企业合作项目中，这一教学模式发挥了至关重要的作用。

"中文+"模式的探索最早可以追溯到 2014 年，时任国务院副总理的刘延东在印度尼西亚雅加达举行的"2014 全球孔子学院大会"上首次提出"中文+职业教育"模式。为了满足海外中文学习者日益强烈的多元化需求，孔子学院总部对教学模式进行创新设计，积极开展适合海外国家地方需求的"中文+职业教育"模式。此后，"中文+"模式的探索不断深入。2016 年，首家"中文+职业技能培训基地"在吉尔吉斯斯坦启动。2017 年，国家汉办与俄罗斯远东联邦大学签署了《共建"汉语+基地"合作协议》，开启"中文+文化"国际合作新模式。2018 年，第一家"中文+技术"培训中心在埃及开罗大学挂牌成立。2019年，在国际中文教育大会上，国务院副总理孙春兰提出："国际中文教育要聚焦语言主业，积极融入本土，为各类学校和培训机构开展中文教育提供支持；要

---

① 王惠莲. 对外汉语教学方法与教学模式的创新实践［M］. 长春：东北师范大学出版社，2020：180-190.

在语言教学中融入适应双方合作需求的特色课程，通过'鲁班工坊'等形式，积极推进'中文+职业教育'项目，帮助更多的人掌握技能，学习汉语。"这充分说明，今后国际中文教育在聚焦语言主业的基础上，"职业化"成为转型发展的一个典型方向，"中文+"这一新模式已得到社会的普遍认可。[①]

相关政策持续推进，让更多中国企业能够走出国门与国际接轨，进行国际经济合作，带动了沿线国家诸多产业的发展，普遍受到沿线国家的热烈欢迎。然而，在这些企业走出国门的过程中，逐渐发现跨语言、跨文化交流障碍是中外合作的主要问题。这些企业急缺精通双语的职业技能人才，培养"中文+"复合型人才已然成为走出国门的中国企业的进程中的基础工程。例如，2021年12月3日，中老铁路运营的开通，对培养铁路各个环节的"中文+"复合型人才的要求急剧攀升。

"中文+"模式的兴起成为当今学界的热点话题，吴应辉、刘帅奇从理念上对"汉语+"与"+汉语"进行了诠释，强调"+汉语"是解决同时具备专业知识技能和汉语能力人才紧缺问题的捷径，要加强"专门用途汉语"类课程建设，[②] 该诠释进一步强化了"中文+"模式发展的重要性和必然性。

（二）"中文+"模式的意义

随着全球化的加速和信息技术的飞速进步，语言在跨文化交流中扮演着越来越关键的角色。中文，作为世界上使用人数众多的语言之一，其全球传播力和影响力持续扩大，对全球化的推进具有显著意义。中文不仅承载着中国的信息与文化，还是中国与世界沟通的重要媒介。

"中文+"模式的推出，进一步深化和拓展了中文的应用领域。这一模式不单聚焦于语言的传播，还涵盖了文化交流、历史传承、经济发展以及提升国家软实力等多个重要方面。通过这种综合性的教育和推广策略，中文的国际地位和实用价值得到了显著提升，同时也加强了全球对中国深入了解的可能性。

促进中外文化交流与文明互鉴。中文传播是中华文化对外交流的重要一环，语言是文化的载体，通过中文的学习，世界各地的人们能够深入了解中国的历史、文化和社会价值观。在全球范围内推广中文，意味着拓展一条通往中国文化底蕴的航路。同时，也为全球人民提供了一个了解和比较不同文化的平台，

---

① 崔永华. 试说汉语国际教育的新局面、新课题［J］. 国际汉语教学研究，2020（4）：5.
② 吴应辉，刘帅奇. 孔子学院发展中的"汉语+"和"+汉语"［J］. 国际汉语教学研究，2020（1）：1.

促进了多元文化的交流和理解。"中文+"模式将中文学习与不同的职业技能相结合，使得更多的人能够掌握中文和相关的专业技能，从而更好地促进中外文化交流与文明互鉴。

推动中外教育合作与共同发展。"中文+"模式可以推动中外教育合作，通过互相学习借鉴教育经验，促进共同发展。同时，这种模式也可以促进国际教育资源的共享，提高教育质量。

增强国际中文教育和职业教育全球适应性。"中文+"模式将中文教育与职业教育相结合，更好地满足了海外学习者的多元化需求，提高了国际中文教育和职业教育的全球适应性。

提升中国教育品牌整体国际影响力。通过实施"中文+"模式，可以提升中国教育品牌的整体国际影响力，增强中国教育的国际竞争力。

增进中外民心相通。"中文+"模式可以促进中外人民的交流和互动，增进中外民心相通，为推动世界和平与发展作出积极贡献。语言作为国家软实力的重要组成部分，其传播力度直接关系到国家的国际影响力。中文的国际地位提升，不仅彰显了中国国际影响力的增强，也为国家之间的交流和沟通提供了更多的可能性。掌握中文，意味着能够更加直接地了解中国的文化信息，更加深入地理解中国政策，这有助于中外民心相通，促进我国与他国国民的情感交流，对于促进国际的理解和合作具有十分重要的意义。

"中文+"模式的意义深远且复杂。"中文+"模式的应用不仅仅关乎语言的传播，更涉及跨文化交流、国家经济发展和国家软实力提升等多个层面。面对未来的机遇和挑战，我们需要以更加开放和包容的心态，积极推广中文，完善"中文+"模式，让其发展得更加成熟，促进跨文化沟通交流和理解，为世界和平与发展贡献力量。

（三）"中文+"模式的指向性

"中文+"模式是一套创新的教育策略，旨在通过国际化、多元化、实用化、创新化，以及人文化的教育手段，满足海外学习者多样化的学习需求，同时加深对中国社会和文化的理解和认同。这一模式不仅关注语言教学本身，还强调通过中文教育促进职业技能发展和文化互鉴，旨在构建一个更加开放、包容、互利共赢的国际教育合作环境。

国际化，"中文+"模式是一种国际化的教育模式，旨在推动中文的国际传播和应用，满足海外学习者的多元化需求。通过与国际教育机构、企业等合作，可以共同推进中文教育和职业教育的发展，提升中国教育的国际影响力。

多元化,"中文+"模式注重满足不同国家和地区的学习者的需求,针对不同文化背景和学习习惯,提供多样化的课程和教学模式。这种多元化的教育模式可以更好地适应不同学习者的需求,提高教育质量。

实用化,"中文+"模式注重实用性和应用性,将中文学习与职业技能相结合,帮助学习者在掌握中文的同时,提高就业竞争力。这种实用化的教育模式可以更好地满足市场需求,促进中外文化交流和经济发展。

创新化,"中文+"模式是一种创新的教育模式,通过与国际教育机构、企业等合作,共同推进教育创新和发展。这种创新化的教育模式可以提供更加灵活、个性化的教育服务,促进教育的可持续发展。

人文化,中文是中国对外呈现的文化载体,中文的呈现和发展照映着中国社会的发展。不同语言的摩擦就是不同文化的碰撞,对于留学生和爱好中文的人来说,认识和理解中文,在于潜移默化他们,让他们通过中文了解中国社会所传达的价值观。"中文+"模式注重人文交流和文明互鉴,通过中文学习,帮助学习者了解中国文化、历史和社会发展等方面的情况,促进中外文化交流和民心相通。这种人文化的教育模式可以增强文化认同感和文化自信心,促进世界和平与发展。

四、"中文+"模式存在的问题

面对全球化背景下的中文教育推广,"中文+"模式在实践中遭遇了一系列挑战和问题,涉及师资、教材、文化适应、语言障碍、评价体系和资源整合等多个方面。这些问题不仅影响了教育模式的有效实施,还制约了中文在全球范围内的传播和影响力。以下是对这些问题的详细总结:

师资短缺,目前,全球中文教师数量不足,尤其是在一些非中文母语国家和地区,具备良好教学能力和经验的中文教师更是稀缺,这制约着"中文+"模式的发展和推广。农工党中央关于重视国际中文教育人才严重匮乏问题的提案中谈及当前国际中文教师人才匮乏的情况:目前全球急需 500 万国际中文教师,而持证人数不到 6 万;2018 年亚洲需求国际中文教师 368 人,应聘人数 196 人,需求比为 53.3%;非洲需求国际中文教师 258 人,应聘人数 124 人,需求比为 48.1%,大洋洲需求比为 56.7%,美洲需求比为 59.6%,官方派出人数不能完全满足需求,国际中文教师的岗位需求缺口仍旧较大;每年 1000 多名汉语国际教育硕士(汉硕)留学毕业生,最终回国担任本土中文教师的人数却很少,至

2018 年底，孔子学院累计聘用海外本土教师仅 165 人。① 中文教师师资短缺，师资供需尚未平衡。

教材缺乏针对性，针对不同国家和地区的学习者，需要编写符合当地文化背景和学习习惯的教材。然而，目前"中文+"模式的教材资源相对有限，且缺乏足够的针对性，影响了学习效果。

文化差异，"中文+"模式需要考虑到不同国家和地区的文化差异，包括教育制度、学习风格、价值观念等。这些差异可能导致教育理念和教学方法的不适应，需要采取相应的策略来解决。

语言障碍，中文作为第二语言或第三语言的学习者在理解和运用中文时可能会遇到语言障碍，对于专业名词和技能拓展方面会遇到诸多阻碍，这会影响到学习者们的学习效果和积极性。

评价体系问题，当前评价体系还不够完善，无法全面、准确地评估学习者的中文水平和实际应用能力。这会影响"中文+"模式对于学习者的学习方式的调整，可能导致学习者的学习效果不尽如人意，难以满足社会对高素质复合型人才的需求。

资源整合问题，"中文+"模式需要整合各方面的资源，包括教育机构、企业、政府部门等。然而，由于资源分散、信息不对称等原因，资源整合的难度较大，需要加强合作和协调。

综上所述，尽管"中文+"模式为中文的国际化教育提供了新的思路和方法，但在实际操作中仍需克服诸多挑战。解决这些问题需要国际社会的共同努力，以及对教育模式的不断创新和改进。

五、"中文+"模式对不同国家和地区不同政策的应对策略

"中文+"模式在应对不同国家和地区的政策差异时，需要采取一系列的策略和措施。

首先，需要了解和尊重当地的教育政策和法规，确保"中文+"模式的实施符合当地的规定和要求。在开展"中文+"模式的过程中，需要与当地的教育部门、政府部门等进行沟通和合作，了解当地的政策和法规，以确保双方的合作符合规定，并且能够得到官方的认可和支持。

---

① 农工党中央关于重视国际中文教育人才严重匮乏问题的提案［EB/OL］. 中国工农民主党，2023-03-06.

其次，需要灵活调整"中文+"模式的策略和方案，以适应不同国家和地区的政策差异。例如，针对一些国家和地区对中文教育的重视程度不够，可以通过加强宣传和推广，提高当地政府和教育机构对中文教育的认识和重视程度。对于一些限制性政策，可以通过加强沟通和合作，争取政策的放宽或调整。

最后，需要加强"中文+"模式的创新和研发，以应对不同国家和地区的政策差异。通过不断地创新和尝试，可以探索出更加符合当地政策和法规的"中文+"模式，提高其实施效果和社会认可度。同时，也可以通过与其他国家和地区交流和合作，共同推动中文教育的国际化发展。

综上所述，"中文+"模式需要采取了解和尊重当地政策、灵活调整策略方案、加强创新和研发等措施，以应对不同国家和地区的政策差异。通过不断地探索和实践，推动中文教育的国际化发展，促进中外文化交流和经济发展。

六、"中文+"模式与传统中文教育模式的异同

（一）相同点

"中文+"模式和传统中文教育都侧重于中文语言教育，注重培养学生的中文语言基础和口语表达能力。二者都致力于传播中华文化，帮助学生了解中国历史文化和社会风俗等。无论是"中文+"模式还是传统中文教育模式，它们的教学目标都是为了培养学生具备良好的中文听、说、读、写能力，使学生能够熟练运用中文进行沟通交流。不仅如此，两种教育模式都十分重视学生的语言实践，鼓励学生将所学知识应用于实际生活中，提高语言运用能力。并且在教学方法上都采用了互动式教学，教师与学生之间、学生与学生之间能够进行充分交流，大大地提高了学生的学习兴趣和积极性。

（二）不同点

传统中文教育是我国长期以来的主要教育方式，它以教师为中心，注重语法规则和词汇积累，通过课堂讲解、课后练习等形式，帮助学生掌握中文知识。并以中华传统文化为基础，传承和弘扬中华优秀传统文化，提高学生的语言文字应用能力和文化素养。而"中文+"模式则是一种新兴的中文教育模式，主张将现代科技与传统教育相结合，以创新的方式推动中文教育的全球化。它以互联网技术为支撑，运用多元化的教学手段，为学习者提供更加生动、实用的学习体验。

传统中文教育的教学重点是课堂传输知识，应用实践课程也仅仅是帮助学

生学习中文、应用中文。"中文+"模式在传统中文教育的基础上，更加注重与当地社会和经济发展相结合，以满足当地市场的实际需求。它强调与当地政府、企业等合作，开展"订单式"人才培养模式，提供实习实训和就业平台的机会。

传统中文教育将目光放在传承中华优秀传统文化上，并没有与现实社会接轨。而"中文+"模式更加注重与当地文化的融合，以满足当地居民的接受度和认同感。它倡导尊重文化差异，理解文化多样性，以促进中外文化交流和民心相通。

传统中文教育注重培养学生的听、说、读、写的能力，强调学生掌握语言表达技巧，在语言交流方面尚佳，但在工作交流方面缺少专业培养。"中文+"模式传统中文教育相比，更加注重培养学生的跨文化交际能力。它不仅要求学生掌握语言知识，还要求学生在实际交流中能够运用语言技能，包括在跨文化环境中进行有效沟通、协商和解决问题。

传统中文教育仅仅面对高校课堂，教学范围较为单一。"中文+"模式更加注重与国际教育的接轨，通过与国际教育机构和高校的合作，提供更多的国际交流和留学机会，以提高学生的国际视野和竞争力。

简言之，在教育理念方面，传统中文教育更注重语言知识的学习和语言技能的掌握，"中文+"模式则更注重语言知识的学习和语言技能的掌握，更注重跨文化交流能力的培养，强调语言与专业或职业的结合，旨在培养具备国际视野的复合型人才。在教学方法上，传统中文教育通常采用较为单一的语言教学方法，如语法讲解、词汇背诵等，而"中文+"模式则更加注重多元化的教学方法。

七、"中文+"模式的理论依据

随着全球化的深入发展，语言学习已经不再局限于单一的语种。在这样的背景下，"中文+"模式应运而生。它旨在探索如何在中文教育的基础上，融入其他语种的学习元素，培养学习者跨文化交流的能力。本文将深入探讨"中文+"模式的理论依据。

（一）语言习得的认知基础

第二语言习得研究是一个跨学科的领域，研究和阐明学习者如何学习母语以外的语言，它与心理学、语言学和教育学有关，从广义上讲还包括外语教学方法。① 学习者在语言环境中通过大量的实践和互动，逐步掌握语言规则，形成语言能力。这一理论为"中文+"模式提供了认知基础，通过在学习中文的过程中引入其他语种，可以提供更多的语言实践机会，加速学习者的语言习得过程。

（二）跨文化交流的需求

跨文化交流（intercultural communication）指的是不同文化背景相互交流的一种情景。② 随着全球化的不断深入，世界各国的联系日益紧密，无论是在商业贸易、国际关系、教育合作还是旅游休闲等领域，跨文化交流都扮演着至关重要的角色。在这样的背景下，掌握多种语言和深入了解不同文化的知识，对于个人和组织来说都显得尤为重要。它有利于人们沟通和协作，减少文化冲突和误解，促进国际友好关系的建立。"中文+"模式正是基于这样的认识，特别强调培养学习者的跨文化交流能力。通过这种教育模式，学习者不仅能够学习中文，还能够了解中国的历史、文化、社会和当代发展，从而在多元文化的环境中更加自信和从容地进行交流。这种能力的培养不仅限于语言技能的提升，更包括对文化差异的敏感性、沟通策略的灵活性，以及解决跨文化问题的创造性思维。

在实施"中文+"模式的过程中，教育者可以采用多种教学方法和活动，如角色扮演、模拟国际会议、开展文化交流项目等，来提高学生的实践能力和适应性。同时，通过与国际教育机构的合作，可以为学生提供更多的实际交流机会，如参与国际研讨会、文化交流活动和海外实习等，这些都将极大地丰富学生的学习体验，提高他们的跨文化交流能力。

总之，跨文化交流能力的培养是"中文+"模式的重要组成部分，它不仅有助于学习者在全球化的背景下更好地适应和融入多元文化环境，还能够促进不同文化之间的相互理解和尊重，为构建和谐世界贡献力量。

（三）语言学习的教育价值

语言学习指个体学会使用语言交际的过程，它不仅是掌握沟通工具，更是一种文化传承和教育的手段。"中文+"模式强调中文与其他语种的融合学习，使学习者在掌握语言技能的同时，了解不同文化的精髓，提升综合素质。这种教育模式有助于培养具有国际视野和跨文化交流能力的人才。

---

① 张梓桢. 基于第二语言习得理论的日语教学法的变迁［N］. 山西科技报, 2022-11-07.
② 蔡青. 跨文化交流（第2版）［M］. 北京：清华大学出版社, 2018：21.

（四）中文的国际地位与影响力

中文是世界上使用人数最多的语言之一，具有广泛的影响力。随着中国经济的崛起和国际地位的提升，中文在国际交流中的地位逐渐凸显。"中文+"模式借助中文的国际地位和影响力，推动其他语种的学习，为学习者提供更多元化的语言学习路径。

（五）技术手段的支撑

随着信息技术的发展，数字化教育资源日益丰富。"中文+"模式可以利用多媒体、在线学习平台等技术手段，实现跨时空的语言学习。通过虚拟现实、人工智能等技术，学习者可以获得更加沉浸式的学习体验，提高学习效果。

（六）教育的个性化需求

现代教育的理念越来越注重个性化发展。"中文+"模式能够满足学习者的个性化需求，根据其兴趣、职业规划等因素，定制个性化的学习方案。通过这种模式，学习者可以在掌握中文的基础上，根据自己的需求拓展其他语种的学习，提高教育的灵活性和实用性。

总而言之，"中文+"模式的理论依据主要包括语言习得的认知基础、跨文化交流的需求、语言学习的教育价值、中文的国际地位与影响力、技术手段的支撑，以及教育的个性化需求等方面。这一模式符合全球化背景下语言学习的趋势，有助于培养具有国际视野和跨文化交流能力的人才。在未来的发展中，"中文+"模式有望成为一种重要的语言教育模式，为语言学习带来新的突破和变革。

八、"中文+"模式在国际中文教育中的应用与实践

随着全球化的推进，中文在国际交流中的地位日益凸显，而传统的中文教学方式已无法满足当前的需求，这促使了"中文+"模式的出现。本书将对"中文+"模式在国际中文教育中的应用与实践进行深入探讨。"中文+"模式是一种创新的教育理念，它突破了传统中文教育的局限，将中文学习与其他领域如职业技能、文化、艺术等进行有机结合。这种模式不仅注重培养学生的语言技能，还强调他们的实际应用能力和跨文化交际能力。

"中文+"模式在国际中文教育中的应用极为广泛：

第一，"中文+"职业技能：通过中文学习，结合职业技能培训，提高学生的就业竞争力。例如，开设与旅游、商务、IT等领域相关的中文课程，使学生

在学习语言的同时，掌握相关职业技能。

第二，"中文+"文化：将中文学习与文化传播相结合。通过学习中国的历史、文学、哲学等，帮助学生深入理解中国文化，提高跨文化交流能力。

第三，"中文+"艺术、体育：借助中文学习，引入中国的艺术和体育元素。例如，开设与中国绘画、音乐、武术等相关的课程，培养学生的审美能力和身体素质。

第四，"中文+"科技：结合中文学习，介绍中国的科技发展。这有助于学生了解中国的科技进步，激发他们的创新精神。

"中文+"模式在国际中文教育实践中已经取得了一定的成果，比如某国际学校开设了"中文+"职业技能的课程。该校与当地企业合作，针对商务礼仪、市场营销等职业需求，设计了一套结合中文和职业技能的课程体系。学生在学习中文的同时，还接受了商务实战训练，大大提高了他们的就业竞争力。国内某大学推出"中文+"文化课程，该课程不仅教授学生基础的中文知识，还通过组织文化活动、邀请专家讲座等形式，让学生深入了解中国的历史、文学和哲学，这种跨学科的教学模式受到了学生和家长的一致好评。

尽管"中文+"模式在国际中文教育中取得了显著成果，但仍面临一些挑战，如师资力量不足、教材开发滞后、合作机制不完善等。然而，随着全球对中文教育的重视程度不断提高，"中文+"模式的发展前景十分广阔。未来，"中文+"模式将进一步拓宽与其他领域的结合，如中医、农业等。这不仅有助于提高学生的综合素质，还能促进中外交流与合作。此外，随着技术的发展，"中文+"模式将更多地借助数字化平台，实现教育资源的共享和优化。

"中文+"模式是国际中文教育的一种创新尝试，在培养学生的实际应用能力和跨文化交际能力方面具有显著优势。尽管目前仍面临一些挑战，但随着全球化和教育改革的深入推进，"中文+"模式将迎来更加广阔的发展空间。为了更好地实施"中文+"模式，需要加强师资培训、完善教材体系、建立合作机制。

九、"中文+"模式对中国文化传播的影响和作用

推动中国文化全球化传播，"中文+"模式将中文学习与其他领域相结合，不仅提高了中文教育的实用性和趣味性，还使更多人愿意了解和学习中国文化，这种跨学科、跨领域的模式有利于中国文化在全球范围内传播与交流。

增强中国文化的国际影响力，通过中文学习，外国学生可以更深入地了解中国历史、文学、哲学等，从而提高对中国文化的认同感。这不仅有助于提升中国文化的国际地位，还有助于增强国家软实力。

促进中外文化交流与合作，"中文+"模式为中外文化交流搭建了平台，使得更多的外国人有机会接触中国文化，同时也为中外文化交流提供了更多的机会和渠道，有助于增进中外人民之间的相互理解和友谊。

提升中国教育的国际竞争力，"中文+"模式突破了传统中文教育的局限，提高了中文教育的实用性和竞争力。这种模式为中国教育走向世界提供了新的思路和方法，有助于提升中国教育的国际地位和影响力。

培养具有国际视野的人才，"中文+"模式注重培养学生的实际应用能力和跨文化交际能力，这有助于培养具有国际视野和跨文化交流能力的人才，这些人才将为中国发展注入新的活力和动力。

总的来说，"中文+"模式对中国文化传播的影响和作用是积极的、深远的。它不仅有利于中国文化在全球范围内的传播与交流，还为中国教育走向世界提供了新的思路和方法。

第二节　中国文化对外传播理论

一、中国文化对外传播的概念界定

（一）文化的概念

"文化"这个词源自拉丁文"Culture"，其内涵丰富，涵盖了耕作、居住、练习、关注、敬神等诸多意义。文化主要可以划分为三个层面：物质文化、制度文化和观念文化。物质文化包括各种器物和建筑，制度文化涵盖了社会的各种规则和组织结构，而观念文化则包括语言、文字、习俗、思想等意识形态要素。文化是社会价值系统的整体体现，也是人类共同的精神财富和智慧结晶。

精神性是文化的核心特征，这意味着文化必须与人类的精神活动紧密相关。那些与人类精神活动无直接联系的物质现象，如自然地理、天文现象等，并不属于文化的范畴。在探讨文化这一复杂领域时，对相关概念的准确界定显得尤为重要。本书将从文化的生产主体（即从事文化创造和经营的组织）、文化的生产客体（也就是文化产品本身），以及文化的生产与传播过程出发，对文化及其相关概念进行明确的定义。概念之间的关系可通过附图得到直观展示。通过这样的界定，我们能更深入地理解文化的多维度特性，以及它在社会发展和人类进步中的重要作用。①

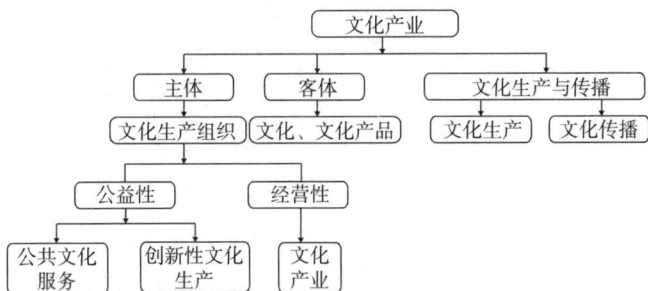

图2.1 文化产业分类

社会性是指文化具有强烈的社会性，人与人之间按一定的规律结成社会关系的产物，是人与人在联系的过程中产生的，是在共同认识、共同生产、互相评价、互相承认中产生的，没有人与人之间的关系就不会有文化。集合性是指文化必须是在一定时期、一定范围内的许多人共同的精神活动、精神行为或它们的物化产品。它是由无数的个体组成的集合，任何个人都无法构成文化。独特性是构成一个民族、一个组织或一个群体的基本因素，这些民族、组织、群体之间的差异性形成了不同的文化。因此，文化带有独特性，不可能有两个完全相同的文化存在于两个民族或组织和群体中。一致性是指在一个民族、一个组织或一个群体中，文化有着相对一致的内容，即共同的精神活动、精神性行为和共同的精神物化产品。这种一定时期、一定范围内的相对一致性是构成一种文化的基础，正是有了这种一致性，各种文化才有了他们各自的内涵，文化的意义就是保存、继承人类的意义符号体系。在理解其内涵的基础上对这些意义符号的发展。人类对生命意义的追求产生了文化，文化作为人类的意义符号系统，一方面解释人的思维与行为，另一方面指导人的思维与行为传承这套符号体系，就是文化传承。②

文化，这是一个广泛的概念，涵盖了人类在社会实践中创造的物质与精神

---

① 陈庆云，曾军荣，鄞益奋. 比较利益人：公共管理研究的一种人性假设——兼评"经济人"假设的适用性 [J]. 中国行政管理, 2005 (06)：40-45.

② 田增志. 文化传承中的教育空间与教育仪式 [D]. 北京：中央民族大学, 2011.

财富的方方面面。从广义上看，文化是指人类在生产活动中积累的物质与精神生产力，以及由此产生的物质与精神财富的总和。精神生产力体现在人类在精神领域的创新与进步，如思想、理念、信仰等方面的不断发展。精神财富则是这些精神成果的具体表现，例如文学、艺术、哲学等。这些精神成果不仅丰富了人类的精神世界，还为社会进步提供了强大的精神动力。

从狭义上讲，文化更多关注精神生产力和精神产品，包括所有社会意识形态，如自然科学、技术科学、社会意识形态等。这些社会意识形态是人类对自然和社会认识与理解的体现，是文化交流与传播的核心内容。文化还被专门用于指代教育、科学、艺术等方面的知识和设施，这些方面的发展对国家的文化繁荣和社会进步具有深远意义。教育是文化传承的关键途径，科学是推动文化发展的引擎，艺术则是文化魅力的展现。文化是人类社会的重要组成部分，是物质与精神生产的成果，也是推动社会进步的动力。文化的多样性和丰富性为人类社会赋予了无尽的魅力，也使文化交流和融合成为当今世界的一大趋势。

中国文化历史悠久，塑造了独特的价值观，并在漫长的历史演变中形成了独具特色的习俗与节日。此外，中国文化在各个领域成就颇丰。在科技领域，古代四大发明及其他重大成果，对人类文明的发展产生了深远影响。在哲学层面，儒家与道家的学说对文化、教育、政治等诸方面产生了深远影响。在文艺领域，唐诗、宋词、元曲、明清小说成为世界文坛上璀璨的亮点。① 此外，我国的传统节日，比如春节、中秋节，以及传统茶文化都在全球范围内具有广泛的影响力。

中华文明，自古以来便以其独特的魅力和丰富的内涵文明于世。其卓越的连续性、创新性、统一性、包容性和和平性，备受世人赞誉。中华文明的连续性源于其悠久的历史和深厚的文化积淀。自古以来，中华文明历经数千年的变迁，无论在政治、经济、科技还是文化领域，均取得了举世瞩目的成就。这种连续性不仅体现在中华文明的传统思想上，还表现在其文学、艺术、建筑等诸多方面。正是这种连续性，使得中华文明成为世界上唯一一个未曾中断的文明。②

中华文明的创新性是其自身不断壮大发展的关键。历史上，我国无数文人

① 王彦龙，李丹琪，朱晓杰. 陕西省非物质文化遗产在高校的教育融入与保护传承研究 [J]. 陕西教育（高教），2024（03）：84-86.
② 王素雷. 从"唯一未曾中断"中透视中华文明的时代价值 [J]. 汉字文化，2021（06）：143-145.

墨客、科学家、发明家们为世界贡献了众多创新成果,如四大发明造纸术、火药、印刷术、指南针等。这些发明创造不仅推动了中华文明的进步,还对世界文明产生了深远影响。当下,我国在科技创新方面也取得了举世瞩目的成就,如高铁、5G通信、太空探索等领域的突破,皆彰显着中华文明的创新精神。

中华文明的统一性还体现在多元一体的文化格局上。[①] 在我国,56个民族共同创造了丰富多彩的文化,形成了独特的民族文化特色。[②] 而这种多元文化的融合,又在一定程度上促进了中华文明的统一。[③] 这种统一性不仅表现在文化层面,还涵盖政治、经济、法律等方面。在我国政府的领导下,56个民族共同致力于国家的发展,形成了强大的凝聚力。[④] 除了中华文化本身具有的特点和规律,中华文明本身的包容性也彰显其独特魅力。

自古以来,中华文明秉持"和而不同"的理念,尊重并容纳各种文化、宗教和观念的差异。这种包容性使中华文明具有广泛吸收外来文化的能力,如佛教、伊斯兰教等,与本土文化交融,塑造出更具特色的中华文明。同时,这种包容性亦体现在社会制度、政策法规等方面,促使我国团结各方力量,共同为国家发展努力。中华文明以其独特的连续性、创新性、统一性、包容性和和平性,成为世界上独具一格的文明。这些文明特质使中华文明在历史长河中不断焕发生机,为我国乃至世界的发展作出巨大贡献。在新时代,我们应继续弘扬中华文明的优秀传统,为实现中华民族伟大复兴,推动构建人类命运共同体贡献力量。

(二) 文化对外传播概念

本文根据比较有代表性的对外传播概念,尝试使用5W传播模式对本文中的对外传播含义进行界定。周车臣认为对外传播等同于对外宣传,是一门理论性和政治性很强的综合应用学科。段连城认为可以将对外传播的内涵简要总结为:为了使对中国感兴趣的外国受众了解中国和中国人,从事口头或文字对外宣传的中国人通过大众传播媒介所进行的信息传播活动。这一阐述基于拉斯韦

---

① 赵旭东. 基于多元一体格局的中国式现代化的文明走向 [J]. 探索与争鸣, 2024 (01): 112-125+179.

② 李艳霞, 毛诗颖. 中华民族多元一体观念建构的叙事逻辑——以历史教科书为资料的实证分析 [J]. 探索与争鸣, 2023 (12): 38-54+192.

③ 中共国家民委党组. 以铸牢中华民族共同体意识为主线推进新时代党的民族工作高质量发展的纲领性文献 [N]. 人民日报, 2021-11-08.

④ 郝亚明, 杨文帅. 论中华民族共同体建设的认同要素支撑 [J]. 西北民族研究, 2023 (05): 5-16.

尔的 5W 传播模式建构，具备比较完整的传播要素。甘险峰认为对外新闻传播的传播主体是中国人或与境外人士合作组成的传播团队，传播媒介以大众媒体为主，传播对象主要是境外人士，传播目的是让世界了解中国。郭可认为这一说法符合其所著的《当代对外传播》所指的对外传播概念。

传播过程是一个复杂且系统的过程，通常被划分为六个核心要素。这六大要素分别为：信息源、传播者、受传者、讯息、媒介和反馈。信息源，作为信息的起始点，指的是那些创造或提供信息的个人或机构。传播者，则扮演着收集、传递和散发信息的角色，他们可以是个人，也可以是组织单位。与传播者相对应的是受传者，他们是从传播媒介中接收信息的个人、群体或组织。讯息作为信息的实质内容，可以涉及技术、产品等多个方面。媒介作为信息的载体，包括报纸、杂志、广播、影视、网络等多种形式。最后，反馈是信息传播过程中不可或缺的一环，它体现了信息接收者对信息的反应，并通过一定渠道反馈给传播者，对下一次的传播行为产生重要影响。这六大要素共同构成了传播过程的基本框架，确保了信息的有效传递和接收。

5W 模式最早明确地将传播过程划分为 5 个部分或者要素，并且相对应地限定了 5 个研究领域，有效地描述了传播和规划了传播学研究。五要素理论是拉斯韦尔在 1958 年提出的最基本的理论依据，其中"5W"原理最广为人知，分别为"When""Why""Where""Who""What"（何时，为什么，何地，谁，什么），这五个"W"代表了传播过程中最基本的五个环节。传播者：控制分析。作为传播活动的起点和核心环节之一，传播者被称为"把关人"，其行为即为"把关"。①

信息代表内容分析，信息内容是传播的核心，可进一步细分为内容和传播方式两个部分。媒介代表媒介分析，在传播学领域，媒介指的是传播信息符号的物质载体。接收者意味着受众分析，接收者是传播过程的重要组成部分，其分析主要关注受众特点、行为动机、社会影响及意义等方面。传播效果也是效果分析，此环节关注传播对个人、群体和社会产生的影响效果，是整个传播过程中时间最长、意义重大的环节。

从具体的传播效果来看，大众传播媒介的发展使个人可以方便快捷地了解身外的世界，受众所希望获得的国内国际范围内的政治、经济、军事、外交、

---

① 屠筱茵. 网络与新媒体环境下的"把关人"理论 [J]. 西部广播电视，2015（14）：18-19.

文化、社会生活等方面的情况大多由大众传媒处获得。大众传播媒介在传播知识的同时，还将得到社会肯定的价值观传递给了受众，进一步加快了受众的社会化进程。此外，大众传播媒介还对群体、社会和文化产生作用。总而言之，这种效果是长期和潜在的效果，受众、传媒和社会相互作用，彼此独立又统一、相互制约并促进对方的发展。

传播学有各种各样的理论依据，包括五要素理论、社会类型理论、两极传播理论、使用与满足理论、个体差异论、枪弹理论等等，很多不同学者提出不同理论研究，而各个理论下的实践都有着不同的结果。但是 5W 模式的地位依旧不可撼动，因为它最早明确地将传播过程划分为 5 个部分或者要素，并且相对应地限定了 5 个研究领域，有效地描述了传播和规划了传播学研究。

对外传播主要是指以国家主导为根本、以民间为主力、以海外留学生和华人华侨为先锋、以西方部分学者及来华外国友人为同盟，采取单向传播方法、双向互动技术，综合利用不可控媒体与可控媒体，以国外受众为目标受众，以寻求国际社会对我国的理解和认同为目标，以为我国发展创造良好的国际环境为最终目的的涉外传播活动。

文化对外传播是一项复杂的跨国交流活动，其主要目的在于在国际社会中塑造优良的国家形象，增进各国之间的理解和认同。在这一过程中，国家主导、民间参与、留学生及华人华侨的引领、西方学者及来华外国友人的支持，以及综合运用各类媒体资源均发挥了关键作用。①

国家在对外传播中担任主导角色，制定传播策略与政策，为传播活动提供指导和支持。国家通过官方渠道和民间途径，传达国家的核心价值观与发展理念，使世界了解我国的发展道路与成就。其次，民间力量在对外传播中占据一定地位，民间组织、社会团体、企业及公民个人等积极参与对外传播，以富有趣味的形式展示民间风貌与文化特色，传递友好与善意。

海外留学生及华人华侨是对外传播的先锋。他们在海外学习与生活，直接接触到不同文化，通过自身行为传播，向外展示我国形象，提升我国国际影响力。此外，西方部分学者及来华外国友人作为传播同盟，发挥桥梁与纽带作用。他们通过研究、交流与合作，增进对中国文化的了解，为推动中外文化交流与传播贡献力量。在传播技术方面，对外传播采用单向传播与双向互动相结合的方式。通过可控和不可控媒体的综合运用，使国外受众更好地了解我国，引导

① 吴海燕. 当代中国价值观念国际传播话语研究 [D]. 武汉：武汉大学，2020.

他们对我国发展道路、文化传统与社会风貌产生积极认同。

对外传播以寻求国际社会对我国的理解与认同为目标，为提升我国发展创造有利国际环境。① 通过有效传播，让世界了解一个真实、立体、全面的中国，为提升我国国际地位及影响力奠定基础。它是一项多元参与、多层次、全方位的交流活动，旨在增进国际社会对中国的了解与认同，为我国发展创造有利条件。在新时代背景下，我们应继续发挥各类主体作用，创新传播方式，提升对外传播有效性，为推动构建人类命运共同体贡献力量。

对外传播，作为政治、文化、市场和技术等多种属性融合的产物，在我国发展历程中具有举足轻重的地位。然而长期以来我国对外传播的核心导向主要聚焦于单一政治属性，此类传播方式的特点在于，通过对外报道和新闻宣传，为我国对外战略提供服务。

此现象的产生，很大程度上源于我国对外传播理念和实践深受"对内传播"观念的影响，从而呈现出"对内宣传"的延伸特点。② 在传播内容上，这一特点表现为强调政治立场和价值观的输出，以实现国家对外战略目标。在此意义上，我国对外传播的政治属性成为其最为显著的特征，这一特征在我国对外传播的历史进程中得以深刻体现。从早期的宣传口号至今日的多元化传播，我国对外传播始终围绕政治目标展开，旨在营造有利于我国的国际环境，提升国家在国际舞台上的地位。然而，随着全球化深入发展，国际关系日趋复杂，我国对外传播单一政治属性已无法满足国家发展需求。为此，我国需要对外传播多元属性进行更深入挖掘和运用。

文化是国家软实力的重要组成部分，通过传播我国文化，有助于增强其他国家对我国的了解和认同，推动国际友好合作。③ 此外，应注重对外传播的市场属性，在全球化背景下，我国对外传播不仅在政治层面发挥作用，还应在经济、社会等领域有所作为，为国际经济合作提供支持。与此同时，我国对外传播技术属性日益凸显，科技发展促使信息传播方式和渠道发生翻天覆地的变化。我国应充分利用新技术，如互联网、社交媒体等，拓宽对外传播渠道，提升传播

---

① 杭辉. 融媒体时代提升地方媒体国际传播力策略探析［J］. 传播与版权，2023（22）：65-67.

② 王玉洁. 新时代高校铸牢大学生中华民族共同体意识研究［D］. 南昌：南昌大学，2023.

③ 陈玉聃. 论文化软权力的边界［J］. 现代国际关系，2006（01）：57-63.

效果。①

二、西方文化传播理论的借鉴与应用

西方传播学四大奠基学者分别提出了相应的理论，分别为拉斯韦尔的5W理论思想、卢因的"守门行为"和"守门人"概念、拉扎斯菲尔德的经验性传播，以及霍夫兰的理论思想。② 除了这四位理论奠基人，还有罗伯特克雷格，他把西方传播学理论分为以下七种传统、其中包括修辞学传统、符号学传统、现象学传统、控制论传统、社会心理传统、社会文化传统和批判传统。迄今为止学者们提出了不少对传播理论的分类，但克雷格的分类无疑获得了最广泛的认同，还成为西方传播学经典教科书编排的依据。在历史的洪流与全球格局的变革中，西方传播学不断反思、重构，它始终秉持开放的心态，吸收、借鉴各类政治经济学理论与国际关系理论，与时俱进。

在资本主义体制的背景下，西方传播政治经济学者们深入挖掘大众媒体文化生产活动的内在逻辑。他们发现，媒体在资本权力的操控下，已然成为影响大众思想的强大工具。这一洞见，让他们进一步探索媒体在社会、经济和政治交织的舞台上如何影响我们的认知与行为。他们关注媒体在资本主义体制中的角色，揭示其在市场驱动与利润追求中如何扭曲真相，满足受众的浅层需求，而非真实、全面地反映社会全貌。强调媒体权利在社会中的不均衡分配，少数人掌握的媒体资源如同利剑，刺破公平与正义的屏障，使少数人的声音凌驾于多数人之上，进一步加剧了社会的不平等。

深入分析资本主义媒体体制下的意识形态传播机制，这种机制塑造并维护着既定的社会秩序，维护既得利益者的统治。关注媒体对公共话语权的掌控，揭示其在信息时代如何决定着公众视野的边界，引导公众关注特定议题，同时忽略其他同样重要的议题。给传播学确立一个明确的边界并不切实可行，那些路过传播学十字路口的学者大师，都在潜移默化地推动着传播学的发展与革新。正因如此，传播学实际上充满多元思想交融，它帮助我们更深入地理解传播现象并学会更高效地与他人展开沟通交流。

后期，佩雷尔曼创造了《新修辞学》比喻辞格的意义、结构及功能，主要

---

① 孙凯民.中华民族共同体认同建设研究［D］.内蒙古：内蒙古大学，2017.

② 李长津，杨达.西方传播学理论流变与学术贡献述要［J］.贵州省党校学报，2018（04）：109-115.

论述了辞格的主义分析、结构特点、文体风格功能等方面，堪称修辞格乃至整个修辞学的理论核心。① 符号与符号系统在人类社会中扮演着至关重要的角色，它们不仅是信息传播的关键工具，还是文化内涵与意义的生成载体，为共享理解的实现奠定基础。在特定的社会语境中，大多数人所熟知并能熟练运用的语言及符号规则，构成了特定的文化体系。这种共享的符码系统使得人们在运用特定符号时能够互相理解，促进了社会成员之间的沟通与交流。

在不同的文化语境中，人们所采用的共享符码系统存在差异。这是因为，每个社会文化背景下的个体在对符号的理解与运用上，都会受到自身文化传统的影响。因此，在进行符号学传统的传播研究时，我们需要深入到具体的社会文化情境之中，对阐释者所使用的符号及其共享意义进行深入探讨。

胡塞尔是现象学的主要奠基人，专注于探讨人类如何通过直接体验来认知世界。② 其中，所谓"现象"，即指人类感知物体、事件或情境的表象。在此基础上，"实际的生活体验"被视为"现实基本信息的来源"。现象学鼓励人们有意识地关注生活体验，并借此检验我们对现实的理解与感知。

在现象学视角下，人们主动诠释自身体验，并通过个人体验来认识外部世界。此过程包括体验一个事件或情境，并为其赋予特定意义。换言之，阐释是对人们体验赋予内涵的过程。另一方面，语用学研究日常生活中的编码运用及其对社会生活的影响。大多数人熟知特定语言规则，从而能理解传播者的原意。人们对词语有共同理解，并在语法、社会和文化认知上达成共识。现象学具有三个基本原则：知识是在有意识的体验中直接获得的；事物意义由其在人们生活中的潜在性构成；语言是意义的载体。

控制论研究一个复杂的系统当中各个元素之间的相互影响。社会心理学传统致力于将"个人"视为"社会人"进行深入研究，其关注的主题包括行为、个人特征，以及引发特定行为的认知过程。通过严谨的研究，揭示人类行为的普遍性机制。研究领域涵盖劝服、态度改变，以及信息处理等方面。

社会文化传统的研究，旨在探讨人们如何在传播过程中的互动中获得理解、赋予意义、识别模式、确立角色，以及遵循规则。事实上，现实是在各个集体、社群和文化之间的互动过程中逐步"构建"而成的。而批判传统，关注权力、

① 王梅竹，王彬. 佩雷尔曼新修辞学的合理化理论 [J]. 河南师范大学学报（哲学社会科学版），2023（06）：58-65.
② 王建辉. 胡塞尔想象现象学研究 [D]. 南京：南京大学，2022.

压迫和特权是如何从人类社会中某些形式的传播中产生出来的。

西方传播政治经济学是西方传播文化理论的重要分支，总的来看，传播政治经济学以马克思主义政治经济学为基础，吸纳了制度经济学、新马克思主义政治经济学观念，以及法兰克福学派的文化工业理论。① 以西方国家的实际情况为基础，将传媒组织置于广阔的政治经济情境中，考察传媒组织与政治经济权力的相互作用，揭示传媒组织的政治经济权力关系，特别是经济权力关系如何影响传媒的生产、分配与消费。②

要深入了解传播政治经济学的受众观，就必须先明确其理论基础来源于何处。它们以马克思主义为其主要思想来源，其中，马克思主义政治经济学与唯物主义历史观对传播政治经济学的影响尤为深刻。③

在 20 世纪之前，人类传播理论的起源可以追溯到古希腊修辞学传统，这时以演讲为核心。然而，在 20 世纪 20 年代，各位学者从建构主义和人本主义的视角出发，运用田野考察等质化研究方法，对作为文化实践的传播过程进行了深入探究，他们的研究为社会文化传统视野下的传播研究奠定了基础。20 世纪 30 年代兴起的法兰克福学派开启了对现代文化工业的批判，奠定了传播学批判传统的基础。

在 20 世纪 60 年代，英国伯明翰大学的霍尔等学者继承并发扬了欧洲大陆的批判传统，从而推动了文化研究学派的发展。霍尔的表征理论与符号学传统之间存在着紧密的联系。与此同时，美国传播学研究依然以社会心理传统为主导。

进入 20 世纪 70 年代，以社会文化传统为视角的媒介社会学、新闻社会学逐渐成为传播研究的主导路径。这些研究将媒介机构、媒介内容以及媒介工作者纳入研究范畴，并发展了内容分析等研究方法，从而进一步巩固了传播学的学科自主性。

20 世纪 80 年代，美国兴起媒介政策研究，成为学科自主性转向的重要标志。此外，女性运动和黑人运动促使传播学关注平权问题，丰富了研究视野。

---

① 刘晓红. 大众传播与人类社会——西方传播政治经济学的诠释［D］. 上海：复旦大学，2004.

② 董波，周颖. 西方册页起源简说［J］. 苏州工艺美术职业技术学院学报，2018（01）：1-4.

③ 高洁. 网络时代马克思主义理论有效传播研究［D］. 福州：福建师范大学，2021.

到了 20 世纪 90 年代①，传播研究的核心议题转向流行文化和身份认同，标志着社会文化传统的转型。现象学传统延续了对音乐本真性的探讨。

自 21 世纪以来，传播研究再次围绕互联网对经典效果理论进行检验，同时社会网络分析方法日益得到应用，显示出社会心理传统的强势回归。

三、中国文化传播理论的现代建构

文化传播理论的核心在于满足广大人民群众的文化需求、审美趣味和生活习惯，这是我们传承中华优秀传统文化的重要途径。为了实现这一目标，我们需要运用丰富多样的艺术形式和传媒载体，让传统文化深入人心，成为人们生活的一部分。通过多种艺术形式、传媒载体与文化机构能够让广大群众在潜移默化中受到中华优秀传统文化的熏陶。

从理论上来说，现代国家就是带有"现代性"特征的国家，是"现代性"在国家形态上的运用，但是如果这个问题这样简单就解决的话，所有国家将会变成全部相同的存在，区别仅仅存在于地理环境、民族差异和人口。建构，一是"建"，二是"构"。"建"是建立，建设的意思，"构"是构成、结构的意思。现代建构的含义，就是有关现在的建设及与国家建设相关的各个组成部分的构成及结构。现代国家建构就是国家建设及构成国家各个组成部分的权力分配问题，是各种社会力量在国家中的地位的体现。现代建构研究，可以有多个维度，如民族国家的角度，社会结构的角度。基于对"国家建构"的理解和分析，本文主要从社会结构的角度进行分析。

随着全球化的不断推进，文化多样化与跨文化传播逐渐成为人们关注的焦点。它强调了文化的交互性和共享性，近年来，国产作品在国际市场上取得了显著的进步。这些作品通过讲述中国故事，展示了中国的文化特色和价值观，吸引了大量海外观众的关注，同时各国之间的交流也促进了跨文化传播的发展。中华传统文化，作为中华民族历史上占据主导地位的思想文化和价值观念的总和，广泛地渗透在人们的生活理念、心理特征、审美情趣等各个方面。

其中，园林艺术是文化发展的必然产物，它象征着人类对美好生活的向往和对自然环境的敬畏。② 在我国，这种艺术形式历史渊源深远，其发展进程与社会变革、思想活跃程度紧密相连。园林艺术与诗词歌赋、绘画等丰富的艺术形

---

① 廖圣清. 20 世纪 90 年代西方大众传播学研究［D］. 上海：复旦大学，2004.
② 邵丹锦. 中国传统园林种植设计理法研究［D］. 北京：北京林业大学，2012.

式紧密相连，它们相互借鉴，共同进步。

园林艺术与中国传统文化相伴而生，成为中国园林艺术发展的深厚底蕴。① 换言之，园林艺术成为展现中国传统文化的重要窗口。以传统文化为内涵，园林艺术为表象，二者相得益彰，共同构成了中国园林艺术的独特魅力。其本身也是传统文化的一种延续，在传承和弘扬中华民族优秀文化的同时，也彰显了文化的持久活力和不断创新的精神内核。园林艺术所蕴含的和谐共生理念、自然美学观念，以及人文精神，都是我国传统文化的瑰宝，值得我们继续挖掘和传承。

我国独特的地理环境为人与自然和谐共处的人文思想提供了肥沃的土壤，并将其巧妙地融入园林建造之中。这种独具特色的园林艺术，与西方园林注重形式变化、较少思想表达的特点，形成了鲜明的对比。在园林建造的艺术手法和要素运用等方面，中国园林与西方园林存在显著差异。

中国园林历史悠久，可以追溯到商周时期。② 当时的园林被称为"囿"，主要是为了在广阔的森林中放养动物和种植植物。到了春秋时期，园林建设逐渐转向植物栽培，以营造优美的自然环境，通常与台相结合，融入人们的日常生活。秦汉时期，宫苑建筑愈发壮丽美观，形成了兼具实用性与观赏性的园林形态，主要包括宫中建苑和宫殿散布于苑中两种类型。

西方园林的发展历程同样悠久，始于四大文明古国时期。与早期中国园林相似，古埃及园林和古巴比伦园林最初也是用于圈养动物和种植食物，以满足生产生活需求。然而，受宗教信仰影响，西方园林逐渐成为祭祀活动的重要场所，人们通过园林设计和布置来表达对神灵的敬意。

英国的园林发展受到法国的影响，但其在英国的发展受到政府推动。英国气候湿润，畜牧业兴盛，自然风景优美，具备发展自然风景园林的优越条件。受法国启蒙思想家影响的英国知识分子，对宁静的田园生活和自然的山野风光充满向往，进而推动了风景园林的发展。

20世纪80年代前后，中国刚刚改革开放，园林成为东西方交流的"大使"，向世人展示传统中国日常生活和精神世界。以纽约大都会博物馆的明轩为例，美国人可以在中式的桌椅上品茶、欣赏书画，快速地沉浸于中国人的精神世界和文化氛围。那时中国刚刚对世界打开大门，中国园林承担了东西方交流

---

① 赵庆. 园林绿篱的文化解读与设计研究 [D]. 南京：南京林业大学，2014.
② 袁守愚. 中国园林概念史研究：先秦至魏晋南北朝 [D]. 天津：天津大学，2016.

的职责。它是对传统中国人日常生活和精神世界的一个小的全息再现，让世界更好地了解和接纳中国传统文化。

随着全球化的推进，中西园林文化交流日益频繁。越来越多的西方人开始关注并喜爱中国园林，其独特的美学价值和哲学内涵在世界范围内得到了广泛认可。而中国园林也在不断地吸收西方园林的优秀元素，创新发展，为世界各地的人们带来更加美好的生活环境和舒适的精神享受。

自古以来，衣食住行一直是人类生活的基本四大要素，"衣"位居首位，彰显了服饰在我国社会中的重要地位。服饰作为社会文化的"晴雨表"，与中华文明、人文风俗、传统文化紧密相连，共同繁荣发展。古人云"衣以载道"，汉服便是中国文化的重要载体。在全球化背景下，研究汉服的跨文化传播具有十分重要的意义。

首先，善用传统节日是提高汉服文化受关注程度的有效手段。在我国各类传统节日中，如春节、中秋节、端午节等，人们都会以各种形式表达对传统文化的尊重和认同。在这些节日里，穿上汉服参与庆祝活动，既能展现汉服的魅力，也能增强民族认同感，让更多的人了解和关注汉服文化。其次，借助各种文艺手段传递汉服之美。文学、音乐、舞蹈、戏剧等艺术形式都是传播汉服文化的载体。通过艺术家的创作，汉服的优雅、庄重和独特韵味得以展现，让人们在欣赏艺术的同时，感受到汉服的魅力。再次，利用外交平台有意识地推广汉服文化。在国际交流活动中，穿着汉服亮相可以展现我国传统文化的魅力，增强文化交流的亲和力。此外，通过外交渠道举办汉服展览、讲座等活动，也能让更多的国际友人了解和喜爱汉服。

在条件允许的情况下最终形成产业，用商业模式促进汉服传播。发展汉服产业，不仅有助于传承传统文化，还能创造就业、促进经济增长。通过市场手段，将汉服推向国内外市场，使其成为时尚与传统文化的完美结合，吸引更多人加入传播汉服文化的行列。合理运用这些路径，对汉服的海外传播和推广具有重要意义。在全球范围内弘扬汉服文化，有助于增进各国人民对中华传统文化的了解，促进文化交流与互鉴。

作为一个历史悠久、文化丰富的国家，中国也在奥运会的国际传播中展示了独特的魅力和影响力。① 借助奥运会的平台，中国向世界展示了其深厚的文化底蕴、良好的国家形象，以及发展成就，并加强了与国际社会的交流与合作。

---

① 王传友. 北京奥运会社会价值研究 [D]. 苏州：苏州大学，2012.

中国奥运传播的核心目标在于展示文化特色和国家形象，传递"和平、友谊、团结"的奥运精神。在奥运会筹备和举办过程中，中国高度重视文化交流和人文关怀，通过多种形式向世界呈现了中国的历史、文化和现代化建设成果。例如，奥运会开幕式上，中国巧妙地融合了传统文化元素和现代科技手段表演开场舞，让观众看到后十分惊喜。

在传播策略上，中国充分利用了各类媒体平台和社交网络，分享了奥运会的精彩瞬间和运动员背后的故事。中国媒体在奥运会期间进行了全面、深入的报道，让国内外观众实时了解赛事进展。同时，中国还借助新媒体平台，与国际观众互动交流，提升了传播的针对性和实效性。在这样的传播形势下，中国奥运会举办成功对于传统文化的传播有着重大影响。

除媒体报道外，中国还通过举办文化活动的方式，提升了奥运会的国际传播效果。中国在奥运会期间举办了各类文化节庆活动，吸引了众多国内外游客和观众参与，促进了文化交流与理解。并且在奥运期间，中国每天准备数百道美食，让各个国家的运动员们都能选择自己喜欢的味道。在网络媒体的传播下，使国外网友也能体会到独属中国的大国风范。

然而，中国奥运传播也面临一定的挑战和问题。如在国际舆论场上，西方媒体的主导地位依然明显，中国的话语权有待提升。同时，一些国家对中国崛起的担忧和误解也影响了传播效果。因此，中国需加强传播策略研究和创新，提高传播内容的针对性和有效性。

展望未来，中国将继续秉持"和平、友谊、团结"的核心理念，积极参与国际赛事的申办和举办，通过创新传播手段和方式，提升国际话语权和影响力。同时，中国将加强与世界各国的友好交流与合作，共同推动全球体育事业和人类文明进步。

奥运会的多文化交流，奥林匹克是一场丰富多彩的文化交流，它汇聚了世界各民族的精华，谱写出了一曲和谐的乐曲。在这场世界性的比赛中，各国运动员不仅为了争夺金牌，更为了促进文化交流与增进各方友谊。使来自不同国家的代表能够相互了解、相互尊敬。他们通过竞赛、交往、交互，将各自的文化特质和精神风貌传播开来。这种跨文化的交流，不仅能促进不同国家之间的理解和融合，还能促进世界和平与发展。同时，奥运会也是一个多元文化的大舞台。从开幕式到闭幕式，从比赛项目到场馆设计，奥运会的每一个环节都充满了多元文化的元素。这使得奥运会成了一个展示世界各地文化瑰宝的盛大舞台，让人们感受到了世界文化的多样性和丰富性。

如何在新时代下更好地继承和发扬中华优秀传统文化，成为我们面临的重要课题。我们要加强对中华优秀传统文化的研究，深入挖掘其中的哲学思想、人文精神、道德观念等，以此为基础，构建起适应现代社会发展的价值体系。此外，我们还应注重对中华优秀传统文化的人才培养，加强对相关领域的教育投入，培养一批具有国际视野、熟悉中华优秀传统文化的专家学者，为传承中华优秀传统文化提供人才保障。还应该积极推动中华优秀传统文化的传播，让更多人了解和认同其价值。这包括加强对外文化交流，通过各种渠道和形式，向世界传播中华优秀传统文化，增强中华文化的影响力。同时，还要注重对中华优秀传统文化传播的研究，把握时代脉搏，运用现代传播手段，创新传播方式，使中华优秀传统文化更好地融入现代社会。

四、中国文化的对外传播

我国强调，构建人类命运共同体"要尊重世界文明多样性，以文明交流超越文明隔阂、文明互鉴超越文明冲突、文明共存超越文明优越"。[①] 加强中华文化的对外交流沟通，是推动构建人类命运共同体的重要内容。中华文化"走出去"，对于增强中华文化的影响力，提升中国文化软实力，促进世界文化欣欣向荣，维护人类文化的多样性和人类社会历史发展道路的多样性，对于促进人类社会的健康发展和世界和平发展具有重要意义。推动构建人类命运共同体，积极开展世界各国文化之间的交流、融合和贯通，构建开放包容的人类文化发展形态，推动人类社会繁荣进步。

文化是历史和现实的积累，具有稳固的"特征"和流动的"建构"。我们无法改变历史，但可以把握现实的生产，参与文化的建构。每一种文化都有其发生、发展的过程，相互之间不存在优劣，没有一种文化可以作为判断另一种文化的尺度。文化间的相遇和对话不是简单的杂糅和盲目的混合，多元文化共存的关键在于人们是否能找到恰当的方式，承认文化的多样性、平等性和互补性，建立不同文化主体之间的理解、沟通和对话，达到自识与互识，找到文化主体间可以接受的一个相遇点或公共文化领域，建立进一步沟通发展的平台。

现在可以大概把中国文化的对外传播分为两个部分，分别为传统媒介和现代媒介。传统媒介主要以文字为代表，包括杂志，报纸，广播和电视等；现代媒介主要是指以光、电等高科技产品作为载体的媒介，包括音像、电视、互联

---

① 令小雄. 人类命运共同体文化价值研究［D］. 兰州：兰州大学，2023.

网、短视频等。现在传统媒介的范围逐渐变小，传播范围更广的则是现代传播媒介。在中国文化对外传播过程中，"造船出海"是要发挥国内媒介的自身优势，发掘更多的国内媒介走向国际社会，调动他们走出去的动力。① 在中国文化的传播过程中，我们需要利用各种媒介力量去展现我们的文化。在中国文化"走出去"的过程中，我们要尽其所能去发掘媒介，融合所有媒介，全方位去展现中国文化。目前，中国传播媒介主要是官方主导的，社会性媒介的介入相对较少。而官方传播主体具有天然的自身优势，具有官方背景的传播媒介也是如此。我们应该探索更多的媒介和官方传播结合起来，让传播范围更大更广。

除去常规的传统媒介与现代媒介之外，我们还可以开拓其他尚未被重视或使用的媒介。麦克卢汉认为人工制品也是人体与感官的延伸，如道路、服装、印刷品、汽车等，一切物品、技术都可视为媒介。我们往往更加关注狭义层面的媒介，注重瞬时性效果的语言类媒介选择，而对那些延时性的非语言类媒介，如物品、交通等，我们遗忘了这些物品在国际传播中的作用，传播媒介的选择遮蔽了物品在传播过程中存在的意义。我们可以拓展原先的狭义媒介选项，进入一个更加开放的广义媒介理解，超越媒介中心而兼顾物质情境。"中国制造"就是这样一种未被重视的国际传播媒介。"有意义的消费乃是一种系统化的符号操作行为"，"中国制造"毫无疑问是一个具有自主叙事的非语言符号系统，每一件物品都属于这个系统之列。中国制造的商品当今在国际社会的影响力是巨大的，是世界上认知度最高的标签之一。

在全球化的今天，对外传播的重要性不言而喻。但在进行跨文化交流时，我们会遭遇多方面的挑战和困难。这些挑战主要源于感知、成见、缺乏共感和民族差异。

第一，感知能力。感知是影响国际交流的关键因素，由于不同国家和地区的文化背景、价值观念、社会习俗等方面存在显著的差异，人们对于同一事物的认知和理解也会有所不同。这种感知差异可能导致信息在传播过程中产生误解和冲突。例如，在某些文化中，直接表达个人意见和情感可能被视为坦诚和真诚，而在其他文化中则可能被视为无礼和冒犯。因此，在进行国际交流时，我们需要深入了解目标受众的文化背景和价值观，以便更好地调整我们的交流策略，避免因感知差异而导致的误解和冲突。

---

① 王宁宁，游苏宁，刘红霞. 中国科技期刊"造船出海"已迫在眉睫 [J]. 编辑学报，2022（02）：126-130.

第二，成见也是影响国际交流的重要因素。它是指人们对某一群体或文化持有的固定而简化的观念或看法。这些偏见往往基于过去的经验、刻板印象或歧视，可能导致我们在交流中对他人产生误解和歧视。为了克服这种偏见，我们需要保持开放和包容的心态，避免对他人进行过度概括和刻板印象的塑造。同时，我们还需要通过多渠道、多角度的信息获取和交流，增强对不同文化和民族的了解和认识。

第三，缺乏共情也是国际交流中常见的挑战之一。共情是指我们能够理解并感受到他人的情感和经历，从而产生共鸣和同情。在跨文化交流中，由于缺乏共情，我们可能难以理解和体验他人的文化和价值观，从而导致交流效果不佳。为了增强共情能力，我们需要积极学习和了解不同文化和民族的历史、文化、社会习俗等方面的知识，以便更好地理解他们的价值观和行为方式。同时，我们还需要通过亲身体验和互动，增强对不同文化和民族的感知和理解。

最后，民族差异性也是影响国际交流的重要因素之一。不同民族在文化、语言、价值观等方面都存在显著的差异，这些差异可能导致我们在交流中产生误解和冲突。为了克服这种差异，我们需要充分尊重和理解不同民族的文化和价值观，避免将自己的观点和价值观强加给他人。同时，我们还需要通过翻译、解释等方式，将信息以易于理解和接受的方式传递给目标受众。

为了克服这些挑战，我们需要保持开放和包容的心态，增进对不同文化和民族的了解和认识，尊重和理解他们的文化和价值观，并通过多渠道、多角度的信息获取和交流，实现更为高效的国际交流。

第三节　中国文化对外传播的政策与实践

一、中国文化传播的政策背景

21世纪，全球化浪潮为中国带来了诸多发展机遇与挑战：传统的国际格局被打破，多极化格局下的跨国政治、经济、文化、科技交流往来越来越频繁。面对紧张的国际局势，我国领导人指出："要广泛宣介中国主张、中国智慧、中国方案，我国日益走近世界舞台中央，有能力也有责任在全球事务中发挥更大作用，同各国一道为解决全人类问题做出更大贡献。"要让国际社会看到中国主张、中国智慧与中国方案，就必须牢牢把握好"中国文化对外传播"这一时代课题，向世界传递中国声音，向世界展现真实、立体、全面的中国。2023年3月15日，在中国共产党与世界政党高层对话会上，我国发表题为《携手同行现代化之路》的主旨讲话。在对话会上，我国首次提出了全球文明倡议，并指出："在各国前途命运紧密相连的今天，不同文明包容共存、交流互鉴，在推动人类社会现代化进程、繁荣世界文明百花园中具有不可替代的作用。为此，提出全球文明倡议：我们要共同倡导尊重世界文明多样性，坚持文明平等、互鉴、对话、包容，以文明交流超越文明隔阂、文明互鉴超越文明冲突、文明包容超越文明优越。我们要共同倡导弘扬全人类共同价值，和平、发展、公平、正义、民主、自由是各国人民的共同追求，要以宽广胸怀理解不同文明对价值内涵的认识，不将自己的价值观和模式强加于人，不搞意识形态对抗。我们要共同倡导重视文明传承和创新，充分挖掘各国历史文化的时代价值，推动各国优秀传统文化在现代化进程中实现创造性转化、创新性发展。我们要共同倡导加强国际人文交流合作，探讨构建全球文明对话合作网络，丰富交流内容，拓展合作渠道，促进各国人民相知相亲，共同推动人类文明发展进步。"①

向外传播中国文化，对中国自身发展也具有提高文化软实力、文化自信、文化影响力等多维度意义。2003年，我国提出"走出去"的文化传播战略。2013年12月30日，第十八届中央政治局第十二次集体学习召开。在集体学习会议上，国家领导人指出：要提高文化软实力，需要从"努力传播当代中国价值""努力展示中华传统文化独特魅力""提高国际话语权"入手。② 2016年11月30日，在中国文学艺术界联合会第十次全国代表大会、中国作家协会第九次全国代表大会开幕会上，国家领导人发表重要讲话《要有高度的文化自信》，③进一步强调："我们要坚持不忘本来、吸收外来、面向未来，在继承中转化，在学习中超越，创作更多体现既中国文化精髓、反映中国人审美追求、传播当代中国价值观念、又符合世界进步潮流的优秀作品，让我国文艺以鲜明的中国特色、中国风格、中国气派屹立于世。"④ 此外，2018年8月21日，在全国宣传思想工作会议上指出："要不断提升中华文化影响力，把握大势、区分对象、精

① 王宾. 习近平出席中国共产党与世界政党高层对话会并发表主旨讲话 蔡奇出席 [EB/OL]. 法治网，2023-03-17.
② 习近平. 习近平谈治国理政. 第一卷 [M]. 北京：外文出版社，2018.1：161
③ 习近平. 习近平谈治国理政. 第一卷 [M]. 北京：外文出版社，2018.1：162.
④ 习近平. 习近平谈治国理政. 第二卷 [M]. 北京：外文出版社，2017.11：352.

准施策，主动宣介新时代中国特色社会主义思想，主动讲好中国共产党治国理政的故事、中国人民奋斗圆梦的故事、中国坚持和平发展合作共赢的故事，让世界更好地了解中国。① 中华优秀传统文化是中华民族的文化根脉，其蕴含的思想观念、人文精神、道德规范，不仅是我们中国人思想和精神的内核，对解决人类问题也有重要价值。要把优秀传统文化的精神标识提炼出来、展示出来，把优秀传统文化中具有当代价值、世界意义的文化精髓提炼出来、展示出来。”② 在此基础上，2022 年，党的二十大对中国文化对外传播展开全局部署：“加强国际传播能力建设，全面提升国际传播效能，形成同我国综合国力和国际地位相匹配的国际话语权。深化文明交流互鉴，推动中华文化更好走向世界。”③ 2023 年 6 月 4 日，国家领导人在文化传承发展座谈会上指出：“强调提升国家文化软实力和中华文化影响力，加强国际传播能力建设，讲好中国故事，推动中华文化更好走向世界。”④

国际社会对中国的关注度越来越高，他们想了解中国，想知道中国人的世界观、人生观、价值观，想知道中国人对自然、对世界、对历史、对未来的看法，想知道中国人的喜怒哀乐，想知道中国历史传承、风俗习惯、民族特性等。⑤ 因此，传播什么样的中国文化，是当下需要思考的问题。对此，国家多次公开表述，宣传阐释中国特色，要讲清楚每个国家和民族的历史传统、文化积淀、基本国情不同，其发展道路必然有着自己的特色；讲清楚中华文化积淀着中华民族最深沉的精神追求，是中华民族生生不息、发展壮大的丰厚滋养；讲清楚中华优秀传统文化是中华民族的突出优势，是我们最深厚的文化软实力；讲清楚中国特色社会主义植根于中华文化沃土、反映中国人民意愿、适应中国和时代发展进步要求，有着深厚历史渊源和广泛现实基础。⑥ “要采用贴近不同区域、不同国家、不同群体受众的精准传播方式，推进中国故事和中国声音的

---

① 习近平. 习近平谈治国理政. 第四卷［M］. 北京：外文出版社，2022.6：317.

② 习近平谈治国理政. 第三卷［M］. 北京：外文出版社，2020.6：314.

③ 习近平. 高举中国特色社会主义伟大旗帜为全面建设社会主义现代化国家而团结奋斗——在中国共产党第二十次全国代表大会上的报告［M］. 北京：人民出版社，2022：46.

④ 赓续历史文脉谱写当代华章——习近平总书记考察中国国家版本馆和中国历史研究院并出席文化传承发展座谈会纪实［N］. 人民日报，2023-06-04（001）.

⑤ 习近平. 习近平谈治国理政. 第二卷［M］. 北京：外文出版社，2017.11：315.

⑥ 习近平. 习近平谈治国理政. 第一卷［M］. 北京：外文出版社，2018.1：155.

全球化表达、区域化表达、分众化表达，增强国际传播的亲和力和实效性。"①
"中国人民历来具有深厚的天下情怀，当代中国文艺要把目光投向世界、投向人
类。广大文艺工作者要有信心和抱负，承百代之流，会当今之变，创作更多彰
显中国审美旨趣、传播当代中国价值观念、反映全人类共同价值追求的优秀
作品。"②

其次，围绕着"怎样传播中国文化"这一问题，党中央开展了一系列的部
署工作。2016年，国家领导人指出："要推动融合发展，主动借助新媒体传播优
势。要抓住时机、把握节奏、讲究策略，从时度效着力、体现时度效要求。要
加强国际传播能力建设，增强国际话语权，集中讲好中国故事，同时优化战略
布局，着力打造具有较强国际影响的外宣旗舰媒体。"③ 2017年1月，由中共中
央办公厅、国务院办公厅印发的《关于实施中华优秀传统文化传承发展工程的
意见》中指出："坚持交流互鉴、开放包容。以我为主、为我所用，取长补短、
择善而从，既不简单拿来，也不盲目排外，吸收借鉴国外优秀文明成果，积极
参与世界文化的对话交流，不断丰富和发展中华文化。"④ 2022年8月16日，
在中办国办印发的《"十四五"文化发展规划》中指出："统筹推进对外宣传、
对外文化交流和文化贸易，增强国际传播影响力、中华文化感召力、中国形象
亲和力、中国话语说服力、国际舆论引导力，促进民心相通，构建人文共同
体。"⑤ 11月4日，在《中共中央关于制定国民经济和社会发展第十四个五年规
划和二〇三五年远景目标的建议》中指出："推动文化和旅游融合发展，建设一
批富有文化底蕴的世界级旅游景区和度假区，打造一批文化特色鲜明的国家级
旅游休闲城市和街区，发展红色旅游和乡村旅游。以讲好中国故事为着力点，
创新推进国际传播，加强对外文化交流和多层次文明对话。"⑥

中国文化源远流长、博大精深，是中国人民开拓进取、砥砺奋斗的精神动
力，也是世界文明多样性的瑰宝。向世界传播中国文化，让海外人民听到中国
声音，吸引越来越多的外国友人了解、走进与体验真正的中国文化，是构建人

① 习近平.习近平谈治国理政.第四卷［M］.北京：外文出版社，2022.6：318.
② 习近平.习近平谈治国理政.第四卷［M］.北京：外文出版社，2022.6：324.
③ 习近平.习近平谈治国理政.第二卷［M］.北京：外文出版社，2017.11：333.
④ 关于实施中华优秀传统文化传承发展工程的意见［J］.中华优秀传统文化研究，2019
（00）：3-13.
⑤ 中办国办印发《"十四五"文化发展规划》［N］.人民日报，2022-08-17.
⑥ 中共中央关于制定国民经济和社会发展第十四个五年规划和二〇三五年远景目标的建议
［N］.人民日报，2020-11-04.

类命运共同体的重要实践，也是塑造新世纪中国大国形象的关键途径。

二、中国文化传播的具体实践

（一）大力发展中国文化产业

文化产业自诞生以来就受到了高度重视。党的十八大以来，我国文化产业进入发展高潮。国家统计局发布的《文化及相关产业分类（2018）》明确了"文化产业"的初步范围，具体包括新闻信息服务、内容创作生产、创意设计服务、文化传播渠道、文化投资运营和文化娱乐休闲服务等活动。

近年来，伴随全球网络空间的搭建，信息化已成为世界文化发展的主要趋势之一，文化产业的传播作用日渐凸显。[①] 传统文化产业把握机遇，加速跨界融合，打造网络媒体运营平台，推进数字化服务建设，转型升级为互联网文化产业。互联网文化产业的覆盖范围广，主要可以从文学、影视、娱乐、旅游这几个角度进行划分。在文学方面，国内为首的阅文集团、中文在线、掌阅科技、纵横文学，以及在国外有重要影响力的 Wu xia World、Archive of Our Own、Royal Road 等网络文学企业涌现。在影视方面，中影集团、上海电影股份有限公司、湖南广播影视集团、万达传媒有限公司等影视产业不断向国外民众输送中华文化。同时，伴随着抖音、快手等短视频产业加入中国文化的影视传播空间，短视频行业极大赋能了影视界的文化传播效力。在娱乐方面，腾讯、哔哩哔哩、米哈游、网易、搜狐、三七等网络游戏公司，以及玄机科技、华强方特、可可豆动画等动画产业也带动了中华文化的传播。总体上，互联网文化产业在开拓发展新路径的同时，也优化了中国文化对外传播的生态链，在中国文化对外传播的具体实践上作出了突出贡献。

文学、网络文学作品通过融合中国传统文化元素，创造出大批优秀作品，深受海外读者喜爱。武侠、玄幻、历史、修仙等网络小说类型，其资料主要都来源于中国传统文化中的民俗典故、神话传说、历史文化等元素。在该基础上，网络文学创新了传统文化的传播方式，通过更加生动的情节设定与接地气的表达方式，引起读者对中国文化的兴趣。《后宫·甄嬛传》虚构出"大周"这一历史朝代，讲述了后宫女性之间相互斗争的故事：女主角甄嬛在宫斗生活中得到历练，从一个纯真的少女成长为一个深思熟虑、城府深沉的帝王后妃。中国古代宫廷世界通过网络文学传播至国外，形成了独特的文化景观，受到海外读

---

① 世界文化大趋势：交流交融交锋［N］.人民日报，2013-01-08.

者的一致好评。《三生三世十里桃花》围绕着青丘上神白浅与天子太子夜华两位神仙的爱情故事为主线，融合了《山海经》远古时代的民俗神话。该小说的英译本 *To the Sky Kingdom*，在 2016 年登上亚马逊官网中国小说销量榜，排名第一。此外，《我欲封天》《星辰变》《斗破苍穹》《天涯明月刀》《真武世界》《盘龙》《妖神记》《簪中录》《莽荒纪》《步步惊心》《斗罗大陆》等作品，都分别从不同角度展现了中国传统文化，网络文学逐步成为中国文化在各国民间传播的主要渠道。

影视、影视剧为海外读者带来蕴含东方美学的中国古典服饰、用具等传统元素的视觉盛宴。其中，古装剧是外国观众最喜欢的影视类型。根据《古装剧出海报告》2022 年 4 月至 2023 年 7 月的数据调查显示，古装剧已经覆盖全球 200 多个国家及地区，登陆了 50 多个海外电视媒体和新媒体平台，翻译成 16 种外语语言版本，例如英语、西班牙语、印尼语、泰语、越南语等语种。《报告》还整理了最喜欢看古装剧的国家排名，居于前五位的分别是印度、印尼、越南、泰国、美国。《甄嬛传》就是其中最典型的作品。《甄嬛传》将故事发生背景设定为清朝雍正时期，保留了小说原文中的诗词歌赋，在文学虚构与历史现实中展现出中国传统文化的博大精深。《知否知否，应是绿肥红瘦》中，隋唐香道文化进入大众眼球，香品、香炉、香炭、香铲等文化细节被完美展现。此外，茶具的使用也是一大文化亮点：在电视剧中，出现了很多茶盏、茶碾子、绢罗等用品，还为观众多次演示了点茶的程序，如何煎水、放茶、打击汤花等。此外，《安乐传》将中国古代园林艺术融进剧中亭台楼阁的设计，《长月烬明》的服饰汲取了敦煌元素，为海外观众带来绝美的视觉效果。《报告》指出，海外观众认为中国古装剧有益于他们对中国文化的了解和认知，领略中华传统文化魅力，并且，古装剧中的服化道美轮美奂，有东方底蕴、特效炫酷。

此外，短视频的加入为文化传播带来了新活力。短视频博主李子柒将乡土生活"浪漫化"，通过拍摄古色古香的中国田园生活，将中国人的乡土气息，以及中华传统美食文化呈现给海外人民。苗族博主"苗家阿美"讲述了少数民族的日常生活，彭传明致力于传统器物文化传播，江寻千在视频中展示了烧火龙、马面裙、打铁花以及工序复杂的中华美食制作，朱铁雄拍摄了舞狮、川剧、皮影戏等民俗文化，在法国街头用古筝演绎《霍元甲》《青花瓷》《高山流水》等中国名曲，并用"中西合璧"的方式改编出古筝版的 *See You Again*《荒野狂想曲》等，在海外社交媒体上得到广泛关注。《逃离大英博物馆》将"中华缠枝纹薄胎玉壶"这一文物拟人化，围绕着"玉壶"逃出大英博物馆、经历波折回到家乡的故事展开。河南卫视的《唐宫夜宴》《洛神赋》也通过短视频成功出海，以美轮美奂的中国舞、中国服饰在海外出圈，播放量累计过亿。

娱乐项目也是"遍地开花"，自 1956 年以来，多部带有中国元素的动漫作品走出国际，获得国际关注。1956 年，《乌鸦为什么是黑的》在意大利威尼斯国际儿童电影节获奖，这是中国动漫摘取国际奖项的第一步。此后，越来越多与中华传统文化相关的动漫作品获得了国际奖项。根据中国四大名著《西游记》创新的《大闹天宫》在捷克斯洛伐克的卡罗维发利电影节获奖，取材中国神话故事的《哪吒闹海》在戛纳电影节与菲律宾马尼拉电影节获奖，以中国佛教元素为文化背景的《三个和尚》在欧登塞城童话电影节获奖，还有改编自流传千年的中国民间故事《白蛇传说》的《白蛇缘起》入围法国昂西动画节"动画长片"主竞赛单元，并于 2019 年 11 月在美国上映，票房高达 3.5 万美元。不仅如此，《姜子牙》《谷围南亭》《大鱼海棠》《白蛇 2：青蛇劫起》《新神榜：杨戬》《灵契》《魔道祖师》《梦回金沙城》《斗罗大陆》与《天官赐福》等作品不断将中华文化元素转化为海外年轻人所喜爱的动漫作品，让越来越多的海外年轻人感受到中国深厚的文化底蕴。

此外，许多国产游戏成功"出圈""出海"，在广大海外青年群体中带火了中国文化。米哈游的《原神》打造了中式美的游戏背景。三七互娱推出一款名叫《叫我大掌柜》的休闲经营类游戏，以中国宋朝为故事背景，玩家作为新手掌柜来到经济繁荣、文化环境开放的北宋汴梁，开启自己的经商历程。在艺术审美上，该款游戏借鉴了北宋画家张择端的《清明上河图》，其中，青砖黛瓦、骑楼古巷、西关大屋等中国古代建筑的设计，将古典美学与现代艺术相结合，营造了富有中国文化气息的游戏氛围，深受海外玩家喜爱。网易研发的武侠游戏《永劫无间》，还原了"唐安古城""中国园林""长剑""长枪"等中国武侠元素，自 2021 年上线以来，获得了超过 4000 万用户的喜爱，曾入选 Steam 平台年度畅销游戏。同时，《明日方舟》里的中国神兽形象，《江南百景图》中的诗词歌赋，《王者荣耀》中的曹操、周瑜、关羽、刘备等英雄形象，以及端午节、中秋节等中国传统节日，《尼山萨满》中的满族故事，以《西游记》为题材改编的《黑神话：悟空》国产游戏正在用新的方式，开创出海外文化传播的新路径。

（二）积极推进国际中文教育

汉字是走进文化的根本渠道，是理解一个民族具体文化语境的基础。因此，国际中文教育开办的非营利性海外孔子学院在中国文化对外传播实践中发挥了独一无二的重要作用，是中国文化对外传播的重要基地。2004年3月，第一所孔子学院在韩国首尔成立。在此后的几年间，国际中文教育飞速发展，截至2007年，全球共有孔子学院226所，遍布亚洲、美洲、大洋洲、欧洲及非洲，数目直至今日仍在增加。

孔子学院以语言教学为教学核心进行中国文化传播。语言教学离不开教材，教材的编写在具体的文化传播实践中占有关键地位。华语教学出版社、北京语言大学出版社等国内出版机构编写了《新实用汉语课本》《轻松学汉语》等教材，被大部分孔子学院采用。此外，越来越多的孔子学院在考虑当地社会文化环境的基础上，以中国传统文化为根基，分别对授课教材进行编写：美国出版社出版了《中文听说读写》《变化中的中国》，法兰克福大学孔子学院开发《趣解汉字》，肯尼亚内罗毕大学开发《东非实用中文课本》，达累斯萨拉姆大学孔子学院开发《坦桑尼亚旅游汉语实用教程》等。教材的推陈出新，充分考虑到了本土民情以及当地人民的理解思路，从而提高了海外学习者对中国文化的接受程度，达到传播中国文化、树立中国国际形象的最终目的。

孔子学院在开展语言教学的同时，也格外重视教师对中国民俗、乐器、诗词、绘画、书法等内容的讲解与中华文化深厚底蕴的展示。阿萨德大学孔子学院开设了多项文化活动：在孔子学院日、中国文化日等活动中，教师会为学生讲解太极扇、中国功夫、文房四宝、中国舞、茶艺、书法等中国文化元素。在太极拳课、中国武术讲座活动、陶艺讲座和中国传统泥塑等有关中国文化遗产的讲座上，教师通过展示、互动、让学生参与体验等方式，让学生感受中国传统文化的魅力。此外，学校还开设了庆祝春节活动、端午节活动、中国美食节活动和中医专题讲座等文化活动，为学生带来充足的文化体验，打造轻松、愉快的文化交流、学习平台。印尼丹大孔院针对中国茶文化、戏曲、纸文化、中国舞蹈等文化元素打造兴趣班，为学生学习中国文化提供多元化的课程选择。拉普拉塔国立大学孔子学院举办文化展览、文化讲座，打造中华文化传统才艺教学空间，为学生普及中国茶文化、剪纸文化、太极拳等重要文化内容。此外，由国内官方开办的汉语比赛风靡各地。越南河内孔子大学是越南青年感受中国文化的重要平台。越南青年黎玫香在这里实现了从学员到"导演"的转变——每次孔子学院举办演讲比赛、文艺演出等活动，总能看到她在导播台手持对讲机现场协调的身影。"我身边的好多朋友对中国并不陌生，但仍有距离感。然而，当他们走进孔子学院，亲身参与这里举办的文化活动后，这种距离感就会逐渐缩小甚至消失。我想这就是文化交流的力量。"黎玫香说。① 教育部中外语言交流合作中心和中央广播电视总台联合主办的"汉语桥"世界大学生中文比赛成了海外中文学习者反馈中文学习、参与文化实践的首选，截至 2023 年，已成功开办了二十二届。孔子学院通过多元化的文化活动，将娱乐性与传播性相结合，让海外汉语学生拥有更多深度体验中国文化的途径，打造出一批又一批文化交流的生动平台，促进了中国文化的海外传播。

此外，部分汉语学习者选择来华留学深造，留学也为他们提供了深入了解中华文化的重要渠道。如 7 年前，来自墨西哥的荷马开始学习中文，迷上了汉字的"神秘""复杂"，认为"只要把充满时光印记的汉字学明白"，就能学会中文。"汉字是中华文化的载体，中国书法是以汉字为依托的古老艺术形式，很难不让人着迷，我也不例外。就这样，我慢慢地走进了中国书法的世界。"② 马罗来自尼泊尔，目前就读于中国地质大学。2021 年 10 月，马罗参加中非青年大联欢活动，跟非洲不同国家的朋友和中国学生互相学习、探讨文化差异。他认为在中国，学到了很多新的知识，学习过程是快乐而充满希望的，悠久的中国历史、灿烂的中国文化、好吃的中国美食都让我着迷，希望我的未来能和中国联系在一起。③ 在来华留学生向祖国"带回"中国文化的同时，去往世界各地的中国生物也带动了中华文化的向外传播。中国驻瑞士大使馆和旅瑞留学生及华侨华人共同在伯尔尼举办"遇见中国"文化活动，吸引不少当地民众参与。海外民众对中国文化的兴趣日益浓厚，留学生应成为展示中国形象的一扇窗户。

（三）申报世界文化遗产

中国是文明古国，根据国务院最新统计数据显示，我国的可移动文化文物有 1.08 亿件，不可移动文物 76.7 万处。我国强调："要让更多文物和文化遗产活起来，营造传承中华文明的浓厚社会氛围，只有全面深入了解中华文明的历史，才能更有效地推动中华优秀传统文化创造性转化、创新性发展，更有力地推进中国特色社会主义文化建设，建设中华民族现代文明"。④ 中国申报文化遗产，具有保护本国重要文物发展，向世界各国表明文化主权、展示文化底蕴，传播中国文化，以及丰富世界文化多样性等多重意义。1987 年，在法国巴黎联

---

① 杨晔，刘刚. 密切人文交流夯实民意基础［N］. 人民日报，2023-12-13.
② 赵晓霞. 感受中国书法之美领略传统文化魅力［N］. 人民日报海外版，2022-10-21.
③ 赵晓霞. 来华留学生：中文搭建桥梁，感受冬奥温暖［N］. 人民日报海外版，2022-02-25.
④ 杨彦. 赓续历史文脉谱写当代华章［N］. 人民日报，2024-03-02.

合国教科文组织总部的世界遗产委员会会议上，中国首次申遗，开启了长达 30 年的申遗之路。在该大会上，中国长城、北京故宫、敦煌莫高窟、西安秦始皇兵马俑、周口店北京人遗址、山东泰山被成功列入世界文化遗产。此后，布达拉宫历史建筑群、承德避暑山庄及周围寺庙、武当山古建筑群、庐山国家公园、平遥古城、苏州古典园林、福建武夷山、宋元中国的海洋贸易中心泉州、中国书法、中国"藏医药浴法"等文化项目成功申遗。截至目前，中国成功申报世界遗产 57 项，总数位居世界第二。其中，中国世界文化和自然双重遗产 4 项，世界自然遗产 14 项，世界文化遗产 39 项。

　　文化遗产的申报吸引了海外民众了解中华文化的兴趣。以 2021 年泉州成功申遗为例。泉州是宋元中国的世界海洋商贸中心，是古代的"东方第一大港"，拥有深厚的文化底蕴。自从申报成功后，泉州走进许多海外人民的视野，吸引了世界各地的游客前来参观、游玩。2023 年 5 月，"丝路拾珍——第三届海上丝绸之路非物质文化遗产展"在泉州举办，来自尼泊尔、罗马尼亚、印度、意大利等 14 个国家的国际友人来泉体验当地文化、习俗。Shyam 说："第一次来泉州就深深爱上这座城市。明年我还会再来。"他到过中国的北京、西安、青岛、大连、哈尔滨等，泉州与这些城市不同，生活比较舒适，既有市井烟火气，又有古迹遗址。回去以后，将多多宣传泉州，让更多的家乡人了解泉州，来泉州走走。"非常好，非常棒。"来自罗马尼亚的她表示此次带来参展的非遗作品是传统手工刺绣衬衫，用的材料是来自中国的丝绸，所以很想来中国走走。来到泉州，感觉非常惊艳，惊艳的是泉州的文化多元交融，不同文明、不同民族、不同宗教汇聚，彼此交相辉映、相得益彰。① 2023 年 6 月，"中国有约·相约福建"国际媒体主题采访活动走进泉州，在中外友人之间搭建起对话桥梁。阿尔及利亚籍专家法伊萨写下了"千里之行始于足下"几个字，这句话来自《道德经》的"合抱之木生于毫末；九层之台起于累土；千里之行始于足下。"法伊萨说，她知道这句话的含义是迈好脚下每一步，持之以恒，直到终点。她很喜欢中国，平时会通过读书了解中国文化，中国的"千里之行"才刚刚"始于足下"，她还没走够，没看够。② 通过申报世界文化遗产，中国向越来越多的世界人民展现了自身深厚的文化底蕴，以开放、包容的心态欢迎来自世界各地的游

---

① 2023 驻华外交官"发现中国之美"福建行活动走进泉州：对话历史感知古今沉浸体验海丝魅力 [EB/OL]. 中华人民共和国文化和旅游部，2023-11-21.

② 中国有约·相约福建丨穿越式打卡泉州，和外国友人对话古今 [EB/OL]. 澎湃新闻，2023-06-18.

客前来体验，极大程度上推动了中国文化的对外传播。

（四）"相关政策"下文化交流

自从一些政策实施以来，党和政府多次提出要"推广中华文化，实现民心相通"的政策文件，鼓励国内与沿线国家积极进行文化交流。在文化和旅游部相关政策的指导下，我国不断完善合作交流机制，搭建合作交流平台，打造合作交流品牌，支持文化产业发展。中国与吉尔吉斯斯坦、哈萨克斯坦共同申报了"长安-天山廊道路网"世界文化遗产，同时打造了大批与其相关的大型文化交流项目，例如国际青年论坛、青年故事会、亚非青年联欢节、"未来之桥"、上合组织青年交流营等。其中，相关政策下的青年国际论坛成为中韩文化节重点交流项目，由中韩双方共同举办。2023 年，中国已在 30 多个国家设立了中国文化交流中心，以及 10 余个文化交流与教育合作品牌，许多讲述中国故事、传递中国文化的电视节目获得海外观众的好评。例如，2023 年，为纪念共建相关政策的实施，优酷视频在国家广电总局网络视听司与北京市广电局的指导下，打造了《风起东方》纪录片，向海外人民讲述了十年来沿线发生的文化交流故事。《风起东方》主要由"鉴古观今""兼收并蓄""美美与共""丝路味道""和谐共生""大道同行"这六大主题构成，优酷运用 XR、AI、AR 等技术，为观众呈现了多样的中国文化艺术，例如中国戏剧、民乐、诗词歌赋等。中央广播电视总台与文化和旅游部共同拍摄的大型国际文化交流节目《美美与共》。该节目以"品多元文化之韵，赏交流互鉴之美"为宗旨，邀请了来自各个国家的讲述者分享自己与中国文化的故事。该档节目获得了新加坡、马来西亚、老挝、越南等国家新闻媒体的关注，并登上《马来邮报》《南洋视界》《越南新闻》等公众平台，进一步扩大了文化传播的影响力。此外，中国还与沿线国家共同建立起一批以"丝绸之路"为主题的博物馆、歌剧院、图书馆、美术馆等公共文化设施，丰富了当地人民的中国文化体验。在第五十五届开罗国际书展上，中国出版机构带来了一批与中国历史文化、人文景观相关的书籍。《讲给孩子的故宫·探秘建筑》《蓝耳朵》等图书很受当地青少年喜爱，不少家长陪同孩子们一起选购、阅读。开罗市民泽娜白带着两个孩子翻阅了《世界遗产与国家公园——青海可可西里》一书。她对记者说："孩子们通过阅读增长知识、开阔视野，激发了对中国历史地理文化的兴趣，都希望将来能去中国看一看。"① 在柬埔寨吴哥古迹的斗象台上，中外艺术家携手为当地人民带来了富含中国元素的

---

① 黄培昭."为促进文明交流互鉴发挥重要作用"［N］. 人民日报，2024-02-07.

《四海欢腾喜迎春》等文艺节目。中国与马来西亚共同举办的"马中友好之夜"暨 2024 马来西亚中国青少年艺术节开幕式上,来自中国的曲目获得了当地观众的喜爱。在由中国驻泰国大使馆与泰国玛希隆大学音乐学院共同举办的"欢庆之声—2024 欢乐春节音乐会"上,来自浙江音乐学院的学生生动演绎了《高山流水》《梁祝》等经典曲目,展现出中国古典音乐的魅力。

国内各地区也纷纷响应政策文化交流的号召,开办了一系列的文化交流活动。郑州市文物局积极参与国家"中华文明走出去"大工程,多次围绕中华文化举办学术论坛,如"从古国时代到王国时代"与"中国考古·郑州论坛",并邀请诸多国外知名专家学者前来参会。同时,郑州市文物局与北大考古文博学院联合制定了《郑州大遗址片区保护利用战略规划》,并与中央广播电视总台共同打造一系列专题影片,例如《大运河传奇(郑州段)》《考古中华河南篇:穿越三千年的大河村》等,有效推动了郑州文化遗产"走出去"。江苏省多次派遣代表团出海,参加伦敦、法兰克福、布达佩斯等国际书画展。同时,江苏省鼓励工艺美术行业的工艺品制作积极围绕江苏文化遗产、中国传统风韵,通过文化产品的输出传播传统文化。此外,河北省秦皇岛市与廊坊市以"丝路之光·长城之约·繁荣之路"为主题举办了 2023 有关主题的长城国际民间文化艺术节,地处丝绸之路关键要道上的甘肃通过经典舞剧《丝路话语》、主题乐舞《相约千年》,以及《又见敦煌》《敦煌盛典》《乐动敦煌》《千手千眼》等作品,将敦煌文化发扬光大。其中相关文化交流新篇章暨第七届太和文明论坛人文交流分论坛在福建泉州举办,该论坛围绕教育合作、文化产业合作等相关话题进行交流探讨。

不同文明之间平等交流、互学互鉴,将为人类破解时代难题、实现共同发展提供强大的精神指引。① 中国文化"走出去",为解决世界难题贡献出华夏民族孕育的中国智慧、中国方案,提高中国在国际社会的话语权,向世界展现出了中国可爱、可敬、可信的大国形象,也让世界听到了中国之声,看到中国之路,了解中国之治。同时,中国文化的传播实践在中国与各国人民之间搭建起跨文化交流的桥梁,为稳固中外人民之间的友谊、增进民心互通作出贡献。

---

① 朱超,冯歆然,邵艺博.促进文明交流互鉴丰富世界文明百花园 [N]. 人民日报,2024-02-02.

第二章

"中文+"模式背景下中国文化
对外传播面临的机遇与挑战

中国优秀文化是中华民族的"根"与"魂"，是世界灿烂文化的重要组成部分，具有重要的世界价值。中国特色社会主义进入了新时代，中国文化也随之进入新的历史阶段。在新时代浪潮下，对外传播新时代中国文化，对复兴中华文化、增进各民族之间文化交流以及繁荣世界文化有着积极的推动作用。新时代，全球化深入发展，各国之间文化交流互动日益密切，这为中国文化对外传播带来全新的发展机遇。

第一节　当前中国文化传播面临的机遇

中国文化自古以来便开放包容、兼济天下，从百家争鸣以来到 21 世纪建立孔子学院，儒家文化、道家文化、法家文化等优秀的中国文化陆续传向世界。随着国家国际影响力的提升，倡导构建人类命运共同体，搭建了更加广泛的对外传播和合作交流平台。新时代信息化传播技术越来越高效快捷，越来越多的世界各国人民到中国旅游观光，外国企业纷纷在中国投资，各种机构组织相互交流，这都为中国文化对外传播创造机遇。①

一、中国优秀文化

中华优秀传统文化有着五千年的历史积淀，承载着中华民族的卓越智慧和无穷的创造力。它内涵博大精深，历史源远流长，如一部宏伟史诗，记录了中华民族不屈不挠、自强不息的精神历程。中华文化以其深厚的历史底蕴和鲜明的民族特色在世界文化舞台上独树一帜。同时，中华优秀传统文化深深植根于

---

① 廉爽.新时代中国优秀传统文化对外传播研究 ［D］.延吉：延边大学，2020：19.

我们的民族精神之中,成为凝聚亿万人民共同奋斗的精神纽带,推动我们在新的历史条件下不断前进,实现中华民族伟大复兴。

(一)中国传统优秀文化

中华优秀传统文化是中国古代文明的智慧结晶,其内涵丰富,外延广阔,包括物质文化、制度文化和思想文化等各个领域,涉及哲学、文学、艺术、科学、医学等多个方面。具体来说,中华优秀传统文化包含以下几个方面的特点:

历史文化底蕴深厚。中华文化历史悠久,蕴含着深刻的哲理和丰富的社会实践经验,体现了中华民族的生活方式和价值观念。中华文化历来尊重自然,强调人与自然的和谐共生,提出"天人合一"的思想。

伦理道德和人文关怀显著。中华文化强调人与人之间的伦理关系和道德规范,重视家庭、社会、国家的道德建设,推崇"仁、义、礼、智、信"等人伦之道,重视教育教化,强调师道尊严,形成以伦理道德为核心的价值观。

独特的文学审美与艺术表现形式。中国文化内涵和形态丰富,包含哲学、文学、艺术等内容,涉及宗教、民俗、传统医学、农业文化等领域;包括诗词、书法、绘画、音乐、舞蹈、戏曲等艺术形式,集中展现中华民族的审美情趣和文化特色。中国文化有着独特的思想性和人文精神,如《易经》《论语》《道德经》《中庸》等经典著作是文学和思想的宝库,对后世产生深远影响;《红楼梦》《西游记》等经典作品反映着中国文化的人文精神。

文化作为社会实践的产物,是物质与精神财富的融合体。它深刻反映了社会的演进历程和整体发展脉络,是中国特色的社会精神桥梁。历经五千年的积淀,中国文化融合多元民族与地域的文化精髓,蕴含深厚的价值观念和文化底蕴,成为展现中华民族生命力的鲜明标志。在文化交融和发展的过程中,中华优秀传统文化、革命文化和社会主义先进文化三者交织汇聚,共同构成了丰富多彩的中华文化,并为中华民族的持续繁荣与发展提供深厚的文化滋养和精神动力。文化的积淀与传承,使得中华民族在历史长河中生生不息,焕发出勃勃生机。①

(二)中华优秀传统文化特点

中华优秀传统文化深深植根于中国的历史传统和精神世界,展现着中华民族丰富多彩的精神风貌,是中华民族凝聚力和民族自信心的源泉,是中华民族

---

① 付本静.全球化背景下中国文化传播的路径选择[J].哈尔滨师范大学社会科学学报,2023(03):144-148.

独特的文化标识。传承和弘扬中国文化对理解和传承中华民族精神内核，彰显民族独特的魅力和价值有着重要意义。中华传统文化有着丰富的人文思想和独特的道德教化。在全球化的时代背景下，传承和发扬中华优秀传统文化，不仅有助于我们自身的文化认同和价值观的塑造，还可以为世界文化多样性贡献中国智慧和力量。

第一，人文思想。在古代社会，中国思想家们对人类存在的价值与意义进行广泛而深刻的探讨。他们不仅从哲学、伦理、道德等多个维度深入剖析人类的本质与存在意义，还通过实际行动，积极践行人文主义理念。这种人文主义思想，强调人的尊严和价值、关注人类社会的和谐发展，是中国传统文化的核心与精髓。这种以人为本、关注社会和谐的理念，不仅在古代中国得到了广泛传承和发扬，也对现代社会产生了深远的影响，成为人类文明的宝贵财富。

随着社会历史的不断演进和传承，中国传统文化重视人伦、关注人生的特点日益凸显。它深刻关注人与人之间的关系，强调家庭、亲情、友情等情感纽带的重要性，提倡孝道、忠诚、仁爱等传统美德，这些美德成为中华民族独特的道德风尚。同时，中国传统文化注重人与自然的关系，倡导人与自然的和谐共生，尊重自然、顺应自然、保护自然的这种生态智慧体现了中华民族对自然界的敬畏与关爱。这种人文思想作为中国传统文化的精髓以及中华民族的精神标识，深刻影响着中华民族的思想观念、行为方式和社会风尚，并为世界文化的发展作出重要贡献。

人文思想作为中华文化的核心灵魂，自古以来便贯穿了中华民族的历史长河，成为支撑民族生生不息、薪火相传的精神支柱。从古代的儒家、道家、佛家等学派到现代的各类思想流派，都不同程度地体现了人文主义思想的精神内核。儒家思想强调仁、义、礼、智、信，提倡以人为本，重视人的道德修养和社会责任感；道家思想主张道法自然，强调人与自然的和谐共生，是对人类存在与自然环境关系的深刻思考；而佛家思想则倡导慈悲与智慧，关注人的内心世界和精神解脱，使人内心宁静，思想得到慰藉。尽管现代社会历经变迁，思想流派朝着多元化发展，但人文主义精神依然在各类思想中得以体现。无论是社会主义核心价值观，还是现代哲学、社会学思想，都在强调人的尊严和价值，追求人类社会的和谐与进步。这些思想和理念，都为中华文化的发展注入新的活力，使中华文化在全球化的大背景下，依然保持着独特的魅力和生命力。

第二，道德教化。受儒家"忠孝"思想影响，中华传统文化历来非常重视伦理道德。这种文化传统不仅体现在对社会整体的规范上，还体现在个体的行为活动中。中华优秀传统文化强调个人价值，重视个人的自我修养和道德完善。同时，还强调家庭成员之间的亲情联系和家庭责任，以修身、齐家为基础致力于社会的和谐发展。

中华优秀传统文化体现的人本主义精神，将道德和理性作为文化发展的核心。这种精神渗透到文化发展的各个环节，不仅体现在哲学、文学、艺术等领域，还贯彻到生活哲学和教育理念等方面。在生活哲学方面，传统文化强调人与人之间的关系，提倡仁爱、诚信、忠诚等美德；在教育理念方面，传统文化教育培养的是有道德、有知识、有能力的人才，目的是为社会政治服务。

（三）中华优秀传统文化的当代价值

第一，增强中华民族自信心。中国，一个承载着五千年灿烂文明历史的国家，其传统文化宛如一颗璀璨的明珠，深远且广博。中华优秀传统文化，凝聚了中华民族世代智慧，是中华民族精神的独特标识。当今世界，多元文化交融，深入探索中华优秀传统文化的现代意义，为激发民族自豪感，推动中华民族伟大复兴提供源源不断的精神支撑和动力源泉。

尽管中国传统文化存在一些糟粕，但其核心思想值得我们传承和弘扬。当代中国人的一个重要使命就是学习并深入研究中国传统文化，深刻领悟其中所蕴含的优秀文化内涵与思想底蕴，提炼其精华，剔除其糟粕。这样，我们才能从根本上认识到中华优秀传统文化的优势所在，认识中华优秀传统文化为我国文明和历史的发展作出的贡献，从而增强民族自豪感和自信心，激励中华民族朝着中国梦奋勇前进。

第二，增强中华民族的凝聚力。中华优秀传统文化与民族凝聚力和向心力之间存在着紧密而深刻的联系。中华优秀传统文化所蕴含的价值观、道德观和人生哲学，是我们在面对挑战和困难时团结一心、共同奋斗的重要精神支撑。中华优秀传统文化崇尚忠诚、仁爱、勇敢、智慧等美德，重视培育个人的集体意识和协作精神，因而有助于中华民族团结、和谐与强盛。中华民族所拥有的向心力和凝聚力是几千年中华文明所汇聚形成的，深深植根于中华优秀传统文化土壤，是推动民族发展的重要力量。中国人民之间因强大的聚合力量最终形成坚韧的纽带，增强中国文化的凝聚力。

中华优秀传统文化有着深厚的历史积淀，体现着一个民族的精神面貌。传承和弘扬中华优秀传统文化，能够激发国民的自豪感和归属感，增强民族凝聚力和向心力，为国家的繁荣和强大提供不竭的精神动力。

第三，提高国民综合素质。中华优秀传统文化在提高我国国民素质，推动我国高质量发展的过程中发挥着重要作用。中国作为文化大国，中华优秀传统文化蕴含着丰富的道德元素，例如仁爱、谦让、恭敬等，这些道德元素始终要求中国人修身养性，制约着中国人的行为规范。在新时代的形势下，"中文+"模式下的对外传播拥有不可比拟的优势。无论是中国传统文化的支撑还是中国人民的素质支撑，都是对外传播不可或缺的一部分。

第四，推动社会文化的不断发展。中华优秀传统文化蕴含丰富的思想和精神，这些内容启发中国人民去认识并深入理解中国文化传统。为了更好地传承和弘扬这些优秀文化，我国的相关机构对中华文化加以筛选，取其精华，去其糟粕。这一过程对于提升整个中华民族的综合素质和人文素养有重要意义。因此，新时代，政府应当肩负起传承和弘扬中华优秀传统文化的重任，努力践行"以德治国，法德并举"的治国方针，推动社会文化不断发展，在提升国民整体素质，增强人文素养的同时增强中华民族的凝聚力、向心力和认同感。

第五，提高我国综合国力。我国的可持续发展离不开对中华优秀传统文化的传承和发扬。在全球化不断推进的背景下，我们应积极传承和弘扬中华优秀传统文化，这将有助于提升中华民族的自信心和自强精神。同时，它也能引导我们认识到，中华优秀传统文化不仅是一个国家的软实力，更是一个国家在全球化背景下实现可持续发展的关键竞争因素。没有中华传统文化，中华民族将如同一盘散沙，失去生机和活力，增强国家软实力和竞争力也将成为一句空话。只有深刻理解和认同中华优秀传统文化，中国人民才能拥有强烈的归属感和自豪感，中华民族才能在历史的长河中永垂不朽。

（四）全球化背景下中国文化传播的意义

中国文化的价值底蕴与文化内涵丰富多样，在全球化大背景下，中国文化彰显出多重价值。对内而言，中国文化的传播可以加速文化输出，利用优质文化彰显民族自信，让中国在国际社会中运用讲述中国故事与理念的形式建构话语体系，提升中国在国际环境中的话语权；对外而言，中国文化可以突破文明间的隔阂实现文化交流互鉴，弘扬共同价值实现文明共存，继而为文化的互通互融营造交流借鉴的和谐传播氛围。[1]

第一，推动文化输出，彰显民族自信。中国文化对外传播可以将优秀文化输出至国际社会，继而借助极具民族特征的优质文化彰显民族自信，增强中国

---

[1] 付本静. 全球化背景下中国文化传播的路径选择［J］. 哈尔滨师范大学社会科学学报，2023（03）：144-148.

文化在国际社会的传播影响力，同时为中华文化对外传播搭建国际桥梁。优秀传统文化、革命文化以及社会主义先进文化共同构造了优秀传统文化，生动还原中国发展的脉络，展现中国文化的厚重底蕴。其中蕴含的文化内涵彰显出中华民族的智慧与坚韧，为民族形象的塑造提供文化支撑。

在全球化的背景下，中国文化可以借助中华优秀传统文化对外输出，通过中华优秀传统文化，海外人民可以更多地了解中国文化，近距离地感受中华民族丰富内涵和文化底蕴，增进国际社会对中国的了解和认同，继而促进中华文化与世界文化的交流与融合，为构建人类命运共同体注入积极的正能量。中华优秀传统文化展现了中华民族勇于拼搏的精神，传递了奋发向上的力量，为彰显民族自信提供了强有力的支持。优秀传统文化的传播还可以提升国家文化软实力，增强国家国际竞争力，为国家的繁荣和发展贡献力量。因此，在全球化的今天，我们应更加重视优秀传统文化的传承与弘扬，让其在国际舞台上绽放更加璀璨的光芒。

第二，讲述中国故事，建构话语体系。中国文化实现全球化传播的主要手段是讲述中国故事，通过讲故事的方式可以加快国家间文化的相互交流，也可以在国际社会构建完善的话语体系，为中国争夺话语权提供文化助力。国际话语体系是国家在交流实践中所形成的系统性的话语表达方式，明确了国家的政治立场与价值取向。在国家外交中，国际话语体系发挥着重要作用。中国文化的国际化传播为国际话语体系的建构提供全新路径，实现了话语体系建构的更新与变革。中国文化博大精深、源远流长，本身就蕴含着丰富的文化故事。因此，将生动形象的文化故事作为切入点来展现中国智慧与中国方案，在潜移默化中建构完整的国际话语体系，是提升中国国际舆论引导力的重要方法。

第三，文化互鉴共通，突破文明隔阂。社会发展的历程以及经济形态的变化在不同国家中有着本质的差异，在文化的内容与表现形式上也有着不同的形态，各国的文明隔阂便是在此产生的，因此不同国家间的交流共享便出现了难以解决的问题。中国文化的全球化传播有利于减轻不同国家间的文化隔阂，为文化在国际上的传播提供强有力的支持。中国文化在全球化传播的过程中，持续推动文化间畅通交流，突破文化交流中所存在的问题，加强文化间的传播效果。在传播过程中，相关主体依据他国的文化语境以及表达形式，对自身文化内容进行本土化包装。中国文化的深刻内涵便是在与别国文化深度交流中为国外人民所体会、理解。通过文化传播实现多种文化间的交流互鉴、共赏共享，为文化间的畅通交流奠定良好的基础。

第四，弘扬共同价值，实现文明共存。中国文化全球化传播的主要内容是文化的共同价值，旨在弘扬与传承文化的共存观念，实现文化的和谐共生。在国际环境日益变化的今天，国际社会中出现了文化霸权、文化强势渗透等问题。部分西方资本主义国家将本国文化强势输出到其他国家，弱化他国的文化传播地位的同时增强自身国家的国际地位。文化霸权通过文化强势输出来控制别国民众对其文化认知的精神与方式，阻碍文明之间的相互交融与共存。中国文化的全球化传播始终坚持国家间平等交流，文化借鉴融合，实现"美美与共，天下大同"的和谐观念，继而创造更加融洽的国际环境，推动文化间的共同发展，削弱文化霸权带来的恶劣影响。和谐的文化传递氛围是文化传播的重要条件，也是践行文明共存理念的有力支撑。

二、中国文化传播的坚实基础

随着全球化的深入发展，文化多样性日益成为各国发展的强大动力。作为世界文化中的重要一员，中国文化传播对于促进全球文化交流与融合至关重要。因此，在全球范围内奠定中华文化对外传播的扎实基础，显得尤为关键和重要。这不仅能够让世界各国了解中国的历史、传统和价值观，还能加深各国人民之间的友谊，共同构建人类命运共同体。通过加强文化交流，可以促进世界文化的繁荣与发展，为构建和谐美好的世界贡献智慧和力量。

（一）具有坚定的文化自信与文化主体性

文化自信是一个民族稳健前行、可持续发展的基石。国家领导人在宣传思想文化工作的重要指示中强调"坚定文化自信，秉持开放包容，坚持守正创新"的核心理念。新时代新征程上，我们要以国家文化思想为指引，推进文化自信自强，巩固文化主体性，铸就社会主义文化新辉煌，为强国建设、民族复兴凝聚磅礴的精神伟力。坚定文化自信的首要任务，就是立足中华民族伟大历史实践和当代实践，用中国道理总结好中国经验，把中国经验提升为中国理论，既不盲从各种教条，也不照搬外国理论，实现精神上的独立自主。有了文化主体性，就有了文化意义上坚定的自我，文化自信就有了根本依托，中国共产党就有了引领时代的强大文化力量，中华民族和中国人民就有了国家认同的坚实文化基础，中华文明就有了和世界其他文明交流互鉴的鲜明文化特性。

文化乃一国之根基，一民族之灵魂。在全球化浪潮与激烈的国际竞争中，重视文化的价值，加强文化建设，是确保国家和民族屹立于世界民族之林的关键。只有构建与我国经济和政治发展相协调、与国际地位相匹配的文化优势，我们才能在多元文化的全球舞台上占据主导权，才能在瞬息万变的世界文化潮流中稳健应对各种挑战，为国家发展和国际影响力的提升提供坚实的文化支撑。文化自信源于中华优秀传统文化、革命文化和社会主义先进文化，我们不能犯历史虚无主义错误，要充分认识到中华文化是在发展中继承、在继承中发展，我们要立足现实，发展社会主义先进文化，只有这样，才能更加坚定文化自信，才能更好地推动中华民族由富变强的伟大飞跃。

近年来，中国通过举办"感知中国""欢乐春节""四海同春"等具有国际影响力的文化活动，成功地将中华文化的魅力传播到世界各地。同时，北京冬奥会、杭州亚运会、成都大运会等国际大型体育赛事也充分展示了中华文化兼容并蓄、开放包容的精神风貌。中非合作论坛、亚洲文明对话大会等主场外交活动更是向世界讲述了中国故事，分享了中国经验。这些活动不仅展示了中国的文化自信，也体现了中国作为一个负责任大国的胸怀和担当。中国要将文化自信深深植根于全民族的精神气质与文化品格之中，塑造积极向上、开放包容的国家形象。通过不断夯实文化自信之基，巩固文化主体性。如今，亿万中华儿女正满怀自信，阔步走在强国建设、民族复兴的伟大征程上。

（二）中国文化的独特性和魅力

中国文化的独特性和魅力表现在多个方面，中国作为世界上最古老的文明之一，其文化底蕴深厚、源远流长，与千姿百态的文化元素和多元的民族传统相融合，形成了非常独特的中国文化。如诗词、绘画、戏剧、建筑等这些文化已成为中国文化的独特象征和重要实体。中国文化具有鲜明的特征，是不可替代的重要角色。中国优秀文化作为先进文化，在全球范围内传播具有重要价值。海外人民对于中国文化的喜爱以及中国人民对民族文化的深厚情怀，使得中国文化在世界范围内传播，和其他民族文化相互交融、互鉴，并向海外人民展现中国文化的独特价值，让海外人民理解、认同中国文化。

中国文化的独特性和魅力得益于中国悠久的历史传承、丰富的民族历史和兼容并包的文化特色，它承载着中华民族的精神文化基因，是中国人对生活和世界所持有的见解和认识，而这些文化基因的传承，为中华文化在国际的传播提供坚实的基础。

（三）中国文化传播的影响力和旺盛的生命力

文化影响力是指一种文化所具有的吸引他文化、输出自文化和影响他文化的能力，反映了一个国家文化的生命力、感召力和辐射力。灿若星辰的中华文化曾长期在世界上居于领先地位。近代由于政府的腐败落后，中国沦为"双半"社会，中华文化甚至面临"亡国灭种"的危机。经过近百年的抗争、探索和奋斗，中华民族以其强大的修复力、自愈力、生命力再次走向辉煌的光明前景，中华文化的吸引力、影响力和创新力也再次受到世界瞩目。①

随着中国经济迅速崛起，国际地位日益提升，中国文化影响力也在全球范围内逐渐扩大，越来越多的国家和地区认识到中国文化的魅力和价值，并将其纳入自身的文化发展战略中。中国正努力以文化为媒介，向世界阐释和推介更多具有中国特色的事物。通过丰富多彩的文化产品和活动，向世界展示独特的文化魅力，传递深厚的文化底蕴。将中国文化融入全球文化环境，发挥其在国际舞台上的重要作用。讲好中国故事，传播中国声音，让中国文化成为世界认识中国的重要窗口。同时，中国也在积极探索和创新国际传播的方式和手段，从而更好地提升国际传播效能，推动中国文化与世界的交流与融合。

三、中国文化传播的政策环境

(一) 建设文化强国的需求

全球化是当今人类社会发展的显著特征和总体趋势。在全球化背景下，文化认同对国家治理的影响日益突出，成为国家治理的关键性因素。文化认同是实现国家治理体系与治理能力现代化的重要方式，也是实现国家治理体系与治理能力现代化的重要目标。同时，文化认同还建构了国家存在的合法性基础，是国家"软实力"的重要体现，是抵御文化侵略，维护国家文化安全的重要途径。因此，在推进国家治理体系与治理能力现代化过程中，要实现"人民有信仰，国家有力量，民族有希望"，必须在增进文化认同上下功夫。②

党的十八大以来，我国社会主义文化强国建设扎实推进，我国精神文化产品供给质量不断提升，中国人民的精神文化具有丰富的价值内涵。我国提出文明交流互鉴的"中国方案"，推动不同文化间的交流互鉴，在增强国家文化软实力和中华文化影响力上具有引领作用。世界在变，时代在变，中国作为文化强国始终坚持开放包容、互学互鉴的价值理念。中国人民始终将加强对外交流和多层次文明间的对话交流，立足于中华大地讲好我们自身的中国故事，展示丰富多彩而又生动立体的大国形象作为民族使命。要坚定文化自信，中国人民应

---

① 祁靖. 新时代思想政治教育文化价值研究 [D]. 山东：山东师范大学，2024：138.
② 杨珍奇. 全球化视域下民族国家的文化认同研究 [D]. 北京：中共中央党校，2019：1.

自觉肩负起全新的文化使命，在新形势新变化中，创新独特的文化传播形式，创造出光耀社会的中华文化，让全世界了解中国文化，了解中国作为文化强国在世界上发挥的独特作用。

（二）政府出台政策支持

自党的十八大以来，我国持续强调文化自信的重要性，强调中华优秀传统文化的创造性转化和发展，同时继承革命文化，发展社会主义先进文化。不断铸就中华文化的新辉煌，建设文化强国。他将文化建设提升至前所未有的历史高度，将道路自信、理论自信、制度自信、文化自信并列为中国特色社会主义的"四个自信"；将坚持马克思主义在意识形态领域的指导地位确立为中国特色社会主义制度的一项根本制度；将坚持社会主义核心价值观体系纳入新时代坚持和发展中国特色社会主义的基本方略。这些举措推动了文化建设取得重大历史性成就，实现了历史性变革。

（三）文化兴则国运兴，文化强则国家强

文化自信是一个民族、一个国家走向强盛的重要支撑。如果没有对自身文化的深刻自信与热爱，就无法实现文化的繁荣与发展，也难以实现民族的伟大复兴。在新时代的十年里，中国系统地梳理中华优秀传统文化，让沉睡的文物、遗产与古籍焕发出新的生命力。同时，也通过深入开展党史、新中国史、改革开放史、社会主义发展史的宣传教育，弘扬革命文化，传承红色基因。这些举措不仅推进了文化体制的改革，还推动了社会主义先进文化的繁荣发展，展示了"文化兴则国运兴，文化强则民族强"的深刻内涵。我国明确指出，我们现在正处于中华民族伟大复兴最接近的时代，我们的文化自信正在不断增强。这种自信体现在中国精神、中国价值、中国力量的充分展现上，也体现在中国人民日益增长的志气、骨气、底气上，为新时代党和国家的事业发展提供了强大的思想保障和精神动力。

文化自信是一个民族、一个国家对其文化价值的充分肯定和积极践行，对其文化生命力的坚定信心。一个国家、一个民族要在世界立足，必然要有非常强大的民族自信，而民族自信力的源泉之一就来自文化自信。文化的兴盛与国家和民族的命运紧紧联系在一起，民族的发展离不开文化的支撑，只有把文化立于根本地位，才能实现民族的繁荣兴盛。站在新的历史起点上，我们必须深化文化自信，主动担当新的文化使命，以创造辉煌灿烂的中华文化为己任。这样，才能展现中华文化的独特魅力，引领社会价值导向，凝聚文化共识，推动精神力量的发展，为中华民族伟大复兴注入源源不断的文化活力。

四、中国文化传播的市场需求

（一）国际中文教育需求旺盛

在全球化的时代背景下，中文学习的重要性在国际日益凸显，目前已有 81 个国家将中文纳入其国民教育体系。中外教育合作逐渐加强，越来越多的国家开始认识到语言在国际合作中的关键作用，对汉语文化品牌的认同度显著提升。2022 年 12 月的国际中文教育大会呈现了一系列新趋势：汉语水平考试日益受到追捧，"中文+职业技能"教育模式展现了国际产教融合的新成果，国际中文教育的人才培养体系也在不断完善。与此同时，线上教育的崛起为国际中文教育的快速发展注入了新动力，也为该领域带来了新的发展机遇。目前，国际中文教育已在多个国家推出"中文+"特色课程，涉及多个领域，显著提升了中文人才的培养力度，为增进国际交流营造了良好的语言环境。此外，"汉语桥"等汉语文化品牌在国际上的影响力也在逐渐扩大，进一步掀起中文学习的热潮。

（二）旅游行业的市场需求

随着全球化进程的推进，国际旅游市场蓬勃发展，越来越多的外国游客选择来到中国，探索这片古老而神秘的土地。他们渴望深入了解中国丰富多彩的文化，体验其深厚的历史底蕴和独特的民族风情。因此，旅游行业拥有着巨大的市场需求。为这些外国游客提供丰富的文化体验和产品，不仅可以满足游客的个性化需求，还可以让中国文化得到广泛传播。旅游行业通过提供精心设计的文化旅游线路、展现中国传统艺术表演、推出具有地方特色的文化体验活动等方式，为外国游客创造难忘的文化之旅，进一步推动中国文化的国际传播。

（三）媒体行业的市场需求

媒体行业在推动中国文化传播方面扮演着至关重要的角色。媒体传播平台多样，包括电视、广播、报纸、杂志等传统媒体以及互联网、社交媒体等新兴媒体。随着媒体技术的日新月异和国际市场的持续拓展，媒体行业面临着越来越多的挑战和机遇。为了满足不同受众群体的个性化需求，媒体行业需要提供丰富多样的文化产品和内容，这既是对媒体行业的考验，也是媒体行业在全球化背景下展示和传播中国文化魅力的责任。

因此，媒体行业需要不断创新，提升自身的专业能力和竞争力。这包括提高内容质量，深入挖掘中国文化的内涵和魅力，以及优化传播方式促使中国文化精准有效地传播到世界各地。同时，媒体行业还需要关注国际市场的变化和受众需求的变化，不断调整自身的传播策略，以更好地适应全球化的趋势，让更多的人了解和欣赏中国文化，增强国际社会对中国文化的理解和认同。这对提升中国文化的国际影响力，促进中外文化交流与融合，推动构建人类命运共同体建设有着重要意义。

文化传播涉及教育、旅游、电影、媒体等多个领域，这些领域所创作的作品不仅展现了中国深厚的文化底蕴，还传递了中国文化独特的艺术魅力。随着国际文化市场的日益繁荣，世界对于中国文化元素的需求也呈现出不断增长的趋势。为了满足这一需求，文化产品行业致力打造高质量的产品来迎合国际市场的品位和标准。这些产品作为国际文化交流的重要媒介，不仅具备独特的艺术价值，还要深入人心。随着文化产品的流通，中国文化能够更广泛地传播到世界各地，让全球观众共赏中国文化的独特魅力。

五、中国文化传播的手段

（一）网站和数字化传播的无界化

网站及数字传播技术能够跨越国界传递数据、信息、价值观和意见等，成为全球信息流动的重要载体。这种传播模式打破了传统新闻传播手段的时空限制，改变了传播定势。尤其是微信、微博等具有社交功能的传播媒介的迅速崛起，为中国文化的传播和影响力的提升提供了平台。①

第一，技术推动中国文化对外传播的无界化。新闻网站和数字传播技术打破了时间和空间的限制，使信息迅速传播至全球各地，为全球化信息传播提供了重要的技术支持。在历史的长河中，中国始终在对外输出文化和价值观，但传统的传播方式需要经过漫长的时间才能产生影响，且覆盖范围有限。例如，古代欧洲对中华文化的认知往往是通过西亚或中亚文明的间接传递，这可能导致文化信息在传递过程中发生偏差。

在传统媒体时代，传播者和受众之间存在明确的界限。传播者负责生产、发布和筛选信息，而受众则被动接收这些信息。然而，随着新闻网站和数字媒体技术的崛起，这种关系逐渐变得模糊。传播者和受众之间的身份以及互动方式也在发生变化，这为信息传播带来了更多的互动性和参与性，使得传播效果更加显著。

---

① 娄红立.跨文化视域下新闻网站联合数字技术助推中国文化对外传播［J］.新闻爱好者，2020（05）：46-48.

新闻网站和数字传播技术为中国在全球范围内传播文化和价值观提供了强大的平台。与传统传播方式相比，它们具有更高的效率和更广泛的影响力，使得中国文化在全球范围内得到更广泛的了解和接受。

网络及数字技术的应用，使人们在数字空间内构建了彼此的认同及信任，这种信任的构建更加符合对外传播的需求。

第二，新闻网站与数字媒体全球化的社交功能。新闻网站通过直播和短视频等社会化传播媒介，能够有效拓宽文化交流的领域，增加文化传播的"覆盖面"，进而重塑跨文化交流的格局。这种传播方式使得大量丰富的信息能够更迅速和立体地触达全球各地，在加速全球范围内的文化交融的同时也加剧了文化身份认知的多样性。以新华社新闻网站为例，自2009年起，其英文版已陆续进驻 Twitter、Facebook、YouTube 等国际知名网站和社交媒体平台。除了在国内平台上提供英、法、德、日、韩等多种国家语言的新闻网页外，新华社还在 Twitter、Facebook、YouTube、VK 及 Line 等海外社交平台开设了包括葡萄牙语、英语、泰语、日语、越南语、法语、缅甸语、俄语和西班牙语在内的15个语种的近40个账号。这不仅展示了新华社新闻网站在国际社交平台上的积极参与，也是中华文化对外传播的内容、风格和形式的创新尝试。

国外网站数据显示，同西方传统主流媒体相比，我国新闻网站的社交媒体呈现的国家形象是多样化和中立的。国外社交网站将中国描述为"发展中的经济强国"。当前，可视化、社交化、移动化是国际传播的新趋势，尤其是发达国家，社交媒体及移动应用已经成为其信息的主要入口，数据新闻、短视频、图片、网络直播、H5页面及在线视频等以其巨大的信息量和直观性的表达形式成为信息传递的新宠以及互动交流的新载体，切实提升了中国影响力。

（二）使用"互联网+"等形式，厚植文化土壤

软实力讲求的是文化吸引、价值观认同产生的主动引导效果。近些年教学形式多样化，教学内容以应用为导向更加接地气，语言输出更加规范。随着互联网的发展，在线教育能够使学生与汉语母语者进行实时互动。国内高校采用线上视频教学、网上教学资源共享等方式，与海外高等院校、孔子学院建立更多的合作模式，促进文化交流。此外，新兴的短视频激发了大部分海外青年的学习热情。网络文化作为当代中国文化的重要组成部分，反映了鲜活的中国社会文化，短视频平台的流行标志着中国的文化形式、传播形式进入了一个新的阶段。越来越多的海外汉语学习者通过社交媒体平台进行交流。在提升汉语语言能力的同时锻炼了交际能力，消除了交流障碍。

通过线上授课打破授课的时空界限，实现更快捷、高效的授课新模式。同时重视新兴媒体在传播中国文化的作用，在课堂上通过播放、讲解独立化、碎片化的短视频，将中国文化和国际中文教育相结合，用影音的形式加以呈现。

随着我国新科技不断发展，国际中文教育的方式发生了转变，由以往传统的线下教育转变为线上教育，为国际中文教育的教学资源、教学方式等方面带来全新的发展机遇，推进在线教育现代化的进程。使用在线教育方式，可以为无法来华的学习者提供线上学习的机会，同时展现国际中文教育发展的新机遇。在国际中文教育发展空间的拓展中，远程教育发挥了重要作用。文化传播的形式也随着新媒体的出现变得多样化，例如中文配音，就是通过互联网技术，组织云端创意等文化活动来为学习者带来的不一样的文化体验。除此之外，教学资源共享的方式为国际中文教育带来极大便利，国际中文教育的信息共享在科技的广泛应用等各个方面获得很大的优势。

（三）主流媒体引领建构传播矩阵

《人民日报》作为中国主流媒体的领军者，在推动中国文化走向全球化的过程中扮演着重要角色。为了更有效地对外介绍中国文化，《人民日报》创建了海外版、海外网和海客新闻等官方平台，这些平台在海外媒体网络中展示了中国文化的丰富内涵，共同形成了强大的海外传播力量。不仅如此，《人民日报》还注重中国文化传播的系统性，通过讲述完整的文化故事来传递深刻的文化理念，展示中国文化的深厚底蕴。这种做法使海外用户能够基于清晰的文化脉络深入理解和欣赏中国文化，为中国文化对外传播搭建坚实的桥梁。

（四）使用纸媒与口头传播形式传播中国文化

随着全球化进程的不断推进，文化在国家软实力中的地位日益凸显，成为衡量一个国家综合国力的重要指标，文化传播也显得越发重要。新时代，中国文化的传播方式也呈现出多样性、创新性等特点，既包括传统的纸媒和口头传播方式，也含有现代的数字媒体和社交网络等新兴渠道。

纸媒是一种古老而稳定的传播方式，即通过书籍、报纸、杂志等媒介，将中国文化的精髓和内涵传递到世界各地。纸质传播不仅能够保存和传承历史文化遗产，还能够促进不同文化之间的交流与融合，为世界文化的多元化发展作出贡献。纸媒，例如报纸等适合全球印发，以此推动中国文化走出国门，让更多的人认识到中国纸媒带来的重要传播效果，以"中文+"模式促进中国文化对外传播。

口头传播是中国文化传承的另一种重要方式，即通过口头讲述、歌谣、戏曲等形式，将文化故事、历史传说等传承下去，使文化口口相传、生生不息。现如今，在全球化背景下，应充分发挥口头传播的优势，讲好中国故事，让更多的中国文化"走出去"，让了解到中国文化的更多人探寻中国文化背后的奥秘。

纸媒与口头传播作为历史悠久的文化传播方式，承载着丰富的传统文化精髓，在当代社会依然具有不可忽视的传播价值。为了吸引更多的年轻受众，加强内容的创新将成为必然。但这并不意味着颠覆传统文化，而是在保持其精髓的基础上，结合现代社会的需求和审美，进行创新。例如，纸媒可以通过引入新的排版设计、多媒体元素等方式，使传统文化内容更加生动、有趣；口头传播可以探索与现代艺术、科技相结合的形式，让传统文化故事以更加吸引人的方式呈现。政府在推动纸媒与口头传播形式的发展中发挥着重要作用。因此，政府应加大对文化产业的支持力度，在资金上加大投入，在政策上予以倾斜，为文化产业的发展创造良好环境。同时，政府应积极推动纸媒与口头传播的深度融合，鼓励传统文化与现代科技、艺术相结合，创新文化传播方式，扩大文化产业的规模和影响力。

（五）国际交流助力中国文化走向世界

加强国际交流也是提升中国文化全球影响力的关键。通过举办文化交流活动、加强国际合作等方式让中国文化走向世界舞台，与世界各国的文化进行对话与交流。这不仅能够展示中国文化的魅力，还能增进国际社会对中国文化的了解和认同，从而提升中国文化的全球影响力。

随着中国的崛起，中国文化在国际的影响力逐渐扩大，形成了独特的"中国热"和"中国风"潮流。这一潮流不仅吸引大量国外受众群体对中国的关注和了解，还推动了中国文化在国际舞台上的传播和交流。不同文化和民族之间的文化交融，正是建构国际互信互通关系、开展国际交流和文化交流的直接体现。从文化层面去理解和解读中国的崛起，能够促进不同文化和民族之间相互学习、对话和交流，展现中华文化的独特魅力和价值。

随着中国文化影响力不断提升，传播中国文化元素显得尤为重要。我们需要通过各种途径和方式，让更多的国外受众群体了解和学习中国文化，增进他们对中国制度、经济发展和传统文化的认知度和认同感，以此来促进中外文化交流，提升中国形象。

当前，文化对外开放交流已经逐渐上升为国家战略层面。政府在政策上制定了许多优惠政策和交流项目来推动中外文化交流活动的深入开展。这些文化交流活动主题鲜明、丰富多彩，受到广泛欢迎和好评。这些活动向世界展示中国文化的魅力和风采，塑造中国国家形象。这些努力不仅吸引了更多国外受众群体对中国文化的兴趣和热爱，还激发了他们学习和传播中华优秀传统文化的热情。

中国文化的广泛传播和深入交流，不仅有助于增进国际社会对中国的了解和认同，还能促进不同文化和民族之间的和谐共处与共同发展。这是我们在全球化时代应该积极追求和努力实现的目标。

第二节 "中文+"模式背景下中国文化对外传播面临的挑战

一、中国文化对外传播的影响因素

国际中文教学是中国文化传播的一个重要的文化传播载体，是中国文化传播中最艰巨的任务之一，随着时代的演进和科技的飞速发展，国际中文教育教学正面临着前所未有的挑战。这些挑战不仅源于外部环境的变迁，也与国际中文教育自身的发展和创新密切相关。当前，中文在全球传播受国际政治、跨文化交流、经济合作、数字平台传播等多种因素影响：

第一，国际政治环境。中文的传播受到国家和地区的政治制度以及社会环境的影响。纵观语言的国际传播历史，我们可以看到，友好的国际政治环境为语言的国际传播提供了必要的政治保障以及和谐的社会文化环境，对语言的传播起到积极的推动作用，反之，不友好的国际政治关系则可能成为语言国际传播的障碍。

近些年，中国综合国力的不断提升，中国的国际影响力不断扩大。美国政府为了打压中国，将孔子学院标记为"外国使团"，指责孔子学院是扩大中国影响力的"宣传机构"。而在瑞典，有媒体引述瑞典国际事务研究所亚洲项目主席比约恩·杰登的观点，提到"瑞典对中国的态度发生变化，进而导致了孔子学院的关闭"。这两个事件都证明了国家间的态度变化对中文的国际传播具有潜在的重大影响。

第二，跨文化交流因素。国际中文传播的核心在于跨越文化界限的交流与互动。在交流与互动的过程中，不同的意识形态、文化背景和价值观相互碰撞，自然伴随着潜在的风险与挑战。成功的跨文化交流，有赖于双方建立在尊重、平等和包容的基础之上，开展畅通无阻的双向或多向对话。这种交流不仅局限于语言层面，还涵盖了文化、价值观等多个维度。

当目标国家的民众对某一国家存在先入为主的负面看法时，这种认知偏见无疑会加大该国语言在国际上的传播难度。例如在日本，一部分政治人士持反华立场，而日本民众对中国的态度也在很大程度上受到媒体的影响，趋于负面。在日本，推动中文教育和传播的阻力正在加大，这主要源于该国从上至下对中国持有的复杂和负面看法。

第三，经济合作因素。经济全球化不仅促进了商品和服务的全球流动，也为公共文化产品的传播提供了广阔的舞台。在这种背景下，国家间的经贸往来成为推动中文国际传播的重要契机。语言是一种有价值的资本，学习外语实际上是一种经济投资，能为个人和国家带来经济利益。

随着中国与亚非拉国家经贸合作的日益密切，中国驻外企业以及与中国有经贸往来的当地企业在国际中文教育的传播中发挥着重要作用。这些企业通过深化校企合作，为当地学习中文的学生提供丰富的实践机会，这不仅提高了他们的就业竞争力，也为企业培养了具备国际视野的人才。

同时，这些企业还以职业发展为导向，开展中文教学和职业技能的联合培训。这种培训模式不仅迅速为企业输送了大批优秀人才，也促进了国际中文教育在当地的传播。例如在 2022 年 5 月，南非启动了首个"中文+网络电商"项目，该项目由中方职业院校提供网络电商专业知识培训，孔子课堂负责中文教学活动。该项目的目标是培养既懂中文又具备网络电商职业技能的专业人才，那些顺利完成项目的学员，他们将有机会获得就业岗位。

第四，数字平台传播因素。随着全球传播格局的快速演进，数字基础设施作为传播平台，其作用日益凸显。如社交媒体平台，因其迅速、多元和交互的特点已成为用户获取信息的首选渠道。推特、脸书、抖音国际版等社交平台，不仅为当地的中文学习者提供分享学习体验的场所，也为国际中文教育自主开展国际传播活动提供了宝贵的机会。以 2022 年 9 月底教育部中外语言交流合作中心在抖音国际版发起的"中文星"线上活动为例，该活动吸引了众多热爱中文的学习者参与。其中，印尼华裔女孩艾库尼在该平台上以个人账号发布了短视频，她希望通过这次活动，所有中文学习者都能以最简单、最有趣的方式学习四声调。此外，新兴的数字媒介技术如元宇宙等也为中文的数字化国际传播提供了新的可能。这些技术不仅丰富了中文的传播方式，也进一步拓宽了中文在国际舞台上的影响力。①

二、国际中文教育面临的挑战

国际中文教育在世界各地的传播受到以上众多因素的影响，使得各国之间的国际中文教学水平呈现出不均衡的特点，中文国际教学资源匮乏。在新时代的背景下，国际中文教育模式正面临转型。

（一）国际中文教学水平不均衡

中文作为世界上使用人数最多的语言之一，其教学的重要性不言而喻。然而国际中文教学水平却显著不均衡。这种不均衡不仅体现在不同国家和地区的中文教学发展程度上，还表现在资源配置、中国文学教育、线上国际中文教育等各个层面。教学水平的不均衡不仅影响中文作为国际交流语言的普及和应用，还在一定程度上阻碍了文化多样性的发展和国际理解的深化。

教育资源的分配和学习机会的差异是国际中文教育发展不均衡的两个核心问题。在东南亚国家，如泰国和马来西亚，通过政策和法规的推动，国家已形成涵盖学前教育至高等教育的全面汉语教学体系，展现出较快的发展势头。然而，在拉丁美洲等地，中文教育尚处于起步阶段。中文学习者主要集中在部分发达国家，以及与中国接壤的国家和地区，而东欧、西亚、非洲、拉美和大洋洲的部分国家和地区学习中文的人数相对较少。各国将中文纳入国民教育体系的情况差异显著。截至 2020 年底，尽管全球有 180 多个国家和地区开展中文教育，但只有 70 多个国家正式将中文作为国民教育的一部分，这一比例尚未过半。在孔子学院的分布上，也存在类似的不均衡现象，大多数孔子学院集中在发达和中等发达国家，发展中国家的数量明显不足。此外，不同国家对汉语教师的需求也存在显著差异，出现明显的"冷热不均"现象。

（二）教育资源的配置和使用不均衡

国际中文教育资源配置不均衡。目前，国际中文教育资源配置存在明显的地区差异。发达国家和地区拥有丰富的教育资源。而欠发达国家和地区由于政策支持不足，经济发展水平相对落后，没有支持教育的资金和设备，尤其是在科技的迅速发展下，他们的数字化设备远远达不到发达国家的水准。加上教育理念落后，对国际中文教育产生怀疑。种种因素作用下，导致欠发达国家国际

---

① 孙琳，韩霓. 中文国际传播的区域国别研究［J］. 云南师范大学学报（对外汉语教学与研究版），2024（01）：85-92.

中文教育止步不前，甚至缺乏基本的中文教育资源。例如美国最大的美籍华裔群体所在地——加利福尼亚州，庞大的华人集体使中文教育得到了政府和社会各界的广泛支持。在那里，公立学校普遍将中文作为外语开展教学，配备有专业的中文教师和现代化的教学设备。此外，还有众多私立的中文学校和语言培训机构为各个年龄段的学生提供全面的中文教学服务。但是，这种优势资源并非全球普遍。在非洲的某些发展中国家，中文教学的发展明显滞后。这些国家的学校虽然努力开设中文课程，但往往因为资源有限，缺乏专业的中文教师，教学设备也相对落后。因此，学生们在学习中文的过程中面临着资料匮乏、实践机会不足等多重挑战。这种地域性的教育资源配置不均衡，不仅影响了学生的中文学习效果，也在一定程度上阻碍了中文在国际教育领域的普及与发展。

国际中文教育资源使用不均衡。一些学校、培训机构和教师能够充分利用现有资源，提高教育质量，而另一些则缺乏有效利用和管理，导致教育资源浪费和教育质量低下。这种使用不均衡的问题主要源于当地学校管理体制是否得当、教师的整体素质水平和课程安排是否合理等等。例如在东部地区，经济相对发达，教育资源丰富，许多学校能够慷慨解囊，投资中文教育。这些学校不仅配备了先进的中文教学软件、多媒体设备以及丰富的中文图书资料，而且教师基本素养较高，资质水平也相对深厚。这些资源不仅增加了学生的学习机会、促进专业知识的学习，还丰富了他们的学习方式。西部地区却不比东部地区，由于经济相对落后和教育资源有限，中文教育的投入也非常有限。许多学校连基本的教学设备都无法提供，中文图书资料更是匮乏，这也在无形中增大了教学难度。

（三）世界各国的中国文学教育及教学资源建设发展不均衡

世界各国的中文教育发展不平衡，中国文学教育的发展基本与之对应，中国文学教学资源的开发、使用也呈现不均衡的特点。除了华文教育和专业中文教育，现有的将中文当作第二语言或外语的学生，他们的中国文学教学资源基本由中国开发，其他个别国家或有少量参与，或直接使用中国资源，还有相当一部分国家尚未起步。无论是在中国国内还是海外，中国文学教育在整个国际中文教育中均没有得到充分重视，具体表现为资源开发总量不足、缺少经典化及本土化教材、课堂教学使用不规范、现有资源利用不充分等。为了使国际中文教育突破瓶颈，向更高层次、更为专业化的方向发展，应充分重视文学教学资源的建设与使用，健全国际中文教育知识体系。[①]

例如在非洲，中国文学教育及教学资源建设发展稍有不足。尽管近年来一些非洲国家开始重视中国文学教育，但教育资源分配、发展不均衡，使得中国文学教育在整体上仍面临诸多挑战。非洲各国在中国文学教育上的投入差异巨大，2019 年，南非作为非洲经济较为发达的国家，其在中国文学教育上的投入大约占该国教育总预算的 0.5%。菲律宾也是如此，菲律宾中文教学资源不平衡，尤其是高等教育体系，处于极度缺失状态。除了个别高校如菲律宾雅典耀大学、红溪礼示大学和中正学院等，大部分菲律宾高校均未开设中文科系和中文师范专业。中文教学在菲律宾高等教育体系中比例偏低，这直接导致两个严重后果，一是基础教育阶段的中文教学无法在高等教育体系得到有效衔接；二是高等教育培养的高层次本土中文人才缺失使得基础教育的中文师资匮乏。菲律宾的中文教育已经形成华文学校、孔子学院、主流学校和培训机构"四驾马车"的格局。这四驾马车应该协同发展，资源共享，形成统一的中文教育体系。但目前菲律宾的中文教学资源却没有协同起来，反而出现中文教材缺少统一体系、教法研究两极分化、本土专家缺乏以及师资老化等问题。[②]

（四）线上国际中文教育在师资力量上存在不均衡的问题

线上国际中文教育在教师队伍、教学内容、学习环境等方面均存在不均衡现象。国际中文教育教师总体数量不足且教师质量参差不齐。首先，教师数量不均衡，部分地区或国家的中文教师数量不足，难以满足当地学生的学习需求。其次，教师质量不均衡，部分教师在专业素养、教学标准、教学经验等方面存在差距，影响了教学质量。最后，教师资源分配不均衡，仅部分地区或学校能够获得更多的优质教师资源，国际中文教育学习内容缺乏统一标准，不同平台的教学内容和方法差异显著，有的过于注重口语，有的则偏向应试技巧，无法满足学生的全面学习需求。另外，学生所处的教学环境不同，学习效果不同，线上学习缺乏真实互动和语言环境，限制了学生的语言实践发展。与在家学习相比，在校学习能更大程度实现畅通交流。

推进线上国际中文教育的均衡发展，首要任务是提升线上中文教育资源的质量，加强对中文教师的专业培训与认证，提升整体师资水平。其次是制定统

---

① 张拥航．国际中文教育中的文学教学资源发展现状［J］．海南师范大学学报（社会科学版），2023（06）：63-73.

② 潘巍巍．菲律宾中文教学资源现状及发展策略研究［J］．云南师范大学学报（对外汉语教学与研究版），2021（04）：27-35.

一的教学标准和规范，确保学生的语言能力得到全面发展。最后应积极创造更多互动和交流机会，让学生在真实的语言环境中提高中文水平，从而真正实现线上国际中文教育的均衡与高效发展。

发达国家与发展中国家在教育资源分配上存在显著的不均衡现象。发达国家凭借丰富的教育资源、雄厚的师资力量和大量的资金投入，其中国文学教育已经相对成熟。相比之下，发展中国家由于教育体系不完善、资金短缺以及师资力量薄弱使得中国文学教育的发展仍然较为滞后。这种不均衡的状况制约着中国文学的全球传播与推广。以美国、欧洲为例，这些发达国家的高校普遍设立了中国文学课程，并配备了完善的教学资源。然而，在非洲、南美洲等地区，由于教育基础设施落后和师资力量的不足，中国文学教育的发展仍然面临诸多挑战。

东西方文化背景下的不均衡。由于东西方文化背景的差异，西方国家在理解和接受中国文学时存在一定的认知隔阂，在西方国家的教育体系中，中国文学通常被视为一门独立的学科，在融入西方教育体系时面临诸多挑战，因此，中国文学教育的普及程度和深度相对较低。而东方国家由于与中国文化和历史紧密相连，其中国文学教育的发展往往更加深入。例如日本、韩国等国家的大学普遍开设了中国文学课程，并拥有较为完善的教学资源。

（五）平衡发展观

在新时代，国际中文教育的平衡、充分发展对于统筹海外中文办学资源，提高办学水平，以及构建更加规范、高效的中外语言交流新模式，推进国际中文教育平衡发展有着重要意义。国际中文教育的平衡发展具体包括以下几方面的内容。

质量与数量之间的平衡。进入21世纪以来，以孔子学院为代表的国际中文教育保持较高的增长速度。在孔子学院逐步实现全覆盖的基础上，应更加注重国际中文教育质量的内涵式、特色化发展。数量是质量的基础，质量是数量的保障。坚持质量第一，加强质量标准体系建设是未来国际中文教育的核心任务。应积极优化教师资源，加强国际中文教师学术能力，提高他们的教学能力；建立健全以孔子学院为代表的国际中文教育机构的教学质量评估体系，定期开展教学质量评估。

全球总体布局与区域协调发展之间的平衡。目前，孔子学院已初步实现全球布局，但李宝贵、刘家宁认为大部分孔子学院建于2013年之前，与新时代背景下新的发展形势无法有效对接，无法对相关建设提供全方位的语言服务和人才支撑。① 因此,要想促进相关国家中文教育的协调发展,亟须对孔子学院总体布局与重点区域的布局结构作进一步优化调整。

各类教育资源的平衡。孔子学院、孔子课堂以及华侨华人所创办的华文教育学校等机构是新时代国际中文教育的重要基石。未来我们应站在服务全球中文教学的立场,合理配置和优化中文教育资源,使教育资源得到充分有效地利用。这不仅有助于推动海外中文教育的整体进步,促进不同地区中文教育的均衡发展,还能为构建更加完善的国际中文教育体系打下坚实基础。

供需矛盾的平衡。"原有国际中文教育"供给侧"的专业课程设置、人才培养方式等内容与新形势下海外"需求侧"多样化的现实情况脱节,"② 这既不能满足国际教育市场的实际需求,也不能满足学生个性多元化发展的现实需要。且近年来,海外多国中文学习者低龄化趋势明显,这对海外中文教学的课程设置、师资配置、教材编写等方面提出了新的要求。因此,平衡国际中文教育的供需矛盾,切实提高国际中文教育供给端的有效性和精准性,为广大中文学习者提供有针对性的多元优质的教育产品和服务极为迫切。

(六)国际中文教学资源匮乏

教学资源建设是国际中文教育可持续发展的重要方面,对提高国际中文教学质量与水平发挥积极作用。随着现代信息技术的快速发展,中文教学资源的共建共享平台在国际中文教育中扮演着越来越重要的角色。然而,目前国际中文教学资源面临一系列挑战,如资源质量良莠不齐、缺乏有效的资源整合机制、资源利用率低下,以及缺少互动性教学资源等。孔子学院作为海外推广国际中文教育的重要基地,多年来积累了丰富的资源库、教材配套的课件、音视频和动画等教学资源。然而,这些资源目前较为分散,缺乏有效地统筹与整合,对网络孔子学院的资源支持相对有限。因此,当前迫切需要解决的是如何整合和利用国际中文教学资源,并构建一个全球中文教师的互动平台,推动国际中文教育的持续发展和优化。

(七)教学资源与师资队伍建设问题

教学资源良莠不齐是教学资源的一大挑战。目前,国际中文教育在教学资源方面存在明显不足,主要体现在教材和教学设备两个方面。首先,国际中文

---

① 李宝贵,刘家宁.新时代国际中文教育的转型向度、现实挑战及因应对策 [J].世界汉语教学,2021(01):3-13.

② 李宝贵,刘家宁.新时代国际中文教育的转型向度、现实挑战及因应对策 [J].世界汉语教学,2021(01):3-13.

教育的教材种类有限，不能满足国际中文教育的多样化发展需求，且教材内容更新速度慢，与时代发展脱节，很多知识过时，并不适用于教学。其次，由于国家间的经济和科技发展水平不均衡，导致中文教学资源不均衡，部分国家的教学设备的质量和数量难以满足教学需求。

师资队伍建设不足也是一大挑战。国际中文教育最突出的问题就是教师问题，国际中文教师整体数量不足。导致这一现状的原因主要有：一是国际中文教育有着庞大的市场需求，对教师的需求量大，招聘方面存在困难；二是国际中文教师的培养周期长；三是国际中文教学对教师的要求高，要求教师具备专业知识和语言知识的同时，还要能接受跨文化和跨语言的挑战。

（八）中国文学读物居多，专业化文学教材及数字化资源缺乏

中国文学作为中华文化的瑰宝，在国际中文教育中占据了重要地位。无论是古代的诗词歌赋，还是现代的文学作品，都以其独特的魅力吸引着越来越多的国际学生。

然而，这种以中国文学为主的局面也带来了一些问题，如缺乏与中文学习者的文化背景和学习需求相匹配的专门化文学教材。不同国家和地区的中文学习者在学习目的、文化背景、语言能力等方面存在差异，专门化的文学教材更能贴合他们的学习现状以及真实的学习需求。然而，目前专门化文学教材缺乏，不仅不能满足国际中文学习者个性化发展的需要，还不利于国际中文教育的长远发展。此外，国际中文教育的数字化资源尚且不足。数字化技术为中国文学教育提供了无限的可能性，如虚拟现实、在线互动等。但当前国际中文教育中数字化资源的应用仍处于初级阶段，限制了中国文学教育的创新与发展。

（九）中国古代文学教学资源较多，现当代文学教学资源缺乏

在国际中文教育领域，中国古代文学的教学资源相对丰富。这主要得益于中国古代文学作品的丰富性、经典性以及历史价值。诸如《诗经》《楚辞》等经典作品被广泛地应用于教学之中，为外国学生提供了深入了解中国古代社会、历史、文化的重要窗口。但是与中国古代文学相比，中国现当代文学在国际中文教育中的教学资源显得较为匮乏。首先，现当代文学作品的翻译与介绍相对较少，导致外国学生难以接触到原汁原味的中国现当代文学作品；其次，现当代文学的教学方法与手段较为单一，缺乏创新性与互动性；最后，缺乏专门针对外国学生的现当代文学教材与参考书籍。

（十）教学资源多而杂，缺乏系统性

随着全球中文教育快速发展，国际中文教育资源日益丰富。从教材、教学

方法、技术工具到在线课程、文化交流活动，各种资源层出不穷，涵盖了从基础教育到高等教育的各个层次。教育资源的多样性为学习者提供了更多的选择，但同时也带来了困惑和挑战。如教学资源缺乏统一的规划与整合；教学资源单一化不能满足学生个性化发展的需要；内容陈旧，不能跟上时代发展的步伐；不同资源之间的衔接与互补性不足，学习者难以形成完整的学习体系，缺乏统一的评价与认证标准；教学资源质量参差不齐，高质量资源少。总体而言，国际中文教学资源多而杂，系统性不足。

（十一）缺少统筹规划平台，资源利用率低，搜索到的教学资源种类有限

由于缺乏统一的规划和整合机制，国际中文教学的数字资源平台显得散乱无序，导致大量精心开发的资源并未被广大中文教师所熟知和充分利用，进而造成资源浪费。同时，部分设置汉语国际教育专业的高校尚未给予国际中文教学资源足够的重视，缺乏与中文教学资源紧密相关的课程设置。在实际教学过程中，中文教师往往依赖于如百度文库、豆丁网、原创力文档等通用平台来检索和下载教学课件，但这些平台并非专为国际中文教育设计，所能提供的教学资源不仅数量有限，质量也参差不齐，且大部分资源需要额外付费。因此，中文教师更倾向于通过微信群等社交媒体平台共享和交流备课资源，尽管这种方式能在一定程度上弥补资源不足的问题，但其局限性和不稳定性也显而易见，国际中文教学资源的整合、利用和平台建设仍有待加强和优化。

许多优质教学资源分散在不同的平台或机构中，难以为学习者或教育机构有效获取和利用。首先，由于缺乏统一的搜索和筛选机制，学习者常常在寻找合适的教学资源时面临困难。其次，由于缺乏统一的规划和协调，各平台或机构各自为政，导致国际中文教育资源的碎片化和重复建设，使得资源之间存在大量的重复和冗余，增加了学习者获取有效资源的难度。

总而言之，国际中文教育资源利用率低下的现状亟待改善，亟须集中管理、整合和优化教育资源，消除资源的重复和冗余，提高资源的可访问性和可用性，促进国际中文教育的标准化和规范化，提高教学效果和学习者的学习质量，为国际中文教育的未来发展提供有力支持。①

（十二）宣传推广力度不够，互动型资源少，完全开放型资源平台少

据《国际中文教育教学资源发展报告（2021）》显示，"目前现有数字中

---

① 袁晓蓉. 开放教育资源视角下的国际中文教学资源共建共享平台建设［J］. 中阿科技论坛（中英文），2023（09）：126-130.

文教材 3679 种，网络课程慕课 485 门、微课 4865 节，数字应用电脑端网站 404 个、移动终端应用程序（App）334 款，更有海量数字素材。"① 如此庞大的数字化中文教学资源，却因宣传渠道有限、宣传内容不够吸引人，以及宣传缺乏持续性和一致性等原因导致宣传力度不足，很多国际中文教师并不知道如何获取这些资源，使得资源可获取性低，造成某种程度的资源浪费。

虽然，现有的国际中文数字教学资源数量庞大，但可供中文教师交流互动的资源平台很少。大部分中文教师通过各个微信群彼此交流，但微信群可容纳的人数有限，不利于中文教师交流分享教学经验和探讨教学问题。目前国际中文教育领域，数字资源数量充足、平台多样化，但完全开放、免费的资源平台少之又少。如"中文联盟"，作为主流的数字化云服务平台，该平台的课程资源并非随时处于开放状态；北京语言大学出版社官方网站中的很多优质中文教材的配套教学资源，也不能免费下载。② 国际中文教育的互动型资源相对较少，限制了学习者的学习方式和效果。

为改变教育资源宣传力度不足和开放性资源稀少这一现状，应该拓展宣传渠道，利用多种媒体进行广泛宣传，丰富宣传内容，强调国际中文教育的重要性和实用性，加强宣传的持续性和一致性，确保宣传效果的持久性。适当增加互动型资源的开发与设计，提高互动型资源的质量和实用性，建立互动型资源的共享平台，方便学习者获取和使用。另外，可以充分利用完全开放型资源平台，为学习者提供更多元化的学习资源和更灵活的学习方式。

三、国际中文教育模式面临转型

当今世界正处于百年未有之大变局中，国际环境日趋错综复杂，后疫情时代的全球经济复苏正面临着前所未有的挑战。随着我国综合国力和国际地位的稳步上升，我国积极推进相关政策深入落实，以实际行动推动着构建人类命运共同体的崇高理念。语言作为文化交流和友谊建立的纽带，将在国家间的互动中扮演更加重要的角色。因此，在新时代背景下，国际中文教育作为国家和民族事业的重要组成部分，必将肩负起更加重大的使命与责任。

---

① 教育部中外语言交流合作中心. 国际中文教育教学资源发展报告 2021 [M]. 北京：北京语言大学出版社，2021.

② 袁晓蓉. 开放教育资源视角下的国际中文教学资源共建共享平台建设 [J]. 中阿科技论坛（中英文），2023（09）：126-130.

（一）处理好事业发展、学科发展与学院发展的关系

新冠肺炎疫情直接推动了现代教育的大变革，推动国际中文教育由传统的线下课堂教学迅速转向线上教学。在疫情防控期间，线上教学在帮助学生跨越地理界限并持续在学习中发挥了积极作用，但是，这种教学环境的转变不可避免地涉及教师、教材和教学方法等多个方面。线上教学仍然面临着诸多挑战，如学习效果不佳、学生参与度不高，以及时差带来的疲劳感等。

尽管线上中文教学无法替代面对面的师生互动交流，但疫情防控期间形成的线上教学习惯仍具有长远价值。因此，线上教学不仅应被视为疫情防控期间的临时解决方案，更应被看作是未来的发展趋势。我们需要在线上教学方法和线上智慧教学方面持续创新和突破，并将"线上+线下"的混合教学模式作为未来发展的重要方向。

在制定发展规划时，应充分考虑事业、学科与学院发展的内在联系，加强三者之间的协调与配合，形成合力，统筹规划，共同推动国际中文教育的发展。也可以通过资源共享、创新机制的方式，积极推动各种资源自由调配，降低成本，提高效益，激发活力，进而扩大国际中文教育的影响力。

（二）促进新时期教育教学模式转型

专家们除了关注线下教学向线上教学的转变，还强调了从国内教育向国际教育的转变的重要性。吴应辉教授指出，尽管当前国内中文教学被萎缩，但我们不能忽视全球范围内众多的学习者在学习中文的事实。因此，应该积极拓展海外中文教育市场，充分利用在线教育的优势，结合新兴的网络技术和人工智能，推动国际中文教育的转型升级，这是让中文和中国文化走向世界的关键途径之一。与发达国家的教育资源相比，发展中国家正面临师资不足和教材稀缺等问题。在新时期，我们应思考如何重新配置资源，促进教育资源更多惠及发展中国家，以及如何将国内中文教学与海外华文教学更紧密地结合起来，实现全球中文教育的共同发展。在信息化高速发展的时代环境下，可以利用现代信息技术构建数字化教学平台，如云课堂、MOOC 等来突破传统课堂的限制。线上教学课堂，为学生提供更为灵活、便捷的学习方式，不仅可以促进教师与学生的互动与交流，提高教学质量和学习效果，还可以加强教育教学资源的整合与共享，优化教学资源配置，提高资源利用效率。

（三）国际中文教育集成创新

"实现国际中文教育集成创新要以集成创新理念引领高质量发展，以数字化

带动教学资源集成创新，以科技赋能驱动教育技术集成创新，以知识集成促进知识创新，以多元主体协同助力组织创新。"①

以数字化带动中文教学资源集成创新。国际中文教育资源不均衡、碎片化、低效化等问题，严重阻碍国际中文教育的发展。而要改变这一现状最切实际的就是对教学资源进行整合和优化，使教学资源系统化，发挥教学资源"多"的优势。比如可以充分利用数字化资源，以人工智能、大数据等数字科技，将零散的数据资源整合起来，使"杂"条理化。并以所整合的资源作为创新国际中文教育的基础，突破中文教学资源的瓶颈，提高创新效率。

以科技赋能驱动中文教育技术集成创新。互联网、大数据和云计算等先进技术，为国际中文教育提供了强大的技术平台支持。它不仅有助于解决教学资源不足的问题，还能显著提高教育创新的效率，推动国际中文教育向更高层次发展。所以，创新国际中文教育应根据国际中文教育的特定需求，制定统一的标准和技术规范，这个过程强调不同技术在中文教育产品中的深度整合，开发出具有市场竞争力的中文教育产品。

以知识集成促进知识创新。目前，国际中文教育知识体系处于初步构建阶段，而国际中文知识丰富多样性的特点，使得处在初步阶段的知识呈现出繁多和杂乱的特点。知识的创新首先在于知识的集成，将零散的、杂乱的资源分门别类，在知识的基础上来整合系统的知识，为构建中文知识体系奠基。

---

① 魏晖，吴晓文. 国际中文教育集成创新：内涵、价值和路径［J］. 世界汉语教学，2023（02）：147-156.

第三章

"中文+"模式背景下的中国
文化对外传播现状分析

随着全球化的深入发展和国际交流的日益频繁，中文作为世界上使用人数最多的语言之一，在国际舞台上的地位日益凸显。在这样的背景下，"中文+"模式应运而生，成为国际中文教育领域的一种创新教学模式。全球化使得国际交流与合作日益紧密，各国之间的文化、教育等领域的交流也愈加频繁。在这样的背景下，具备中文语言能力和跨文化交流能力的人才备受国际市场青睐。为迎合这一趋势，国际中文教育亟须改革创新，而"中文+"模式正是这一创新的具体体现。它强调在中文教学中融入其他学科或领域的知识和技能，培养具备多元化知识和技能的复合型人才，以适应全球化背景下的人才需求。

在当今社会，人才需求的多样化特点日益凸显，对于跨学科知识和技能的掌握成为衡量人才的重要标准。传统的中文教学偏重语言技能的培养，而相对忽视了与其他学科知识的融合，这在一定程度上限制了中文教育的深度和广度。为了应对这一挑战，"中文+"模式应运而生，它通过整合中文教学与多领域知识，致力于培养具备综合素养的复合型人才，以满足社会对多元化人才的需求。

中文教育不仅是传承中华文化的重要途径，也是推动其创新发展的关键。面对现代社会的需求，传统的中文教学模式亟待革新。"中文+"模式正是在此背景下应运而生，它通过改革和创新中文教学方法，旨在提升教育质量，促进中文教育的持续进步。

现代技术手段如多媒体教学、在线学习平台、虚拟现实技术等为中文教学提供了更加广阔的空间和可能性。这些技术的应用也为"中文+"模式的实践提供了有力的支持。通过利用这些现代技术手段，可以更加生动、直观地展示中国文化，提高学习者的学习兴趣和效果。

在政策层面，各国政府和国际组织也在积极推动国际中文教育的发展。例如，鼓励沿线国家加强中文教育合作，为"中文+"模式的推广提供了有力支持。这表明，国际社会对于中文教育的创新和发展给予了高度关注。

综上所述，"中文+"模式的兴起是全球化趋势、多元化人才培养需求、中文教育自我革新需求、科技进步以及国家政策支持等多重因素共同作用的结果。这一模式通过融合中文与其他学科知识，旨在培养能够适应现代社会需求的复合型人才，推动国际中文教育的持续发展和创新。

第一节　"中文+"模式与中国文化对外传播的逻辑连接

在 21 世纪的信息时代，随着全球化和互联网的快速发展，中国文化的国际传播变得更加多元化和复杂化。面对这一挑战，传统的中文教学模式已显得不足，因其过分侧重于语言技能的培养，而忽略了跨学科整合的重要性。因此，一种创新的"中文+"教育模式应运而生，旨在通过跨学科融合和实践体验，提升学习者对中国文化的深入理解。

"中文+"模式作为一种新兴的文化传播方式，与中国文化的对外传播之间存在着紧密的逻辑连接。其以中文为基础，结合其他领域的知识和元素，形成一种跨文化交流的新模式。这种模式不仅强调中文的语言传播，更注重中文背后所蕴含的文化内涵和价值观念。通过"中文+"模式，我们可以将中国文化传播到世界各地。

"中文+"模式注重中国文化与世界各地文化相结合，形成一种多元文化的交流模式。在这一模式下，中国文化不再是孤立的，而是与世界其他文化相互关联、相互影响的。此外，"中文+"模式还强调了中国文化对外传播的创新性和时代性。在全球化背景下，文化传播的方式和手段也在不断创新和发展。通过运用现代科技手段和新媒体平台，可以将中国文化以更加生动、形象、直观的方式呈现给世界各地，提高文化传播的效率和影响力。

一、"中文+"模式的内涵追溯和发展措施

国际中文教育的"中文+"模式，是以中文为实现融合的基础平台和实施工具，与各种学科专业、动机需求进行深度融合而形成的一种新的教育形态。从国际中文传播的实践，到语言学及语言教学相关的理论考察，都可以看出"中文+"模式古已有之，其产生具有深刻的历史必然性。新时期以来，专门用途中文教学的发展，为"中文+"理念奠定了理论与实践的现实基础。为适应国际中

文教育的新形势,须采取相应的策略措施,促进"中文+"模式的持续和稳定开展。

(一)"中文+"模式的追溯

事实上,"中文+"模式并非新近出现,而是伴随着对外汉语教学的发展历程逐渐形成的。在中文国际传播的背景下,"中文+"的历史可以一直追溯到遥远的古代。王建勤对中文国际传播的情况进行了历史梳理,认为这从来都不是纯粹的语言问题,而必然伴有不同的目的,其传播方式可以分为"驿站式""宗教伴随式""文化吸引式""贸易拉动式"等。这给我们认识中文国际传播提供了一个新的视角,即中文虽是一种不可或缺的语言媒介和交流工具,而促发其传播的根本动因,又可溯及经济、文化等不同领域的各种实用目的。从自发的传播,到传播意识的产生,再到教学活动的开展,中文国际传播经历了极其漫长的过程,因而可以说,"中文+"模式的实践古已有之。①

20世纪50年代,东欧第一批来华留学生主要是学习中国的政治、历史、外交、医学等方面。20世纪80年代,"专门用途汉语"快速发展,商务汉语和医学汉语成为国内汉语学习者的热门课程。② 2013年,国家领导人提出了相关对外合作发展政策倡议,得到了许多国家的积极响应,同时一大批中国企业,特别是与工业、制造业相关的企业,也纷纷走出国门,在相关国家投资设厂。中国企业在国外投资、开办企业,势必需要雇用当地的工人,但语言、文化、习俗的差异,受教育水平和技术水平的限制等因素都阻碍着当地工人进入中国企业工作,这也给处于海外的中方企业带来了困扰。基于这些现实需要,国际中文教育由单纯的语言教育向"中文+"教育转变就变得迫在眉睫了。③ 2018年12月,孙春兰在第十三届孔子学院大会上提出:"要实施'汉语+'项目,因地制宜开设技能、商务、中医等特色课程,建立务实合作支撑平台。"2019年12月,孙春兰在国际中文教育大会正式提出"要积极推进'中文+职业技能'项目,帮助更多的人掌握技能、学习中文"。2020年9月,教育部等九部门制定印发了《职业教育提质培优行动计划(2020—2023年)》,其中明确提出"加快培养国际产能合作急需人才;提升职业教育国际影响力;推进'中文+职业技

---

① 周延松. 论国际中文教育的"中文+"模式 [J]. 世界华文教学,2023 (01):16-30.

② 余可华."中文+职业技能"教育的内涵特征、价值意蕴与实现路径 [J]. 南方职业教育学刊,2023 (06):19-25.

③ 张宸宇. 广西高校"中文+"课程开展情况调查分析 [D]. 南宁:广西民族大学,2023:4.

能'项目，助力中国职业教育走出去，提升国际影响力"。① 为了顺应国际中文教育的新趋势，更好地满足中国企业在全球化进程中对人才的需求，国内众多高校纷纷针对留学生推出了"中文+"系列课程。这些课程不仅注重中文语言技能的培养，还融合了多种学科和领域的知识，从而提升了留学生的综合素质和就业竞争力。此外，高校还针对这些"中文+"课程的开设情况和实践效果进行了深入分析和研究，积累了一定的经验和成果，为进一步优化和完善课程体系提供了有力支持。

（二）"中文+"模式的内涵

从"中文+"模式教育表述上看，这是一个融合的概念，概念中的"中文"指的是国际中文教育，即中文作为第二语言或外语的教学教育，而"+"指的是"融合或协同"之意，所以"中文+"模式教育是国际中文教育"走出去"融合发展的教育形态。在教学对象上，"中文+"模式教育主要覆盖的是海外对中文和中华历史文化有学习需求且母语为非中文的外国人，以及母语或第一语言非中文的华人华侨及其后裔。所以"中文+"模式教育的教学对象面向的是海外学者。

"中文+"模式在于其跨领域的融合性，它将语言技能的培养与职业发展紧密相连，不仅满足了学习者对中文语言知识的需求，更助力他们在职场中实现个人成长和事业拓展。此外，该模式凸显了在全球语境下中文的重要性及其所承载的文化价值，为中文的国际化推广和文化交流的进一步深化提供了有力支撑。

例如"中文+职业教育"模式，它是一种将语言学习与职业实践紧密融合的教育方式。它不仅仅关注中文语言知识的传授，更重视通过职业导向的实践活动来增强学习者的职业技能和就业能力。在这一模式下，学习者有机会参与中文相关的职业场景，如医学交流、旅游服务、商务沟通等，从而在真实环境中应用所学的中文，并积累宝贵的职业经验。这种结合不仅提高了学习者的中文水平，也使他们在职场上更具竞争力，更好地适应全球化的就业环境。这种教育模式为那些希望在学习中文的同时增强职业竞争力的人提供了有效的途径。

（三）"中文+"模式发展的措施

随着对外发展政策推进，"中文+"教育模式正在全球范围内蓬勃发展。据

---

① 余可华．"中文+职业技能"教育的内涵特征、价值意蕴与实现路径［J］．南方职业教育学刊，2023（06）：19-25.

相关数据显示,仅通过孔子学院这一平台,这种融合中文学习与特定职业领域知识的教育模式已拓展至四十多个国家,涵盖了高铁、经贸、旅游、法律、海关、航空等多个领域。① 这一新兴模式的发展显示出无限的潜力和光明的前景。为了确保"中文+"教育的可持续发展,我们必须积极主动地拓展市场,推动"中文+"教育在全球范围内取得更加显著的进展和更大的成功。

第一,重视"中文+教育、翻译"人才培养

语言作为连接中国与世界的桥梁,凸显了培养专业语言人才的至关重要性。这涵盖了培育能深入传授中文知识的本土教师,以及擅长中文的翻译专家。本土中文教师如国际化的种子,致力于将中文文化撒播至全球;而翻译人才则是语言转换的桥梁,推动国际交流向前发展。

因此,我们积极鼓励各国本土中文教师来华深造,提升他们的专业素养与教学能力。这些教师不仅需精通双语,还需掌握跨文化沟通技巧,并具备国际视野与批判性思维。例如,白俄罗斯国立大学汉学孔子学院与中国合作,开展俄汉翻译培训与双语语言能力研究,为两国交流搭建坚实平台。同时,中外语言交流合作中心主办的高级中文翻译人才培养项目,也致力于孕育高水平的翻译人才。这些措施将推动"中文+翻译"人才培养迈向新高度,为国际交流与合作注入新的活力。

第二,贯彻"中文+实习、就业"保障措施

推动"中文+"教育的核心目标是促进学习者的实习与就业机会,这与政策倡议下中资企业的海外扩展以及中外合资企业的涌现息息相关。这些经济活动不仅为当地创造了大量的就业机会,还激发了各国对"中文+"学习的热情。因此,实施有效的"中文+实习、就业"保障措施是推动"中文+"教育发展的关键驱动力。

自2018年以来,多所孔子学院与当地机构合作,成功举办了多场中文人才招聘会。例如,明斯克国立语言大学孔子学院举办的白俄罗斯首场"中白工业园企业校招会"为掌握中文的学生提供了更高层次的就业平台。同样,在巴基斯坦的旁遮普大学,首届"中巴经济走廊"中文就业洽谈会为具备中文能力的求职者提供了丰富的就业机会。而在塞拉利昂,塞拉利昂大学孔子学院与当地单位合作举办的招聘会,为不同行业的企业与求职者搭建了桥梁。南非豪登省

---

① 耿虎,马晨."一带一路""中文+"教育发展探析[J].闽南师范大学学报(哲学社会科学版),2021(01):117-124.

西伊库拉尼职业大学的"在南中资企业招聘会"则为"汉语+职业技能教育"的学员提供了实际应用所学的平台。哈萨克斯坦和南非的孔子学院也分别举办了网络招聘会，凸显了学习中文在职业发展中的重要性和广阔前景。

这些成功的实践为"中文+"教育注入了新的活力。通过这些举措，我们不仅能够促进"中文+"教育的持续发展，还能为中华文化在国际舞台上的传播贡献更多的力量。

第三，坚持"中文+"教育"请进来"与"走出去"并行

"中文+"教育，作为国际中文教育的重要一环，通过"请进来"与"走出去"两条路径共同推动其发展。随着相关政策的深入推进，沿线国家对中文教育的需求日益旺盛，已有超半数的留学生来自这些国家，这充分显示了中文教育的强大吸引力。为了进一步推动这一趋势，我们需要不断拓宽沿线国家学生和教师来华留学的渠道，并完善奖学金和助学金政策，为培养更多对华友好的人才提供有力支持。

在"走出去"方面，许多国家已经建立了相对完善的中文教育体系。因此，我们应该重视发展"中文+"学历教育，加强与其他国家的教育合作，共同培养符合特定就业市场需求的人才。例如，巴基斯坦旁遮普大学孔子学院与江西理工大学及三峡集团的合作，以及菲律宾孔子学院与教育部的合作，都为我们提供了成功的实践案例。作为"走出去"战略的重要载体，孔子学院需要优化地区的布局，形成规模效应，以更好地满足当地对中文教育的需求。同时，孔子学院应充分发挥其品牌优势，整合优质教育资源，并与中资企业、当地机构等建立多边合作关系，以推动"中文+"教育在海外市场的成功发展。在泰国海上丝路孔子学院与当地王室、基金会和职业教育委员会的合作，就充分展现了其在服务当地发展战略中的新作为，这也为其他地区的孔子学院提供了宝贵的经验和借鉴。

第四，探索"中文+"教育市场化道路

当代的国际中文教育正逐步迈向整合民间和社会资源、市场化运作的新阶段。鉴于"中文+"教育所蕴含的经济潜力，我们应积极调动各方资源，鼓励良性竞争，确保资金的稳定流动，为其可持续发展提供坚实保障。为此，打造一支具备开放视野的高素质营销人才队伍显得尤为关键。这支队伍需具备良好的语言交流、跨文化交际及宏观分析能力，以精准捕捉全球"中文+"教育的需求变化和市场趋势，进一步推动"中文+"教育资源版权和市场效益的增值发展。

新冠疫情虽给全球带来了挑战，但也为中文教育与科学技术的深度融合提

供了契机，极大地拓展了"中文+"教育的云端市场。我们应紧抓"科技赋能"的机遇，大力发展"中文+线上云端"服务。2020年全球首个网络中文课堂在希腊爱琴海大学启动，这为中文教育事业树立了云端范例。同年，"全球中文学习平台"在山东青岛落地，该平台利用先进的智能语音和人工智能技术为国际中文教育提供了有力支持。从"学中文"到"用中文学"，从现实世界到云端空间，"中文+"教育不仅开拓了国际中文教育的新局面，还预示着巨大的市场潜力。对外发展政策的持续推进为其铺设了广阔的发展道路，预示着无限的生机与可能。

二、中国文化的对外传播

中国文化的对外传播作为国际中文教学的重要组成部分，承载着推动文化互鉴与交流的重要使命，同时也是国际中文教育领域中面临的一项具有挑战性的任务。

2002年11月党的十六大报告中强调："实施'走出去'战略是对外开放新阶段的重大举措"，首次提出文化"走出去"战略。而从2006年《文化建设"十一五"规划》明确提出中华文化走出去战略开始，国内学界从各领域出发，如传播学、政治经济学等，分析"走出去"战略的价值观和方法论，研究其传播意义和传播方法。①

文化对外传播的本质是文化在不同国家和社会文化背景下的互动交流与创造性表达。② 当今世界正处于百年未有之大变局，中国文化对外传播所处的环境同样面临着重大的调整。首先，随着全球政治经济格局的深刻调整，中国文化"走出去"的战略意义与迫切性日益凸显。在全球化深入发展的大背景下，各国文化交流互鉴成为增进理解、促进合作的重要途径。中国作为世界第二大经济体和重要的文化大国，有责任也有能力将自身深厚的文化底蕴传播到世界各地，为世界文化多样性的发展作出贡献。其次，新一轮科技革命正在深刻改变着文化的传播方式与形态。以互联网、人工智能为代表的新兴技术，不仅极大地拓展了文化传播的渠道与范围，还使得文化内容更加生动、多元。这为中国文化的对外传播提供了前所未有的机遇，同时也要求我们紧跟时代步伐，创新传播

---

① 欧阳骞. 中华文化走出去战略研究［D］. 北京：北京外国语大学，2023：7.

② 阳雨秋. 中国文化对外传播的转型方向与实现路径［J］. 理论导刊，2020（09）：112-117.

策略，以更加灵活、高效的方式将中国文化推向世界。

三、"中文+"模式与中国文化对外传播的内在逻辑

深入剖析"中文+"模式与中国文化对外传播的内涵与关联，二者之间有交融之机、交汇之处是存在相辅相成的紧密关系。首先在中华国际传播政策的大背景下，"中文+"模式应运而生，作为一种新的教育机制，它在推动中华文化走向世界方面发挥着至关重要的作用。其次，中国文化的对外传播也依赖于"中文+"模式，将其作为传播的重要载体和媒介。语言是文化的核心载体，要实现中华文化的广泛传播和国际影响力的提升，必须紧紧依托"中文+"模式，使其成为文化交流的桥梁和纽带。

在汉语语言的开展及成熟环节当中，在各个层面均蕴含着大量的文化内涵。举例来说，在我们汉字的书写和构造当中，就蕴含着古人对于世间万物的深切关心，而在汉语的词汇，包括成语、俗语和民间俚语的构成当中，同样也包含着千百年来所流传下来的生活经验和自然观察。① 若要让学习者深入掌握汉语这门语言，首要之务是让他们全面理解汉语的发展与成熟过程。这要求学习者在掌握历史文化的基础上，逐步提升其汉语表达能力。同时，考虑到激发学习者的教育兴趣至关重要，单纯依赖文字教学和理论知识传授可能难以触动他们的情感。因此，对于外来学者而言，结合中华文化的深厚历史和丰富多彩的民间故事进行教学，不仅能增强学习的趣味性，更能激发他们的学习兴趣。这种"中文+"的教学模式，不仅有助于汉语的学习，更能有效地推动中华文化的国际传播。

中华文化国际传播的成功离不开个体的努力与贡献。通过"中文+"模式，我们能够培育出众多优秀的汉语专业人才，他们不仅在国内能够推动汉语教育的深入发展，而且能够成为中华文化国际传播的重要使者。这些人才回到自己的国家后，可以将所学的汉语知识、文化理解以及中文教育的经验运用到自己的国家，进一步推动中华文化在该国的传播与接受。他们通过教育、交流、合作等多种方式，成为中华文化国际传播的重要力量，促进中外文化的交流与互鉴。

---

① 边昱竹. 汉语国际教育与中华文化国际传播研究［J］. 科技资讯，2020（17）：255–256.

第二节 "中文+"模式在中国文化对外传播中的实践

在"中文+"模式理念提出以前，国际中文教学主要采取"泛化式"的教学模式，即不分学生的学习需求和目标，只教汉语听力、口语和汉语知识的教学模式。这种教学模式有利于学生对汉语系统的了解，从长远看也有利于学生汉语能力的提升，但是这种模式使学生经过长期持之以恒地学习达到精通汉语的目的，需要较长的时间和付出较大的精力。然而这样的教学模式不能契合"中文+职业技能"教育理念，尤其是对于一些国家的学生来说，他们的经济状况不是很好，留学的目的是学习先进的技术技能，提升就业创业机会，所以这种时间周期过长才能产出的语言教学模式脱离了培养应用型人才培养目标在独自运行，不能实现语言学习与专业学习的深度融合，不能高质量满足学生学习的需求和实现学习的目标，因此必须进行转型和创新，将"泛化式"通识的教育模式转变为"精准化"强针对性的教育模式，提质增效。

在此背景下，应积极探索高职本科国际中文教学的新途径，加快推进国际中文教育与职业教育"走出去"融合发展，实现中文教育模式转型，以期高质量实现复合型人才培养目标，打造"中文+职业技术"国际中文教学样本。

一、课程实践

国际中文教育是服务国家对外合作发展的重要组成部分，培养合格的国际汉语师资是国际中文教育事业的核心任务。国际汉语教师需要适应多元、复杂的海外汉语教学环境和要求，教学实践能力的提升是其应用型人才培养规格的核心要求。案例教学是培养国际中文师资实践能力和提升国际中文师资培养质量的重要方式，但在传统课堂教学模式下，教学时间和交互手段的不足无法满足案例教学的有效开展。近年来，基于互联网技术的翻转课堂教学模式的传播应用和新冠疫情催生出的线上教学平台的日臻完善，对国际中文案例教学模式的优化提供了借鉴和支持。以《国际中文教育案例分析》课程为例，顺应"互联网+"时代国际中文教育事业线上线下相融合的发展趋势，基于对案例教学和翻转课堂特性及关系的认识，尝试构建基于翻转课堂的国际中文案例教学模式，以期充分发挥案例教学功能，有力提升案例教学效果，创新丰富国际中文课程教学模式。

（一）课程方面的合理安排

中文课程是国际中文职业教育课程体系的重要组成部分，是新时代"职业基础教育"定位下中等职业教育新课程体系建设的核心环节，承担着培养学生思想文化素质、职业道德素养的责任，对于提升国际学生基础能力和可持续发展能力具有重要价值。国家强调要培养德智体美劳全面发展的社会主义建设者和接班人，加快推进教育现代化、建设教育强国，中等职业教育担负着培养全面发展的高素质技术技能人才的任务。面对国民素质提高和技能提升的总要求，公共基础课程在中等职业教育课程体系中的地位需进一步提升①。因此，中等职业教育应以加大公共基础课程占比为抓手，提高文化基础课程在课程体系中的地位。

总之，按照职业逻辑设计专业化模块教学，可以根据不同的课程类型和学校进行安排。这样的教学安排不仅有助于学生的职业规划和发展，也提供了更多与职业相关的学习机会。同时，线上和线下的教学方式也可以根据学生的需求和教育资源进行选择，以提供更好的学习体验。此外，中等职业教育还应注重与实际职业技能的结合，将中文教育与职业技能教育相互融合。通过将中文教育与各个专业领域的实际应用相结合，培养学生的实际操作能力和解决问题的能力，提升他们的就业竞争力。

（二）按照职业逻辑设计专业化模块教学

根据课程类型和学校的不同，课程可以在高中阶段学生所在学校、大学校园或在线进行。以西爱达荷学院为例，该校为学生提供了接受线上或线下课程的机会，其双学分课程开设的重点是为高中生提供通识课程（包括通识教育学术证书在内的学术、学位课程），同时学生可以在 CWI 和其他爱达荷技术学院获得技术双学分，如汽车、信息技术、焊接、柴油技术、牙科辅助等②。完成课程学习的学生将获得 36 个学分，并可转移到爱达荷州的任何公立学院或大学。

总之，通过按照职业逻辑设计专业化模块教学，学生可以在高中阶段就开始接触到与自己感兴趣的职业相关的课程。这样的教学安排有利于学生的职业规划和发展，使他们能够更早地了解和培养自己所需的专业技能。此外，根据

---

① 赵欣扬. 国际中文教育的文化教学与文化传播策略探析［J］. 汉字文化，2023（S1）：134-136.

② 张琪琦，徐开妍. 国际中文教育助力全人类共同价值国际传播路径研究［J］. 国际公关，2023（23）：182-184.

不同的学校和教育资源，课程可以通过线上或线下的方式进行。线上课程可以提供更大的灵活性和便利性，使学生能够根据自己的时间和地点安排进行学习。而线下课程则可以提供更加实践和互动的学习体验，让学生更好地掌握实际操作技能。

（三）加强实习实训课程建设

实习实训是"中文+职业"教学中，专业技能课程的重要组成部分。校园可以开展"双分制"，将校内、校外综合实训和顶岗实习分开计分。采用多种形式培养学生的职业道德与素养，提升学生基础能力和技能，增强职业基础能力的重要环节。"中文+职业"教育在开展实习实训的过程中，校园相关部门应积极对接产业行业，根据产业行业的需求及时更新调整专业设置，优化办学能力，这样可以确保教学内容与产业需求相匹配，提高学生的就业竞争力。开发适应区域经济发展的特色课程。基于职业教育均衡发展与区域经济协调发展的高度耦合与相互依赖性，实现两者之间的互动或联动发展是问题解决的最佳方法。因此，中等职业教育新课程开发应直接服务于当地农业、工业、服务业等相关产业链，提升中等职业教育与区域经济发展的黏合度，在课程开发中更好地满足区域经济的发展需求及城乡居民的个体发展需求。

总之，加强实习实训课程建设是推进"中文+职业"教学的重要举措。通过"双分制"计分、与产业对接、开发适应区域经济发展的特色课程等方式，可以提高学生的职业能力和就业竞争力，促进中等职业教育与产业的深度融合，为区域经济的发展作出贡献。

（四）创办双语环境教学

以上海日本人学校为例，学校引进的汉字书法教材，即是对中国书法文化的普及。同样，上海耀中国际学校在课程教材之外，另有12种不同的课外中文阅读书目。不同的教材选择背后带有不同的文化内涵，也体现了不同学校的办学理念。对于选择本土教材的学校来说，他们一方面能够让学生在享受国际化教育的同时，保持接受本国文化的同步性，另一方面，也是对中国教育体制的深度体验。而选择海外教材的学校则能够借鉴这些教材编者的认识和经验。这些教材的编者大多来自相应的国家，对于汉语学习与自身第一语言之间的差异有着深刻的认识。对于非汉语母语者来说，这些教材具有非常强烈的借鉴意义。即通过使用海外教材，学生可以更好地了解和适应汉语的学习过程，并且能够更好地理解和融入中国的社会和文化中。

总之，创办双语环境教学是促进"中文+职业"教育发展的一种有效方式。

选择本土教材可以让学生在接受国际化教育的同时接受本国文化的影响，而选择海外教材则可以借鉴他们对汉语学习的认识和经验。通过多样化的教材选择，学校可以提供丰富的学习资源和文化内涵，从而更好地满足学生的需求，推动"中文+职业"教育的发展。

在"中文+"模式的推动下，国际中文教育中的中国文化传播课程实践呈现出丰富多彩的形式。这些课程不仅注重中文语言技能的教学，还融入了中国文化的元素，旨在让学习者在掌握中文的同时，深入了解中国的历史、文化、艺术和社会生活。

（五）"中文+"课堂案例教学

案例教学发端于1870年代的哈佛法学院课程教学改革，目的是将案例作为学生"追寻真正法律意义演变"的范例。进入20世纪后，以问题为导向的案例教学思想逐渐受到重视。同一时期，哈佛医学院、商学院也相继开始效仿和推行案例教学。1920年，新成立的哈佛教育研究院首任院长霍尔姆斯试图借用工商管理教育中的案例教学法进行教学，此举虽然最终受到抵制，但"哈佛教育研究院在教师教育中首倡案例教学之功仍是不可抹杀的"。[①] 1925年至1932年间，美国新泽西州立师范学院推行的教学案例收集和整理工作，确立了其最早在教师教育中推广案例教学的地位。20世纪80年代以后，在教师教育领域引入案例教学法的呼声越来越高。1986年，卡耐基教学专业工作组研究撰写并出版了一份具有里程碑意义的报告——《一个国家的准备：21世纪的教师》，"教学'案例'阐释了许多教学方面的问题，因此我们应该把它作为教学的主要关注点"。李·舒尔曼认为"案例知识是一种潜在的可以被编码化的、传达了实践智慧的知识主体-提取的原则性知识一样。"[②] 案例教学为教师提供了理解教育情境的复杂性和分析教育问题的替代性经验，从而在教育理论和实践之间构筑了一座桥梁。

在不同学科和应用场域，人们对"案例"内涵的理解有所不同。在教师教育领域，案例"叙述发生在一个真实教育情境中的、蕴含一定的教育道理、能启发人思考的、具有一定典型性的教育故事中，这个故事可能也必须包含有一个或多个教育疑难问题或矛盾冲突，并且有不同的解决办法"。一个典型的教育

---

① 教育项目研究组. 构建"中文+职业技能"教育高质量发展新体系 [J]. 中国职业技术教育，2021 (12)：119-123.
② 雷洪鸣，张娜娜. 来华阿拉伯留学生对中华文化外推的影响探析 [J]. 当代教育实践与教学研究，2020 (01)：247-248.

案例应该具备真实性、完整性、典型性、启发性等特征。"对学习来讲，相比于更加抽象和去情境化的观点、事实、概念和原则的罗列，它们是一种更加合适的学习媒介。"① 同理，到目前为止人们对"案例教学"内涵的理解也不完全一致，但使用"案例"这一特殊的教学材料开展教学是"案例教学"区别于其他教学方式的本质特征。通过梳理分析不同角度下"案例教学"的概念，可以将其理解为教育者根据特定教育目的，选择恰当案例为基本教学材料，将学习者引入案例描述的教育实践情境中，通过师生和生生之间的对话研讨，提出解决问题的方案，在帮助学习者掌握专业知识和技能的基础上，提高其理解复杂教育情境并能够进行决策和行动的能力的一系列教学方法和程序。案例教学强调教师的"教"（组织、引导和支持）和学生的"学"（参与、研讨和反思）的高度融合，具有材料独特、高度互动实践以及结论多元等特点。

经过广泛实践验证，案例教学在培养应用型专业人才方面扮演着举足轻重的角色。它不仅能够提升学生的综合素质，培养他们的问题发现、分析与解决能力，以及合作与人际沟通能力，更能够为学生提供替代性经验，搭建起课堂专业理论学习与实际专业活动之间的桥梁。这一方法有助于将口头上的"信奉的理论"转化为实践中"操作的理论"，从而有效缩短学生从"新手"到"专家"的成长周期。

（六）"中文+"课程实践育人

培养模式是教育教学的载体，在"中文+职业技能"培养模式的指导下，高职院校来华留学生的教育目标和培养路径方能清晰可见。长久以来，思政教育在来华留学生的教育模块里近乎"隐身"。敏感的教学对象和长期回避的习惯性态度逐渐构成了留学生教育"重教学轻育人、重智育轻德育"的现象。党的二十大报告再次强调"讲好中国故事、传播好中国声音，展现可信、可爱、可敬的中国形象"。那么如何在高职院校现行的"中文+职业技能"培养模式上挖掘适合留学生教育的思政元素、寻找通往课程育人的路径、把握融入标准，这就需要教师深入解读《高等学校课程思政建设指导纲要》，充分了解留学生的教学目标与教育内容，站在教育者的角度构建以"中文+职业技能"来实现课程育人教学实践与构建路径。

在中文教育和国际中文教育事业资源配置不均衡的背景下，确实需要加强

① 靳越然. 教育信息化视域下国际中文教学资源平台建设探究：以国际中文智慧教育云平台为例［J］. 中国信息化，2022（09）：78-79.

顶层设计，优化政策机制，提升管理效能，以统筹推进中文教育与国际中文教育事业的协调均衡发展。这不仅关系到中华文化的传承与推广，更对提升我国在全球教育领域的影响力具有重要意义。

首先，从战略层面出发，教育部对外交流中心和国务院侨务办公室应携手合作，将中文教育和国际中文教育的协调发展纳入中文国际交流的总体规划。通过深入研究，制定切实可行的政策，为中文教育的健康发展提供有力保障。事实上，中美两国已开始就各自的发展计划进行学术层面的探讨。如在《国务院侨办中文教育研究课题指南（2022）》中纳入了"中文教育和国际中文教育协同发展研究"、教育部中外语言交流合作中心编写的《国际中文教育研究课题指南（2022）》中纳入了《海外国家中文教育发展状况调研报告》和《国际中文教育研究课题指南（2023）》中的《国际中文教育和海外中文教育协同发展研究》等。我们应积极支持中文教育，制定促进中文教育的政策，加强中文教育学科建设与事业的发展。同时，我们在关注我国中文教育发展的同时，也应该更加重视海外中文教育。有关部门和部门可以借鉴国际上中文教育海外发展的经验①，制定相应的政策，促进中文教育的发展。除了政策制定之外，双方还可以联合举办相关活动，共同研讨，凝聚共识，共同推进中文国际交流。

其次，在社会层面，海外华人及华侨团体应发挥更加积极的作用，为海外中文学校提供支持和帮助。通过募款等方式，缓解学校在资金方面的压力，确保其正常运营。此外，可以考虑在孔子学院所在地大学开设中文教育专业，以吸引更多学生，培养更多中文教师，从而推动中文教育的普及和提高。此外，对于一些国家政策未能支持孔子学院的地区，我们可以继续扩大中文教育的覆盖范围。除了招收华裔以外，还可以继续招收外国人。积极引导社会力量参与中文教育和国际中文教育的合作②。

在学术层面上，学者应勇于突破中文教育与中文教育间的界限，加强交流与合作。通过举办学术会议、研讨会等活动，探讨学科建设、事业发展等问题，促进中文教育界的团结与合作。同时，各大学举办的国际中文教育专题研讨会也应关注中文教育的内容，为中文教育的发展提供学术支持。例如，在 2022 年"第三届中文教育发展智库论坛"上，中国中文教育基金会副会长兼秘书长于晓

---

① 梁昱，卢德平．语言传播推拉规律及国际中文教育政策原则［J］．国际中文教育研究，2023（02）：31-44.

② 陈奂依，张剑平．新时代中文国际传播政策研究［J］．大学语文论丛，2022（02）：121-127.

受邀就《后疫情时代中文教育的发展》一题发表《后疫情时代中文教育的发展》一文，并就后疫情时代中文教育的现状和对策进行了探讨。由暨南大学中文学院和华侨大学中文学院合办，在国际上享有很高声誉的中文教育国际研讨会，自2013年首次举办以来，已经连续举办了5届，旨在为国内外中文教育和中文教育领域的学者搭建一个学术交流平台，促进中文教育事业的发展①。

中文作为中华文化的载体，承载着中国人的思维方式和价值取向。因此，对留学生的中文教学不仅是一种语言技能的传授，更是一种文化观念的塑造过程。通过中文教学，我们可以向留学生传递中华文化的精髓，帮助他们更好地理解和欣赏中国文化。同时，中文课作为留学生语言基础公共课，其课程育人的任务也不容忽视。我们需要在传授语言技能的同时，注重培养学生的文化素养和人文精神，使他们在掌握语言的同时，也能够深入了解和理解中华文化。

综上所述，加强中文教育与国际中文教育事业的协调均衡发展是一项长期而艰巨的任务。我们需要从多个层面出发，采取切实有效的措施，推动中文教育的健康发展，为中华文化的传承与推广作出更大的贡献。

（七）完善课程设置，突出专业特色

课程设置是人才培养的基石，它直接关系到学生知识结构的构建和实践能力的提升。如中国现当代文学课程是传统汉语言文学专业的必修课，由于不同的高校对中国现当代文学的课程定位、学科认识等存在着不一致的观念和看法，所以有些院校是把中国现当代文学拆分为中国现代文学和中国当代文学两门课来授课，总课时也在96-128之间。同时，对于汉语言文学专业来说，中国现当代文学，无论是拆分成两门课程，还是只是作为一门课程，教师们都会按照传统的授课习惯，重在从文学史的角度进行授课，而在一定程度上忽略了文学作品的阅读赏析、评论等实践环节设置。对于汉语国际教育本科专业来说，课程设置并不完全适用于汉语国际教育专业。汉语国际教育专业是一个实践性较强的专业，这就意味着需要特别重视学生的见习和实习教学安排工作。

汉语国际教育专业的实习，一般会安排在大三这一学年，这是符合专业要求和实际情况的，学生经过两年的专业学习，专业知识比较扎实，对将要去实习的国度或地区的文化、历史等也有了较为充分的了解。我们认为应用性、跨学科、跨地域、跨文化等是汉语国际教育专业的特色。中国现当代文学的课程

---

① 刘晶晶，郁影，张哲. 文化自信视域下中文国际传播的典型特征与演进路径 [J]. 辽宁师范大学学报（社会科学版），2023（04）：39-43.

设置，同样需要突出其专业特色。在大二学年，每个学期设置 64 个课时来开展授课是较为科学合理的课程设置。同时，它也需要形成一个以中国现当代文学课程为中心密切度高的"课程群"，即外国文学、跨文化交际等课程同时开课。如此，学生能够在同一个时间段触类旁通，了解掌握各种文学史知识，获得丰富的文学作品阅读的体验，同时学会了在不同文化之间进行交际交流的技巧。知识储备的积累和交际交流技巧的获得十分重要。这也是汉语国际教育专业所决定的。学生毕业后的就业意愿，也大多是希望向外国人尤其是相关国家和地区的人们进行汉语的国际化教育，也有的会到汉办、孔子学院等机构部门进行任职等。无论是哪一种求职和任职，它们都需要学生自身不断提升综合素养，方能在竞争日益激烈的今天脱颖而出。文化体验课程是"中文+"模式下的一种重要实践形式。这类课程通常包括中国传统节日体验、中国手工艺制作、中国书法和绘画等。通过这些课程，学习者可以亲身参与和体验中国文化，增强对中国文化的感知和理解。

（八）文化与语言融合课程

教育像农业，是孕育生命向上生长的过程，受教育者不是线上的加工零件，跨文化语言学习者同样不是语言学习的复制品，应将第二语言学习当作人的二次成长。目前，汉语国际教育的语言教学中过于强调工具性而忽略人文性，非学历留学生的汉语教学更重视速成，紧扣语言特点的课堂才被认可。即便有意突出人文性，也是以知识点的形式灌输文化和价值观内容，这种对象化的人文性，缺失了生命视线的连接，不利于体悟汉语文化。[①] 汉语是在阡陌关系下的流畅与通透，需跳出工具人文二分定式，在充满审美的汉语课堂浸润"人文韵味、东方思维、中国价值"，让留学生以生命在场的形式感悟中国，享受精神的汉语生活以实现汉语课堂"语言文化"双目标。文化与语言融合课程是"中文+"模式的又一重要实践。这类课程将中文语言教学与中国文化介绍相结合，使学习者在学习中文的同时，了解中国的历史、文学、哲学、艺术等。这种融合式教学有助于学习者更深入地理解中文背后的文化内涵。

汉语课程向"语言文化"双教学目标的转变是适应国际传播工作变化做出的改进。推动中华文化对外传播既是国家战略，更是汉教工作者的教学实际。来华留学生身份已由"外宾"转变为平等的"学生"，这是教育观念的巨大变化，但仅此仍不够。留学生是潜在的友华群体，他们以亲身经历讲述中国故事

---

① 李学. 也论语文教学的人文性及其实现 [J]. 中国教育学刊，2012（12）：60-63.

更有针对性也更易获得同胞信任。留学生是向海外传播中国文化的重要力量，应鼓励留学生深入了解真实中国，把体会介绍给更多人，促进民心相通。以往我们忽视了这一讲述群体的文化传播作用，将培养重心放在汉语技能上，仅强调学有所成，并没有突出"以我为主"①。对留学生应有"资源意识"，让"知华友华"成为教学培养目标，让其全面、正确认知中国，生成对中国公正的态度，友好地处理涉华事务②。对于"友华"的目标须从多个维度共同发力，创造立体"体验"中华文化和中国社会的条件，让留学生感受中华文化的魅力，喜爱中国文化，自觉为中国形象作宣传。

语言文化融合课程承载了留学生在华汉语生活的时空体验，其课程应回归汉语生活，基于整体汉语的特征，观照留学生生命二次成长。要求注重语言在文化与社会制度精神下的阐释与解读，放在生活视角下检视，使得汉语习得生活呈现整体性、实用性、具身体验性。

整体性是指留学生有"文化深接触"的需求，学汉语不可避免要涉及"文以喻道"中的"道"。要培养留学生的汉语语感，就要有"道"的统摄，而"道"很难从零碎客体上把握，语感意味着在说话之前意义已经自我彰显出来。留学生能感悟的汉语意义与境界多是隐性形态，传统对外汉语课程知识片面科学化，断层的知识组装在一起，内容被分析肢解，没有整体情境的语言实践，整体性的语感就很难"储存"并"激发"出来。因此，应将汉语和汉语生活作为一个整体范畴进行"全语言教学"，使汉语知识呈现整体境界性，向外来文化者展示生活中注入中华灵魂的活的系统，把零敲碎打对象化的东西进行整体性关照，这样更符合对外汉语学科特征。

实用性是说汉语是中华文化的信息载体，是中华民族主要交际工具。从实用性上，留学生学习汉语的目标是以获得"依言行事""以言取效"的生活能力，应用与掌握语言科学规律是为了有效地掌握其"工具性"。实用目标应根据不同的讲授内容而有所区别，每一阶段要有清晰的目标和评价标准，以防止过多的生活视角造成的"散点透视"而偏离方向。这需要教师简明告知学生实用目标及运用规则，将学生置身于"具身"行为中体验同时还能抽身出来有所得。

在语言学习的过程中，留学生的母语经验和个人背景对其理解和掌握新语

① 王晓岚. 来华留学生中国国情教育的探索与实践 [J]. 黄河水利职业技术学院学报，2021（1）：78-81.
② 郭凌宇. 全球化视角下开展国际留学生的知华友华教育：以北京语言大学为例 [J]. 河北能源职业技术学院学报，2019（2）：26-28.

言具有显著影响。我们的目标是引导留学生回归语言的实际使用场景，帮助他们摒弃固有的偏见，专注于汉语学习的核心。教育的核心任务是将语言学习与学习者的感官体验相结合，以此培养和涵养他们的性情。这种培养不是通过口号或教条来实现，而是通过确保语言学习与身体感官的紧密联系，保持语言与情感的生动联结。教师应利用留学生的个人经历，协助他们构建汉语、日常生活实践和情感之间的联系。身体体验成为连接隐性社会知识和显性客观世界的桥梁。即"悟道"，是通过亲身体验积累默会知识的过程，这种知识是基于身体情绪反馈形成的，是语言感知和文化理解的基石。非语言交流是基于双方体验的信息交换。体验越深刻，对认知底层的理解和应用就越深入，语言概念也能更自然地被提取和运用。要使学习者对陌生的语言概念有所领悟，关键在于让这些概念在他们的内心产生深刻的体验。因此，最有效的语言教学应当是充满活力的，教育者应为语言学习者创造丰富的具身体验机会，让他们在真实的语境中学习和感受汉语，从而更深入地理解和掌握这门语言。

具身体验符合汉语特征：汉字是象形文字，古人在造字之初用想象与临摹表现了世界的初体验和初意识，经历史的沉淀仍在我们的潜意识中保留。这种体验不需理据是世界与自我直接的联系，概念与内心通道是畅通的。汉语通过汉字来记录所见所思的具身体验，这种初体验可以追溯到造字之初穿越千年与我们联结。[1] 有些留学生因汉字难而不愿学汉字，而没有汉字在认知上的注解，就不可能对中华文化有深刻自然的理解。具体汉字的意象，构成了汉语的整体印象，多个汉字意象叠加造就了汉语的多重意义。[2] 长期在整体风格中沉浸熏染，才有助于其汉语境界的提升。因此汉字的可体验属性也决定了汉语教学适合采用具身体验的方式关联自身与汉语世界。

综上所述，语言文化融合课程为留学生提供深层次接触中国的机会，并可以培养拥有中国视野具备文化理解力的知华友华人员。[3] 这一目标可分解为四个具体目标：语言目标。在目的语环境下以沉浸式语言学习策略，培养非学历留学生汉语交际能力。文化目标。增加社会实践和沉浸式接触机会，感受历史文化、了解中国风土人情。社会目标。进行专题社会活动，增加接触中国人的机

---

① 杨澄宇. 基于现象学视角的语文课程探索 [D]. 上海：华东师范大学，2014.
② 吴照，李学. 论语言知识的特性及其教学策略 [J]. 当代教育理论与实践，2014（2）：129-131.
③ 李先银，魏耕耘. 新形势下短期来华"深接触"汉语项目的模式化构建：以北京语言大学汉语速成学院暑期 AP 项目为例 [J]. 国际汉语教学研究，2016（1）：37-44.

会，用访谈、座谈、讨论等方式深入领会中国社会的历史与现实。友华目标。有效组织教学内容，对中国的社会文化进一步了解，将命运共同体情怀、文化、法制等要素融入沉浸式的现象体验，激发学生认知认同，实现知识传授和文化传播相统一。

（九）开设中国文化专题讲座

自豪感促进中华文化的传承和发展。中国文化专题讲座是"中文+"模式下的一种补充性课程实践。通过邀请中国文化领域的专家学者举办讲座，向学习者介绍中国的历史、文化、艺术和社会生活等方面的知识。这种讲座形式有助于学习者对中国文化形成更全面、深入地认识。汉语国际教育中华文化专题讲座是为了进一步推广中华文化，提高汉语国际教育专业学生的中华文化传播能力而设立的。这些讲座通常由具有丰富经验和专业知识的教师或学者主持，内容涵盖了中华文化的多个方面，如历史、文学、哲学、艺术等。在讲座中，主讲人会介绍中华文化的基本概念、特点和发展历程，以及中华文化在国际交流中的重要性和意义。同时，他们还会分享自己在中华文化研究和实践中的经验和心得，以及中华文化在国际教育、文化交流等领域的应用案例。通过这些讲座，学生不仅可以深入了解中华文化的内涵和价值，还可以提高自己的中华文化传播能力，为未来的国际汉语教育工作做好准备。同时，这些讲座也有助于增进学生对中华文化的认同。

二、项目实践

"中文+"模式通过结合中文学习和文化体验，有效推动了中文的国际传播和对中华文化的深入理解。这一模式不仅增强了中国文化的全球影响力，还促进了中外文化交流，加深了国际友好关系。实践表明，参与该项目的外国学习者对中国文化的兴趣和理解均有所提升，为促进全球文化互鉴和友好交往搭建了桥梁。

（一）"中文+"模式相关国际中文教育项目

"走出去"类项目。国际中文教育的"中文+"模式是一种创新的教育方式，它将中文学习与各种职业领域相结合，以满足全球范围内对中文学习的多元化需求。在这种模式下，"走出去"类项目扮演着重要角色，它们将中文教育推向全球，促进中文与世界各国文化的交流与融合。国际中文教育"中文+"模式"走出去"类项主要包括以下几项：

孔子学院：孔子学院是由中国教育部和世界各国教育机构共同合作建立的非营利性教育机构，旨在推广中文教育和中国文化。孔子学院提供各种类型的中文课程，包括学历教育、非学历教育、短期培训等，同时还开展文化交流活动，如中国文化节、中文演讲比赛等。孔子学院已经成为全球范围内推广中文教育和文化的重要平台。

中文国际班：中文国际班是指在国外学校中设立的中文课程班，旨在让当地学生了解和学习中文及中国文化。中文国际班通常由中方教师和外方教师共同授课，采用中文教材和教学方法，让学生在学习中文的同时，也能了解中国的历史、文化、社会等方面的知识。

中文夏令营：中文夏令营是一种短期的中文学习和文化交流活动，通常针对青少年和大学生。在夏令营中，参加者可以学习中文、了解中国文化、参观名胜古迹、与当地学生交流等。中文夏令营不仅有助于提高参加者的中文水平，还能增进他们对中国文化的了解和认识。

综上所述，这些"走出去"类项目在国际中文教育中发挥着重要作用，它们不仅促进了中文与世界各国文化的交流与融合，也为全球范围内的中文学习者提供了更多的学习机会和资源。同时，这些项目也为中国的国际形象和文化软实力的提升作出了积极贡献。

"引进来"类项目。国际中文教育"中文+"模式的"引进来"类项目，主要是指通过吸引和引进国外优质教育资源、教学方法，以及文化元素等，来丰富和拓展中文教育的内涵和外延。这些项目不仅促进了中文教育的国际化发展，还丰富了中文教育的内容和形式，为中文学习者提供了更多元化、更具国际化的学习体验。以下是关于该类项目的一些资料：

孔子学院：孔子学院作为全球推广中文教育和文化的重要平台，积极引进国外先进的教育理念和教学方法，结合中文教育的特点，开发了一系列"中文+"模式的课程。例如，孔子学院与各国合作，开设了涉及高铁、经贸、旅游、法律、海关、航空等数十个领域的"中文+"课程，为学习者提供了更加广泛和深入的学习选择。

中外合作办学项目：中外合作办学项目是一种重要的"引进来"方式，通过与国际知名教育机构或大学合作，共同开设中文教育项目。这些项目通常融合了中外双方的优质教育资源，采用国际化的教学方法和课程设置，为学习者提供更具国际视野的中文教育体验。

国际文化交流活动：国际文化交流活动也是"引进来"类项目的重要组成

部分。通过举办各类文化交流活动，如文化节、艺术展览、演出等，可以增进国外对中文和中华文化的了解和兴趣。同时，这些活动也为中文学习者提供了更多接触和体验中华文化的机会，促进了中文教育的深入发展。

在线教育平台：随着科技的发展，在线教育平台成为"引进来"类项目的新兴力量。通过与国际在线教育平台合作，可以引进国外先进的在线教学资源和技术，为中文学习者提供更加便捷和高效的学习体验。同时，在线教育平台还可以打破地域限制，让更多人有机会接触和学习中文。

综上所述，"引进来"项目在国际中文教育中发挥了促进国际文化交流、拓展中文教育内容与形式、提高中文教育的国际影响力以及培养具有国际视野的中文人才等重要作用。这些项目的实施不仅有助于推动中文教育的国际化发展，也为全球范围内的中文学习者提供了更加多元化和国际化的学习选择。总之，"引进来"类项目在国际中文教育中发挥着重要作用，通过引进国外优质教育资源和文化元素，不断丰富和拓展中文教育的内涵和外延，为中文学习者提供更加多元化和国际化的学习选择。

（二）项目实践促进"中文+"模式的完善

引进来和走出去项目实践促进国际中文教育"中文+"模式的完善在国际中文教育的领域里，"引进来"和"走出去"是两个相辅相成的项目实践策略，它们共同促进了"中文+"模式的不断完善和发展。

首先，"引进来"项目实践通过吸引和引进国外的优质教育资源、教学方法和文化元素，为中文教育注入了新的活力和内容。这包括与国外知名教育机构或大学的合作项目、国际文化交流活动以及在线教育平台的合作等。这些项目不仅丰富了中文教育的课程内容和教学方法，还提高了中文教育的国际影响力，为中文学习者提供了更多元化、更具国际化的学习体验。

其次，"走出去"项目实践则是中文教育国际化的重要途径。通过派遣教师、学生参与国际交流项目、在海外开设孔子学院等方式，中文教育得以走出国门，走向世界。这种实践方式不仅有助于推广中文和中华文化，增进国际社会对中文的理解和认同，还能够帮助中文学习者在实际应用中提高语言技能，培养跨文化交际能力。

"引进来"和"走出去"项目实践的相互结合，形成了国际中文教育"中文+"模式的完整框架。通过引进国外优质教育资源和文化元素，结合中文教育的特点，开发出更加丰富和多样化的课程内容和教学方法。同时，通过走出国门，参与国际交流项目，中文教育得以在实际应用中不断完善和优化，更好地满足国际社会的需求。

这种"中文+"模式的完善不仅提高了中文教育的质量和效果，也为全球范围内的中文学习者提供了更加广阔和深入的学习机会。它促进了国际的文化交流与融合，推动了中文教育的全球化发展，为构建人类命运共同体贡献了力量。

综上所述，"引进来"和"走出去"项目实践是国际中文教育"中文+"模式完善的关键环节。它们相互补充、相互促进，共同推动了中文教育的国际化发展和创新。

（三）项目实践在"中文+"模式中的应用

项目实践在中华文化传播中扮演着至关重要的角色。通过将中华文化的元素融入项目活动中，学生能够直观地体验和理解中华文化的魅力与价值。例如，在设计有关中国传统节日的项目时，学生不仅能够深入了解节日的历史背景和文化内涵，还能通过实际操作如制作海报、组织活动等，将理论知识转化为实践技能。这种实践不仅提升了学生的汉语能力和文化素养，还增强了他们对中华文化的认同感和自豪感。

在实施"中文+"模式时，项目实践的设计与执行尤为关键。项目应根据课程目标和学生需求精心设计，确保内容实用且具有挑战性。教师在项目实施中应扮演引导者和监督者的角色，鼓励学生主动参与和创新，培养团队合作和创新意识。

随着全球化进程的加速推进，汉语作为中华文化的重要载体，在国际交流中的地位日益凸显。为了更有效地推广中华文化，提升汉语国际教育的教学质量，许多教育机构和教学者开始探索和实践"中文+"模式教学。该模式强调在汉语教学的基础上，融入中华文化的各个元素，使学生不仅掌握语言技能，还能深入了解中华文化的内涵和价值。其中，项目实践作为"中文+"模式的重要组成部分，为中华文化的传播提供了新的途径和方式。

经过几十年的发展，汉语国际教育形成"一体两翼"的新格局："一体"指汉语国际教育，"两翼"指的是"请进来"的来华留学生汉语教育和"走出去"的汉语国际推广。这一新格局对来华留学生教育的影响巨大而深远：一是在海外完成汉语学习和中国文化"初体验"的学生越来越多，来华留学生教育将更多地转变为向来华进行"深接触"的留学生提供要求更高的"汉语—文化"双目标教学；二是伴随中国文化"走出去"，由中国政府资助的短期来华汉语进修项目发展迅速。在学生来源、学习需求、教学内容、教学组织形式等多方面，短期进修项目与常规教学班存在较大差异，需要有针对性地对课程及相关活动进行特殊设计和设置。

此外，项目实践还可以促进中华文化与世界文化的交流与融合。通过参与跨国文化项目或与国际学生合作完成项目，学生可以更加深入地了解不同文化之间的差异和共同点，培养他们的跨文化交际能力。这种跨文化交流有助于增进国际社会对中华文化的了解和认同，推动中华文化在全球范围内的传播和交流。

（四）"中文+"项目对中国文化对外传播力的提升

中国文化对外传播力的内涵与外延。"中文+"模式在文化对外传播中展现了丰富的内涵和外延。其内涵主要体现在对中华文化的深度挖掘和精准传播上。通过结合中文语言学习，这种模式将中华文化的核心价值观、历史传统、哲学思想、文学艺术等多元内容呈现给国际社会，从而增进了他们对中华文化的整体理解和认同。此外，"中文+"模式还注重文化体验的实践性，让学习者通过亲身参与、实践操作来感受中华文化的独特魅力，这种体验式学习有助于加深文化认知和情感认同。在外延方面，"中文+"模式推动了文化交流的广度与深度。它突破了传统语言教学的局限，将文化元素融入语言教学中，形成了一种综合性的文化传播方式。这种模式的实践项目不仅覆盖了传统的文化领域，如书法、茶艺、京剧等，还拓展到了现代文化、科技、经济等多个领域，全方位、多角度地展示了中国文化的多元性和时代性。同时，"中文+"模式还促进了文化互动与交流，加强了中外文化之间的对话与合作，推动了文化互鉴与共同发展。中文+模式在文化对外传播中具有丰富的内涵和外延，它通过深度挖掘和精准传播中华文化，促进了国际社会对中国的认知和认同；同时，通过拓展文化交流的广度与深度，推动了中外文化的互动与合作，为构建人类命运共同体贡献了重要力量。

除此之外，"中文+"模式项目还在国际教育领域中扮演着重要角色，不仅促进了中文教育的发展，还显著提升了中国文化对外传播的力量。"中文+"模式项目如何增强国际中外教育与中国文化对外传播力主要包括以下几个方面：

第一，跨文化交流平台的建立。"中文+"模式项目通过构建跨文化交流平台，为国际学生提供深入了解和体验中国文化的机会。这些平台通常包括语言交流、文化活动、学术研讨等多种形式，促进了中外学生之间的互动与合作。通过这些平台，国际学生不仅能够学习中文，还能深入了解中国的历史、艺术、哲学和社会习俗，从而增强对中国文化的认同感和兴趣。

第二，中文教育国际化。"中文+"模式项目推动了中文教育的国际化进程。

通过与国际知名教育机构和大学合作，建立孔子学院等教育机构，中文教育得以在全球范围内得到广泛推广和传播。这种国际化趋势不仅提高了中文的国际地位，还为中国文化的对外传播提供了有力支持。通过学习和了解中文，国际社会对中国文化的兴趣和认同度也随之提升。

第三，文化内容与教育资源的丰富。"中文+"模式项目注重将中国文化元素融入教育中，丰富了教育内容和教学资源。这包括开设涉及中国文化的课程、编写相关教材、制作文化产品等。这些文化内容和教育资源的丰富，使得国际学生能够在学习中文的同时，更加深入地了解中国的历史、文学、艺术等方面，从而增强对中国文化的认知和兴趣。

第四，增强中国文化软实力。通过"中文+"模式项目，中国文化得以在全球范围内传播和推广，增强了中国的文化软实力。这种软实力的提升不仅有助于提升中国在国际舞台上的形象和地位，还为促进国际的友好交流与合作创造了有利条件。通过学习中文和了解中国文化，国际社会能够更加全面地认识中国，增进对中国的理解和信任，从而推动国际关系的和谐发展。

第五，促进教育交流与合作。"中文+"模式项目为国际的教育交流与合作提供了重要平台。通过与国际教育机构合作、互派教师学生、开展联合研究等方式，中外教育体系得以相互借鉴、共同进步。这种教育交流与合作不仅有助于提升中文教育的质量和水平，还为中国文化的对外传播提供了更加广阔的空间和机会。

综上所述，"中文+"模式项目通过跨文化交流平台的建立、中文教育的国际化、文化内容与教育资源的丰富、增强中国文化软实力以及促进教育交流与合作等途径，显著提升了国际中外教育与中国文化对外传播力。这些项目不仅有助于推动中文教育的全球发展，还为促进国际的友好交流与合作、构建人类命运共同体发挥了重要作用。

（五）项目实践在中华文化传播中的优势与挑战

项目实践在中华文化传播中的优势是实践性强。项目实践注重学生的实际操作和体验，能够帮助学生将理论知识应用于实际中，提高他们的实践能力。项目实践能够将中华文化元素融入其中，使学生在实践中深入了解中华文化的内涵和价值。通过参与跨国文化项目或与国际学生合作，学生可以拓宽视野，增强跨文化交际能力。

项目实践在中华文化传播中的挑战是资源限制。项目实践需要一定的资源和支持，包括场地、设备、资金等。在资源有限的情况下，如何有效开展项目实践是一个挑战。由于不同文化背景下的学生可能存在认知和行为上的差异，如何在项目实践中充分考虑和尊重这些差异也是一个挑战。项目实践需要教师具备较高的教学水平和跨文化交际能力。如何提升教师的素质和能力以满足项目实践的需求也是一个亟待解决的问题。为了更好地发挥项目实践在中华文化传播中的作用，我们提出以下建议。加强资源整合：充分利用各种资源，包括学校、社区、企业等，为项目实践提供必要的支持和保障。注重文化差异：在项目实践的设计和实施过程中，充分考虑和尊重不同文化背景下的学生差异，促进跨文化交流和融合。提升教师素质：加强教师培训和学习，提高教师的教学水平和跨文化交际能力，以满足项目实践的需求。

随着"中文+"模式的深入推广和实践经验的积累，项目实践在中华文化传播中的应用将更加广泛和深入。主要包括三种项目：一是文化交流项目是"中文+"模式下的一种重要实践形式。这类项目通常包括学生互访、文化展览、文化演出等。通过参与这些项目，学习者可以亲身感受中国文化的魅力，与中国学生建立友谊，促进不同文化之间的交流与理解。二是文化实践活动是"中文+"模式的又一重要实践。这些活动通常包括学习中国传统手工艺、参与中国传统节日庆祝活动等。通过亲身参与这些实践活动，学习者可以更加深入地了解中国文化的具体表现和实践方式。三是文化合作项目是"中文+"模式下的一种创新性实践。这类项目通常涉及不同国家和地区的学生共同参与，通过合作完成文化作品、开展文化研究项目等，促进跨文化交流和合作。这种合作模式有助于培养学习者的跨文化意识和团队协作能力。

综上所述，"中文+"模式在国际中文教育中的实践形式丰富多样，包括课程实践和项目实践两个方面。这些实践形式有助于学习者更深入地了解中国文化，促进不同文化之间的交流与理解，培养具有全球视野和跨文化交流能力的国际化人才。

第三节   "中文+"模式对中国文化传播的影响和作用

一、提升中国教育品牌的国际影响

在当今世界，中文教育已经不再局限于提升语言能力和非学历教育。随着人工智能的发展和国际形势的变化，国际中文教学正经历着转型，从传统的语言教育模式向以培养中文专业人才和融合相关学科发展为主体的新业态转变。

在这个背景下，我们应该建立起一套完备的"中文+"教学模式，它不仅是一种语言教育方式，更是一种对话沟通的桥梁。通过国际中文教育这个窗口，让世界各地的人民能够更好地了解中国、中国人民、中国共产党和中华民族。

推动"中文+"模式的发展，越来越多的人开始学习中文。采用"中文+职业技能"的教育模式，不仅可以学习中文，还能学习中国文化，为中国企业培养急需的人才，并将我国职业教育的发展模式和职业技能规范输出到国外。

从教育功能上看，"中文+职业技能"教育可以突破单一教学模式的缺陷，实现"1+1>2"的效果。通过将中文教育与职业技能培训相结合，学习者不仅可以掌握语言技能，还可以获得实际应用的能力，为未来的职业发展打下坚实基础。此外，"中文+"模式还有助于促进跨文化交流和理解。通过学习中文和了解中国文化，学习者可以更好地与中国人民进行沟通和合作，增进友谊和互信。同时，中国也可以借助这个机会向世界传播自己的价值观、文化特色和发展理念。

总之，随着国际中文教育的转型和发展，建立起一套完备的"中文+"教学模式是非常必要的。这种模式不仅可以提升语言能力，还可以培养中文专业人才和推动各领域的融合发展。通过"中文+职业技能"教育，我们可以为中国企业培养人才，同时也可以促进跨文化交流和理解，为构建一个更加和谐繁荣的世界作出贡献。

"中文+职业技能"教育海外办学，既服务于国际产能合作，又服务于国家外交大局，对提升中国教育品牌国际影响力，实现教育强国目标，具有十分重要的意义。中国以"中文+职业技能"教育理念为指导，成功地创建和输出了一大批教育品牌。例如，教育部语言中心开展"中文工坊"项目建设，天津设立"鲁班工坊"，浙江设立"丝路学院"，江苏设立"郑和学院"，河南设立"大禹学院"，福建设立"海丝学院"等。这几个品牌紧密围绕"中文+职业技能"的教育理念，为学生提供一个学习中国语言、职业技能的平台，同时也让学生有机会赴华工作，从而提高中文的实际应用价值，提高本地员工的就业竞争力，提升中国教育品牌的国际影响力。

部分院校发挥自身专业优势，主动对接，提高自身办学水平，探索建立海外分校、办应用技术大学（学院）等途径，创造职业教育新价值。如武汉软件工程技术学院在印度尼西亚设立了烽火工业学院培训中心，为中资企业培养本地人才，为中国企业"走出去"提供优质的师资和教学资源；在泰国格乐大学设立海外分校，对在泰中资企业员工进行语言、文化和技能培训；有实力的院校探索海外开办应用技术大学（学院），如金华职业技术学院承接卢旺达穆桑泽职业技术学院，开展"中文+职业技能"教育培训；南京工学院和柬埔寨柬华理事会合作建立了中国第一所海外应用技术大学-柬华应用技术学院，并在海外建立了第一所孔子学院，使"中文教育"和"职业技能教育"无缝对接，在当地建立了一所专门从事职业教育的孔子学院。

这些教育品牌的建立和发展，不仅为海外学生提供了学习中国语言和职业技能的机会，也为本地员工提供了就业和职业发展的平台。通过与当地企业合作，这些教育机构能够根据市场需求，开设符合实际需要的课程，培养出具备中文沟通能力和专业技能的人才，满足企业对人才的需求。同时，这些教育机构也积极参与国家外交大局，促进了中外友好交流与合作。通过教授中文和职业技能，加强了中外学生之间的交流与了解，增进了彼此的友谊和互信。这种教育模式不仅仅是一种知识传授，更是一种文化交流和民心相通的方式。通过培养出具备中文和职业技能的专业人才，可以为中国在国际舞台上树立良好的形象，增加国际影响力，推动中国的产能合作与发展。此外，这种"中文+职业技能"教育模式也有助于提高中国教育品牌的国际竞争力。随着全球经济的发展和国际交流的增加，对于具备多语言和职业技能的人才需求也越来越大。中国以"中文+职业技能"为特色的教育模式，能够满足这一需求，培养出适应国际市场的高素质人才，提升了中国教育品牌的国际认可度和竞争力。

总之，通过在海外办学推广"中文+职业技能"教育模式，中国不仅可以服务于国际产能合作和国家外交大局，还可以提升中国教育品牌的国际影响力，实现教育强国的目标。这种教育模式不仅有利于培养出具备中文沟通能力和职业技能的专业人才，也有助于促进中外友好交流与合作，推动中国的产能合作与发展。相信随着"中文+职业技能"教育的不断推广和发展，中国教育品牌将在国际舞台上展现更加辉煌的光彩。

上述不同类型、不同模式的办学模式，为中国教育品牌国际化提供了有力的支撑。在"中文+"模式下，面对新时代下的新形势，国际中文教学工作者们需要打破工作边界，摆脱思维桎梏，充分调动各方面的资源和力量，利用教学策略，全面构建起中国特色的战略传播体系，提高了我国国际传播水平，形成与我国综合国力和国际地位相匹配的国际话语权。

"中文+"模式的实施需要教学工作者们打破传统的学科边界，摆脱思维的桎梏，以开放的心态去探索和创新。他们需要积极寻找各种资源和力量，并利用教学策略来构建起中国特色的战略传播体系。这意味着他们不仅要注重语言教学，还要关注中国文化、历史、社会等方面的知识，使学生能够更全面地了解中国。

在"中文+"模式下，教学工作者们可以利用多媒体教学、互动教学、项目制教学等方法，使学生在学习中文的同时，也能够学习其他学科或领域的知识。例如，在中文课堂上可以引入英语对话、数学计算、科学实验等元素，让学生在使用中文的同时，也能够进行其他学科的学习和实践。

通过"中文+"模式的实施，中国的国际传播水平得到了提高，国际话语权也逐渐形成。外国学生通过学习中文，不仅能够掌握一门重要的语言，还能够更好地了解中国的文化、历史和社会。这对于增进国际的交流与合作，推动世界各国的互相理解和友谊具有重要意义。

总之，"中文+"模式为中国教育品牌的国际化提供了有力的支撑。教学工作者们需要打破传统的学科边界，摆脱思维的桎梏，充分调动各方面的资源和力量，利用教学策略，全面构建起中国特色的战略传播体系。只有这样，才能够提高我国的国际传播水平，形成与我国综合国力和国际地位相匹配的国际话语权。

二、提高院校的国际化水平

"中文+职业技能"教育是中文传播的一条重要实践途径。但是，在"走出去"进程中，职业教育在把握国家社会大局方面还存在一些不足之处，在办学模式优化和风险防控上还需要进一步完善。院校国际化开放的办学观念、治理能力和教育教学水平亟待提高。

国际中文教育始于20世纪50年代，70多年来，国际中文教育无论作为一种事业，还是作为第二语言教学学科，在教育教学和治理能力等方面，都已积累了较为成熟的经验，在国内和国际上都有较大的影响。促进优质职业教育资源"走出去"，促进国际产能合作，培养本土人才，符合国际中文教育的目标，使中文教育和职业教育融合发展成为可能。不同层次、不同专业的院校，在开展"中文+职业技能"教育时，应发挥优势，突出特色，避免"同质化"。

"中文+职业技能"教学模式的实施，有利于促进院校国际化和复合型教师队伍的建设。高职教育"走出去"对教师提出了更高的要求，即要有国际视野，要有复合型的教学能力，要有复合型的科研能力。目前，院校的师资水平与高职"走出去"的需要还有一定的差距，需要进一步提高。继续推进"中文+职业技能"教育，使专业教师的语文能力、跨文化交际能力、海外环境适应性和国际文化传播能力得到提高，促进专业教师在教学、科研、社会服务等方面达到国际化水平。同时，院校原有课程体系容易造成教师知识结构僵化，因此，开展"中文+职业技能"教育，建立跨院系、跨专业的教师队伍建设机制，以满足对中文语言、专业知识、技能熟练的复合型教师需求，推动跨学科教学与研究型教师队伍的建设。

首先，院校国际化开放办学的观念、治理能力和教育教学水平亟待提高。在推动"中文+职业技能"教育时，院校应该加强对国际化办学的认识，提升治理能力，提高教育教学水平，以确保教育质量和国际竞争力。

其次，国际中文教育作为一门学科已有数十年的发展历程，积累了丰富的经验，并在国内外产生了较大的影响。因此，促进优质职业教育资源"走出去"，培养本土人才，符合国际中文教育的目标，也使中文教育和职业教育融合发展成为可能。

然而，在实施"中文+职业技能"教学模式时，不同层次、不同专业的院校应该发挥各自的优势，突出特色，避免"同质化"。这样才能推动院校国际化和复合型教师队伍的建设。高职教育"走出去"对教师提出了更高的要求。教师需要具备国际视野、复合型的教学能力和科研能力。目前，院校的师资水平与高职"走出去"的需要还存在差距，需要进一步提高。

因此，继续推进"中文+职业技能"教育是必要的。这将有助于提高专业教师的语文能力、跨文化交际能力、海外环境适应性和国际文化传播能力，促进教师在教学、科研和社会服务等方面达到国际化水平。同时，为了推动跨学科教学和研究型教师队伍的建设，院校应建立跨院系、跨专业、跨学科的教师队伍建设机制，以满足对中文语言、专业知识和技能熟练的复合型教师需求。

总之，应通过继续推进"中文+职业技能"教育，培养出适应国际交流与合作的复合型人才，并推动中文教育与职业教育的融合发展。

三、提高国际中文与职业教育的国际适配性

"中文+职业技能"的合作模式，既符合当地人民的需求，又符合当地华人的需要，可以最大限度地利用资源。同时，借力国际中文教育发展平台，院校

"走出去"，可避免"单打独斗"、缺乏经验等问题，有利于推动高职教育优秀成果走出去，分享中国改革、发展的"中国智慧""中国方案"，增强国际中文教育与职业教育的国际适应性。

中文+职业技能的合作模式是一种有利于促进当地人民需求和当地华人需要的双赢模式。这种合作模式可以充分利用资源，为当地人民提供更多就业机会和培训机会，同时也满足了当地华人对中文教育和职业发展的需求。

随着中国经济的快速发展，越来越多的国家对中国市场和中国文化产生了浓厚的兴趣。在这种背景下，学习中文成为许多国家的热门选择。与此同时，许多中国企业也纷纷走出国门，将自己的业务拓展到海外市场。这就为中文教育和职业技能培训提供了广阔的空间。

借助国际中文教育发展平台，各大院校可以走出去，与当地的职业教育机构合作，共同开展中文教育和职业技能培训项目。通过合作，不仅可以避免"单打独斗"、缺乏经验等问题，还可以借鉴当地的教育理念和实践经验，提高教学质量和教学效果。

这种合作模式对于推动高职教育的优秀成果走出去具有重要意义。中国在高职教育领域取得了许多令人瞩目的成就，这些成就可以通过国际中文教育发展平台分享给其他国家和地区。通过合作，中国的高职教育机构可以将自己的经验和教学资源输出到海外，帮助其他国家提升职业教育水平。同时，这种合作模式也能够增强国际中文教育与职业教育的国际适应性。通过与当地职业教育机构的合作，可以更好地了解当地市场需求和就业形势，调整教学内容和培训方向，使之更符合当地的实际情况。这样一来，学生们在学习中文的同时也能够获得与当地市场需求相匹配的职业技能，增加他们就业的竞争力。

综上所述，中文+职业技能的合作模式不仅符合当地人民的需求，也满足了当地华人对中文教育和职业发展的需要。通过借力国际中文教育发展平台，院校可以走出去，与当地职业教育机构合作，推动高职教育优秀成果走出去，分享中国改革、发展的"中国智慧""中国方案"，增强国际中文教育与职业教育的国际适应性。这种合作模式将为中文教育和职业技能培训带来更广阔的发展前景，也将为各国人民提供更多就业和发展的机会。

在中国企业进行海外投资的过程中，很多东道国都希望在项目建设中能充分利用国内资源，支持当地工业发展。例如，在亚吉铁路的建设中，埃塞俄比亚和吉布提都雇用了大量当地工人。然而，由于当地人才整体素质普遍偏低，技术水平与岗位要求不相适应，导致施工质量和效率无法达到最佳状态。

　　以中国铁路为例，在世界多个国家投资建设的铁路工程中，面临着高素质人才的短缺问题。这就需要有一种教育模式能够在短期内为企业提供最需要的人才，并为本地学生提供就业岗位。因此，"中文+职业技能"课程应运而生。它通过提升学生的中文水平和职业技能，使他们能够胜任中国企业在海外的各个岗位。例如，由于亚吉铁路的建设，埃塞俄比亚有 2.8 万多名、吉布提有5000 多名当地工人被雇佣，而在施工高峰期，当地工人的本土化比例达到90%以上。① 但是，国外企业所招聘的本土人才，其整体素质普遍偏低，技术水平与岗位要求不相适应。以中国铁路为例，在世界多个国家投资建设的铁路工程中，面临着生产、运营、维护等方面的高素质人才的困难，很难使其发挥最大效益。"中文+职业技能"课程符合海外华人企业的这种需要，它可以在短期内为企业提供最需要的人才，并为本地学生提供就业岗位。

　　"中文+职业技能"培养模式，提高了中国职业教育在境外发展的适应力。"中文+职业技能"教育，可以让中美企业在技术、资讯等软资源上得到支援。大部分中国企业不了解投资目的国的法律法规，投资环境，贸易融资，信用风险等。院校能帮助企业提前了解投资目的地国家的有关情况，并能为企业的海外发展提供政策咨询、信息服务。例如，南京工学院与柬埔寨企业合作开办了"中文+职业技能"本地师资培训班。南京工大提供中文教学，地方企业负责选派学员参加培训，中国与境外地方政府及企业联合出资。这种模式符合当地经济社会发展的迫切需求，受到当地政府和企业的欢迎。这种"中文+职业技能"培养模式有效地提高了中国职业教育在境外发展的适应力。

　　此外，"中文+职业技能"教育还可以让中美企业在技术、资讯等软资源上得到支援。很多中国企业在海外投资时缺乏对目的国家法律法规、投资环境、贸易融资和信用风险等方面的了解。院校可以为企业提供相关政策咨询和信息服务，帮助企业更好地了解投资目的地国家的情况。同时，海外中国企业在技术研发与创新机制方面存在缺陷，注重短期收益，忽视技术创新和储备。这制约了中国企业的国际竞争力和可持续发展能力。院校可以与企业合作开展技术创新服务项目，对新技术和新工艺进行联合研究，形成与行业企业深度合作的"共同体"。通过促进"人才链""创新链"和"产业链"之间的有效衔接，可以帮助中国企业走出国门，实现标准与技术的国际化。

---

① 中国土木工程集团有限公司.求同存异 包容互鉴：亚吉铁路项目跨文化交流案例［J］.
国际工程与劳务，2024（5）：62-65.

总而言之，"中文+职业技能" 教育为海外华人企业培养复合型人才，提供了一种切实可行的解决方案。它不仅满足了中国企业对于具备中文和职业技能的人才的需求，也为本地学生提供了就业机会。同时，它还能够支援中美企业在软资源和技术创新方面的发展，推动中国企业在海外的可持续发展。

四、不断输送高素质复合型人才

"中文+专业" 教育是传统国际中文教育新的方向，肩负着新时代的新使命——因地制宜培养兼备中文语言能力和某一专业技能的复合型人才教育。"中文+" 提出前，有专家学者提出 "专门用途汉语" 概念，提到来华各类专业的专业预科生和中国企业海外员工，不仅有学习中文的需求，还需在各自专业领域内使用中文的能力。

中文+专业教育的目标是培养具备中文语言能力和某一专业技能的复合型人才。这种教育模式不仅注重学生对中文的掌握，更加重视他们在特定专业领域内的知识和技能的培养。中文+专业教育的优势在于它能够根据学生的需求和背景，量身定制个性化的教学计划。无论是来华留学的外国学生还是中国企业派驻海外的员工，都可以通过这种教育模式获得最适合自己的学习内容和方法。在中文+专业教育中，语言教学与专业教学相结合，形成了一种全新的教学模式。学生除了学习基本的中文语法和词汇外，还将接受与其所学专业相关的知识和技能训练。这样一来，学生不仅可以流利地使用中文进行交流，还能在专业领域内胜任各种工作。中文+专业教育的另一个重要特点是注重实践能力的培养。学生将有机会参与实际项目或实习，通过实践锻炼提高自己的专业技能。这样的实践经验不仅可以增加学生的就业竞争力，还能够帮助他们更好地理解和应用所学知识。

总之，中文+专业教育是传统国际中文教育的新方向，它旨在培养具备中文语言能力和某一专业技能的复合型人才。通过这种教育模式，学生不仅能够掌握中文，还能够在自己的专业领域内有所建树。这种教育模式的出现，将为学生提供更多的发展机会，也将为中文教育的发展带来新的可能性。

当前，随着中国与各个国家合作持续深入发展，各国急需懂中文又掌握专业技术的复合型人才，"中文+专业" 或 "中文+职业" 教育在海内外迎来新机遇。传统国际中文教育更重视语言教育，"中文+专业" 或 "中文+职业" 不仅重视语言教育，还重视专业知识的学习和专业技能的提升，有更强的实践性和跨学科性等特点①。

传统的国际中文教育主要注重语言教育，强调学生对汉语的掌握和运用能力。然而，在当前的时代背景下，仅仅具备良好的语言能力已经不再足够。为了更好地适应国际交流与合作的需求，学习者需要将中文与专业知识相结合，提升自己的专业素养和技能水平。"中文+专业"或"中文+职业"教育不仅注重语言教育，更加强调学生对于专业知识的学习和专业技能的提升。这种教育模式具有更强的实践性和跨学科性等特点。通过将中文与各个领域的专业知识相结合，学习者能够更加深入地了解相关行业的发展现状和趋势，并且能够在实际工作中灵活运用所学知识。"中文+专业"或"中文+职业"教育的优势在于为学习者提供了更多的就业机会和发展空间。掌握中文的同时，学习者还能够通过学习相关专业知识，成为各个领域的专业人才，为自己的职业发展打下坚实的基础。此外，"中文+专业"或"中文+职业"教育也有助于促进不同国家之间的文化交流与理解。通过学习中文和了解中国文化，学习者能够更好地理解中国的发展现状和文化背景，从而增进与中国人民的友谊和合作。

总之，"中文+专业"或"中文+职业"教育在当前的时代背景下具有重要的意义。它不仅满足了沿线国家对于复合型人才的需求，也促进了国际交流与合作的深入发展。因此，我们应该积极推动这种教育模式的发展，为高质量发展提供有力的人才支持。

目前许多"中文+职业"项目通过孔子学院与当地政府、企业等开展合作，开启"订单式"人才培养培训模式，关注语言教育、专业知识、专业技能，也致力于提供实习实训和就业平台及机会。同时，"中文+专业"或"中文+职业"教育对师资和课程提出更高要求。或是任课老师具备跨学科背景，同时有开展中文教育和专业技能教育的能力；或是不同学科背景的老师能通力合作，让各门课程帮助学生在语言技能、专业技能上齐头并进。

随着中国的崛起和国际的交流日益频繁，越来越多的人开始学习中文，并希望将其与自己的专业结合起来。因此，"中文+专业"或"中文+职业"教育应运而生。这种教育模式不仅要求学生掌握流利的中文表达能力，还需要他们具备相关领域的专业知识和技能。

为了满足这一需求，孔子学院与当地政府、企业等展开合作，共同开展

---

① 周智婉，王辉. 国际中文教育与中文国际传播：概念内涵与研究取向的比较［J］. 云南师范大学学报（对外汉语教学与研究版），2023（01）：12-19.

"中文+职业"项目。这些项目旨在为学生提供全面的培训，包括语言教育、专业知识和专业技能的培养。通过与当地企业合作，学生可以参与实习实训，亲身体验工作环境和工作内容，为将来的就业做好准备。除了提供培训和实习机会，这些"中文+职业"项目还致力于为学生提供就业平台和机会。他们与当地企业建立合作关系，为学生提供就业推荐和招聘信息。通过这种方式，学生可以更加顺利地进入工作岗位，实现自己的职业目标。然而，"中文+专业"或"中文+职业"教育也对师资和课程提出了更高的要求。任课老师需要具备跨学科背景，既懂得中文教育，又能够进行专业技能教育。这样才能够有效地将语言教育和专业知识相结合，帮助学生在两个领域取得均衡发展。此外，不同学科背景的老师之间也需要通力合作，让各门课程帮助学生在语言技能和专业技能上齐头并进。只有通过跨学科的合作，才能够真正满足学生的需求，使他们在学习中文的同时，也能够掌握相关领域的专业知识和技能。

总之，随着中国的崛起和国际交流的日益频繁，"中文+职业"教育成为一种新的趋势。通过孔子学院与当地政府、企业等的合作，开展"中文+职业"项目，可以为学生提供全面的培训和实习机会，同时也为他们提供就业平台和机会。然而，要实现这一目标，需要有具备跨学科背景的老师和通力合作的课程，以确保学生在语言技能和专业技能上能够取得均衡发展。

我国在海外设立了多个孔子学院，累计学习使用人数接近2亿。此外，越来越多国际机构和组织将中文设为官方语言，中文的国际地位正逐步提升。"中文+专业"教育的需求与中国同世界各国经贸等多领域合作紧密相关。

随着中国的崛起，越来越多的国际机构和组织将中文设为官方语言。例如，在联合国、世界银行等国际组织中，中文已经成为其中一种工作语言。这不仅反映了中国在国际事务中的影响力不断增强，也体现了中文在全球范围内的重要性。与此同时，中文的国际地位提升也与中国同世界各国经贸等多领域合作紧密相关。中国是世界上最大的贸易国之一，越来越多的国家与中国展开了广泛的经济合作。为了更好地开展商务活动，掌握中文已经成为许多外国企业家和商务人士的必备技能。为满足这种"中文+专业"教育的需求，许多高校和教育机构开始开设中文专业，并注重培养学生的专业素养。除了语言技能的培养，学生还需要掌握相关领域的知识和技能，以便更好地应对实际工作中的挑战。

中文的国际地位提升不仅为中国带来了更多的合作机会，也为外国人了解和学习中国文化提供了更多的途径。越来越多的外国人通过学习中文，深入了解中国的历史、文化和社会发展，增进了与中国人民的友谊和交流。

随着相关国家与中国之间的交流合作日益频繁,中文成为一种无比重要的工具和纽带。为了满足这一需求,越来越多的国家开始参与"中文+"项目,将中文教育与各个领域相结合。

"中文+"项目涵盖了高铁、经贸、旅游、法律、海关等数十个领域。通过将中文教育与不同专业知识相结合,学生们能够更加全面地掌握相关领域的专业术语和技能。"中文+专业"教育实用性和针对性较强,学生学习目标更明确,相应学习动机也就更强,学习效果更好,形成良性循环。同时,"中文+专业"中文教育也对当地发展产生积极影响,不断输送高素质复合型人才。例如,在高铁领域,"中文+高铁专业"项目帮助学生学习到高铁建设、运营管理以及相关技术知识,从而为他们未来在高铁行业的发展打下坚实的基础。

与传统的中文教育相比,"中文+专业"教育更加具有实用性和针对性。学生学习目标更明确,他们知道自己所学的中文知识将如何应用于特定领域。这样的明确目标使得学生们的学习动机更强,他们对中文的学习更加有动力和兴趣。因此,"中文+专业"教育的学习效果也更好,学生们能够更快地掌握所需的中文知识和技能。同时,"中文+专业"中文教育也对当地发展产生积极影响。通过培养具备中文沟通能力的人才,这些国家能够更好地与中国进行经济合作、旅游交流等方面的互动。此外,随着"中文+专业"项目的不断发展,越来越多的中文教师和教育资源进入到这些国家,为当地的中文教育事业注入了新的活力和动力。

总之,"中文+专业"教育得到了广泛推广和应用。它不仅满足了沿线国家对中文教育的需求,而且为当地的发展输送了高素质的复合型人才。随着合作发展不断深化,这种中文教育模式将会继续发挥重要作用,促进各国之间的交流合作,推动共同发展繁荣。

越来越多的国家开始注重培养本土人才,以满足与中国的合作需求。柬埔寨和泰国作为中国在东南亚地区的重要合作伙伴,也加大了对中文教育和专业技能培训的需求。2022年,南京工业职业技术大学和柬埔寨柬华理事总会共建的柬华理工大学孔子学院在柬埔寨揭牌并招生。该孔子学院旨在培养具备"中文+专业技能"的本土人才,并提供中柬两国认可的学历学位和专业本科证书。这样的举措有助于增强柬埔寨与中国之间的交流与合作,同时也为柬埔寨的发展提供了更多机遇。与此同时,中泰铁路等中泰两国合作项目的逐步推进,使得泰国对于懂得铁路技术和中文的人才需求日益增长。为了满足这一需求,泰国孔敬大学孔子学院推出了"中泰高铁中文培训"项目。该项目旨在培养具备

"中文+铁路技术"的复合型技能人才，为泰国高铁工程提供专业人才支持。这些孔子学院的设立和培训项目的推出，不仅有助于加强中国与柬埔寨、泰国等国家之间的教育交流，也为这些国家的人才培养提供了重要平台。通过学习中文和相关专业技能，学生们将能够更好地参与与中国的合作中，为本土的发展作出更大贡献。此外，这些合作也进一步促进了文化交流和友谊的建立。通过学习中文，学生们不仅可以掌握一门重要的国际语言，还能更深入地了解中国的文化、历史和传统。这种跨文化的交流不仅有助于增进各国人民之间的相互了解和友谊，也为进一步推动各领域的合作奠定了基础。

综上所述，柬华理工大学孔子学院和泰国孔敬大学孔子学院的设立以及相关培训项目的推出，为柬埔寨、泰国等国家的人才培养和与中国的合作提供了重要支持。这些举措不仅有助于促进教育交流，也为文化交流和友谊交流的建立作出了贡献。相信随着时间的推移，这些合作将进一步深化，为地区的发展带来更多机遇和挑战。

五、缓解就业压力

"中文+职业教育"这一模式，迎合了企业最实际的需求，在最短的周期内，培养出企业最需要的人才，能够切实缓解企业用工压力，同时为所在地的公民提供就业岗位，实实在在的收益，同样是对国家形象最好的宣传，相比过去用中文告诉世界"中国很美"的方式，这一模式显然更加契合当地普罗大众的需求，也更能为国家和企业带来经济效益。

随着全球化进程的推进，企业对于具备中文能力的员工的需求越来越大。中文+职业教育模式的引入，为企业提供了一种高效地培养人才的途径。通过将中文教学与职业技能培训相结合，学生可以在短期内掌握必要的中文沟通能力，并且获得所需的专业知识和技能。这样的培养模式不仅能够满足企业的用人需求，还能够提升员工的竞争力，使他们更好地适应国际化的工作环境。此外，中文+职业教育模式的实施也为当地公民提供了更多的就业机会。通过培养掌握中文和职业技能的人才，企业可以在本地招聘员工，减少对外来劳动力的依赖。这不仅可以缓解就业压力，还能够提高当地居民的就业率，改善经济发展水平。

从国家形象的角度来看，中文+职业教育模式也是一种有效的宣传方式。相比于过去单一的美丽中国宣传，这种模式更加注重实际行动和成果。通过培养出具备中文能力和专业技能的人才，向世界展示了中国作为一个有着强大人才储备的国家的形象。这种实用性的宣传方式更能赢得国际社会的认可和尊重。

总之，中文+职业教育模式的引入在满足企业需求的同时，也为当地公民提供了更多就业机会，带来了实实在在的经济效益。与过去的宣传方式相比，这种模式更加符合当地普罗大众的需求，也更能够为国家和企业带来实质性的收益。因此，中文+职业教育模式应该获得重视和推广，以促进国家经济发展和人才培养。

"中文+职业技能"教育有助于满足我国企业的长远发展需求，促进两地共建共享与合作共赢，助力实现中国—中亚命运共同体发展愿景。

首先，中文+职业技能教育可以促进两地共建共享与合作共赢。中亚地区是中国对外合作发展的重要组成部分，具有丰富的资源和巨大的发展潜力。而中国作为世界第二大经济体，拥有强大的技术和市场优势。通过中文+职业技能教育，中国企业可以培养更多了解中亚市场、懂得中亚文化的专业人才，进一步推动两地企业的合作与共赢。

其次，中文+职业技能教育为其建设增值赋能。作为中国对外合作发展的重要节点，中亚地区在区域经济一体化和基础设施建设方面具有巨大的潜力。通过中文+职业技能教育，中国可以向中亚国家输出先进的技术和管理经验，帮助他们提高自身的竞争力和发展水平。同时，培养更多精通中文的人才，也有助于促进中亚地区与中国之间的交流与合作，为其建设注入新的动力。

最后，中文+职业技能教育助力实现中国—中亚命运共同体发展愿景。中国提出了构建命运共同体的倡议，旨在推动沿线国家的共同发展与繁荣。而中文+职业技能教育正是实现这一愿景的重要途径之一。通过培养懂得中文、了解中国文化的专业人才，可以促进中国与中亚国家之间的相互理解和友好合作，进一步加强两地的经济、政治和文化联系。

具体到汉语国际教育市场上来说，汉语学习者的数量是最庞大的，带动经济增长的并不是语言，而是语言背后的基础教育与国际教育。语言是工具，并且也只是工具，在我们购买工具的时候，很少会有人想到工具本身的美感，我们更多关注点在于工具本身的用途，就如螺丝刀可以拧螺丝，瓶起子可以开瓶子。语言教育市场也同样如此。只有让学习者看到语言学习背后实实在在的就业市场，预期到自己的人力资本能够得到提升，购买工具的市场才会越来越大。

综上所述，"中文+职业教育"模式有效结合语言与技能培训，快速满足企业用工需求，促进地区经济发展，提升国家软实力，加强国际合作，并拓展教育市场，对推动经济增长具有显著效益。

第四章

"中文+"模式背景下中国
文化的国际传播策略

第一节　语言策略

目前，随着国际交流进步与国际贸易发展，中文日益成为一门重要的国际语言，全球共有 180 多个国家和地区开展中文教育，90 多个国家将中文纳入国际教育体系。①"中文+"学习模式的提出与推进发展，不仅增强了外国友人对中国文化的了解，还进一步拓宽了中国文化的国际视野与国际化传播。但受制于不同文化差异之间的思维惯性，文化的传播与接受过程往往比其他传播形式更具挑战性，在吸引更多国际人士了解中国文化的过程中，语言是我们重要、直接、关键而又有效的沟通交流工具。因此，通过实施语言媒介这一重要策略来实现中国文化在国际上的传播，对于中国文化的发展和传承具有重大意义。

一、语言作为文化传播载体在中国文化国际传播中的作用

语言是传播文化精神内涵的重要工具，在国际交流中熟练运用语言不仅能够促进不同文化交互融合，还能在交流过程中对原有文化进行创新，在对外互动的同时进一步提升国家文化软实力。语言和文化是相互影响、相互作用的，可以说没有语言就没有文化，没有文化就没有语言。

国际汉语教学成为国家的一项重要事业，其发展与国家战略和国际形势密不可分。时任国家教育委员会副主任、国家对外汉语教学领导小组常务副组长

---

① 马箭飞. 国际中文教育专业学位人才全球胜任力培养的举措和建议 [J]. 国际中文教育
（中英文），2024，9（2）：1-4.

滕藤，在1988年8月召开的全国对外汉语教学工作会议上明确指出："世界上许多发达国家都把向世界推广本族语作为基本国策，构成国家外交政策的重要组成部分，为国家和民族的长远战略目标服务。我们同样应该重视汉语在我国对外开放中所起的媒介作用，把向世界推广汉语作为一项国家和民族的事业。"① 关于语言传播的重要性，吕必松先生在总结新中国成立后对外汉语教学事业发展四十年的文章中指明："各个国家和民族都要根据自己的需要学习其他国家和民族的语言文字，同时向其他国家和民族传播自己的语言文字，以增强本国、本民族对其他国家和民族的吸引力。人类社会越发展，越能显示出这种学习和传播的重要性。"②

随着经济全球化进程展开，我国的政治、经济、文化等多方面实力得到快速发展，教育界大力开展语言文化国际传播工作，中国文化对外传播在取得一定成果的同时也面临着十足挑战。从国内环境来看，中国语言文化国际传播正处于转型瓶颈期，由于我国语言文化国际传播方面的相关措施不够完善，导致国民对语言文化国际传播工作缺乏支持意识。国际传播民众支持的缺乏就意味着内驱力的缺乏，因此需要加强对国民中国语言文化国际传播的宣传教育，让人民群众都积极参与到中国语言文化国际传播中来。③ 语言是文化的载体，也是民族独特性的重要标志。通过语言传播，可以推动中西文化交流、沟通与理解，推进世界文明整体繁荣。在对外交往过程中，语言交流往往是文化交流的第一步，通过语言上的沟通与相互了解，才能进一步拓展文化交流的广度与深度，让对话双方更好地了解不同国家的价值观、信仰和世界观，打破文化隔阂，避免因为不同文化之间差异而产生误解和偏见。通过语言交流推进中华文化国际传播，不仅可以让世界各族人民了解中国，还有助于增强华侨对自身文化的认同，增强民族自豪感。如现代汉语方言中的粤语为粤港澳地区所共用，闽语为闽台地区所共通，粤语、闽语、客家话等方言的使用者还大量分布在东南亚、欧洲、北美甚至太平洋诸岛，因此刻在血脉中的语言传承在加强海内外华人华侨沟通、维护祖国统一等方面具有无可替代的重要作用。

语言是文化交流的桥梁，也是文化活动组织的重要工具。汉语作为外国人学习的一门外语，在全球范围内地方大学与学术机构中得到广泛学习交流。在

---

① 吕必松.我国对外汉语教学事业的发展[J].语言教学与研究，1989（4）：7

② 吕必松.我国对外汉语教学事业的发展[J].语言教学与研究，1989（4）：17.

③ 刘颖.中国语言文化国际传播的现状与创新发展思考[J].中国民族博览，2023（21）：225-227.

北京大学外国语学院举办的"你懂中国"中外学生跨文化交流活动中，包括"中外学生代表主题发言""留学生知识竞赛""自由交流茶歇"等多个环节，这些活动为中外学生提供了一个文化交流平台，让彼此更好地相互了解地域差异下的不同传统文化，而活动开办的基础离不开语言的掌握与交流。许多外国留学生由于兴趣选择学习汉语，在学习过程中不断深入了解中国人文、社会与历史，教师在中文授课过程中需要通过培养学生的跨文化沟通能力，让学生充分理解、尊重文化差异并与不同国籍学生进行有效沟通。语言是人与人之间、国家与国家之间交往的媒介。汉语对外教育不仅大大促进了中文的国际传播，还助力世界以更加包容的态度了解中国、爱上中国。

语言是一个国家文化底蕴的结晶。汉语是世界上最古老的语言之一，距今已有数千年的历史。在中文对外传播的过程中，应该注重语言传播的普遍性，选择易于被学习者理解接受的内容，在潜移默化中传播优秀中国价值理念。此外，所选的传播内容应具代表性，尽可能地传播具有国家特点的文化元素，激发海外大众的学习热情和学习主动性。汉语这一话语平台的建设离不开传播效果和自身价值的相互作用。因此，对外要持续加大大众媒介的宣传推广，对内要着力提升中华历史文化底蕴的核心竞争力，以形成和谐的汉语传播体系，拓展汉语的国际话语空间。

语言作为重要文化传播载体需要不断学习推广。孔子学院是外界现实环境体系中的重要传播媒介之一，其不仅是普通的汉语学习平台或推广机构，还肩负着传播中华文化、民族价值观念和中国处事原则的重要责任。在中外文化交流过程中，孔子学院作为海外文化的交流基地，发挥着重要的载体作用。汉语吸引着海外民众关注中国文化，同时作为国际交流的桥梁，推动文化外交，最终提高了汉语的国际影响力，并促进了全球语言生态的动态平衡发展。近些年，随着中国综合国力不断提升，汉语的影响力也在逐渐增加，作为联合国的六种官方语言之一，汉语正在成为国际交流的重要表达方式之一。2021年5月，国家领导人在中共中央政治局第三十次集体学习时强调，讲好中国故事，传播好中国声音，展示真实、立体、全面的中国，是加强我国国际传播能力建设的重要任务。[①]

因此，推动中华文化的国际传播，特别是通过语言策略进行文化传播，是

---

① 习近平在中共中央政治局第三十次集体学习时强调加强和改进国际传播工作 展示真实立体全面的中国［EB/OL］. 人民网，2021-06-02.

实现中华民族伟大复兴、营造良好国际舆论环境、提升中国国际形象的重要方式。在这个过程中,中国的文化自信、国际交流合作以及对外政策都将发挥重要作用,为构建一个更加开放、包容、和谐的世界做出积极贡献。

二、面临的挑战与应对策略

近年来,随着我国国际影响力不断增强提升,汉语日益成为国际通用语言,"中文+"领域的深耕更成为中国在文化"走出去"过程中的重要助力部分,汉语的国际化传播具有其独特优势。首先,汉语使用人口基数庞大,在世界总人口中占有相当大的比例,且汉语文化优势显著,作为世界文字发展史上唯一独立连续发展了三千年的方块字,汉语不仅蕴藏着中国历史悠久的文化魅力,还对周边众多民族国家起到了引领性文化交流的联系作用,是文化传播上一颗璀璨的明珠。其次,中国一直秉持和平外交方针政策,推进大国外交,追求互利共赢,改革开放以来取得的成就更引起了众多国家学习借鉴的热潮,于外国友人而言,只有熟练掌握运用汉语,才能更加深入了解中国的改革之路和深层文化内涵。尽管汉语的对外传播具有优势、"中文+"体系正逐步完善,但身处全球化时代背景下,中国文化国际传播仍面临着多元文化竞争、中文教学资源设施不足、跨文化交际能力实际差距等多方面现实挑战。为了提升中国文化的国际传播力,我们需要创新语言策略。如何利用"中文+"模式拓展中国文化向外交流进步,增强中国文化国际传播能力,主要有以下挑战亟待解决:

(一)国际中文教育发展环境限制

当前,世界正经历百年未有之大变局。国际力量对比发生深刻调整。逆全球化思潮愈演愈烈,随着全球化进程的逆转,一些国家开始强调本土利益,对外交往持保守态度,单边主义、保护主义抬头。在世界经济复苏乏力、局部冲突动荡频发、全球性问题加剧的大环境下,经济发展成为语言文化传播的物质基础和主要动力。在全球经济萎缩的背景下,中西方文化冲突愈演愈烈,海外民众学习语言的积极性受到经济状况影响成为客观事实。文化教学是语言教学的重要组成部分,汉语作为第二语言的教学本身就是一个跨文化交流的过程。文化冲突在一定程度上阻碍了语言和文化的传播,当两种文化发生碰撞时,它们各自独特的价值观、信仰和行为模式可能会产生摩擦。这些差异可能导致误解、刻板印象甚至敌意,从而影响语言的学习和文化的接受。

(二)全球化背景下多元文化的竞争与挑战

全球化背景下,多元文化方面的竞争是我们无法忽视的现象。多元文化上的竞争不仅涉及各国文化在全球舞台上的影响力与地位，还对中国文化的传播方式发起挑战。面对激烈的世界文化竞争，我们要保持十足信心，认识并利用好自身文化具备的优势，在党的理念引导下，积极宣传生生不息的中华优秀传统文化、强劲有力的国家发展势头、文化消费市场潜力巨大等正向有利条件。然而，我国在国际话语权竞争中仍处于相对劣势状态。近年来，虽然我国在提高国际话语权方面取得了重要进展，但与西方国家相比，我国国际话语权的掌握和运用还存在差距。国际上争夺话语权的斗争主要围绕"三权"，即话语主体的传播权、话语主题的设定权、话语载体的使用权。在话语主体上，西方国家具有优势，因为他们拥有更丰富的媒体资源。这样一来，人们受国际舆论影响，听到更多的是西方的声音。当前，我国利用媒体设定国际舆论议程、战略思维和传播策略的能力与西方还存在差距。

在文化产品方面，我国在世界市场上的核心竞争能力仍相对不足。21世纪以来，随着文化领域的繁荣发展，各国文化市场的竞争也愈演愈烈。诸多发达国家，如美国、日本、韩国等，均已制定文化立国或文化长期发展战略，这些战略在政策支持下进一步促进国家文化产业的迅猛成长，成为国家国民经济重要支柱之一。近年来，尽管我国文化产业发展取得了显著成果，但与西方发达国家相比仍存在一定差距。比如我国文化产业仍然大而不强的问题亟待解决。我国的文化产业情况比较复杂：虽然文化贸易总量呈现出顺差状态，但在图书版权、报纸期刊、电影、文艺演出等核心文化产品方面仍然长期面临贸易逆差的不良局面；文化产品市场占有率虽有提升，但文化价值的领先地位还有待巩固；优秀传统文化资源丰富，但资源的整合能力尚需加强，问题的根源在于我国文化产品和服务在自主创新能力方面存在不足。文化创新的缺乏不仅影响了文化产品的市场占有率，更是在深层次上威胁了价值观的稳定性。面对日益尖锐的文化冲突，西方敌对势力从未停止对我国进行思想渗透。他们通过基金会等非政府组织，以学习培训、学术交流、项目资助等为名，试图影响包括中国在内的目标国家的政界、商界和学术界思想。当今信息化时代发达，互联网已然成为各国舆论及文化斗争的重要战场。西方国家利用其信息技术优势，掌控网络社交媒体等传播渠道，企图将西方文化塑造为互联网上的主流文化，进而利用网络文化来挑战我国的主流意识形态，煽动社会价值观的冲突。

因此，我们必须加强文化创新，提升文化产品和服务的竞争力，以应对来自外部的文化挑战和渗透，确保我国文化健康繁荣与长期稳定地发展。如何在多元文化竞争中保持自身的特性，不受其他外来文化的影响，从众多的文化竞争中脱颖而出,是我们仍然需要重点解决的问题。

(三)中文教学资源设施不足,语言教学方法较为传统

全球大多数外籍汉语学习者无法在中国学习,导致他们更加依赖外籍教师或当地汉语教师。为满足全球汉语学习者的教育需求,我国每年向国外派遣大量汉语教师和志愿者。截至 2019 年底,孔子学院已派出汉语教师约 5 万名,志愿者约 6 万名。[①] 然而,这些外籍教师和志愿者的加入并不能满足国际汉语教育教师的需求。最新统计数据显示,全球汉语教师缺口超过 500 万,2020 年以来,外籍教师和志愿者数量的下降更是加剧了全球汉语教师的短缺的现状。此外,经济等因素也对攻读国际汉语教育学位的海外学习者产生了不利影响,导致他们学习中断或学业成绩下滑。

大环境影响下,CMC(计算机介导的传播)教学、MOOC 教学、远程汉语教学、网络直播教学已然成为汉语主要对外教学方式,但这些方法与传统的线下教学相比仍然存在一定的局限性。语言教学的独特性质在于通过互动进行知识转移和技能发展,这给在线环境带来了挑战。虽然一些教学平台提供了更好的交互功能,但创建与线下课堂相同水平的教学互动仍然很困难。此外,语言学习依赖于多模态感知,目前大多数在线课程尚未完全可用或受到限制。而且,语文教师需要一个适应期来适应教学方式的变化。许多经验丰富的教师因为无法有效地将技能转化在线上教学上,导致他们在向在线教学过渡时遇到困难。有些课程仅依赖音频,导致教师和学生缺乏视觉参与。"我看不到他"这短短一句学生对线上教学实况的评价,反映了在线教学缺乏互动和沟通的现状,这极大阻碍了在线教学的有效性与积极性。对外汉语教师的培训主要侧重于汉语本体知识、教学技能、课堂技巧,忽视了高效在线教学系统的建设,此外,设备、网络等硬件设施的可用性也对在线教学造成了限制。尽管互联网已广泛使用,但仍有一些地区和国家的网络覆盖不足,剥夺了这些地区的汉语学习者在线学习的机会。在线教学的成功与否在很大程度上取决于网络速度以及计算机和其他设备的性能等因素。任何滞后、离线连接或音频视频同步问题等问题都会严重影响教学质量。

(四)应对策略与建议

受前述诸多因素影响,汉语文化国际传播确实受到一定束缚,我们需要做

[①] 安亚伦,段世飞."一带一路"倡议下的汉语国际教育:现状、问题与对策 [J]. 湖南师范大学教育科学学报,2018(6):49.

的是客观分析教育环境，树立语言文化自信，对外传播中国文化，使中国文化在对外交流中融入时代大势，结合现实情况灵活开展语言教育。我们既要主动作为，融入世界、防止故步自封，又要始终坚持文化的主体性，树立坚定的道路自信、理论自信、制度自信、文化自信。语言的国际化有赖于语言本土化，但本土化势必会形成不同语言类型。以英语为例，有英式英语、美式英语、澳式英语、中式英语、日式英语等，这些变体在语音、词汇、语法上与标准英语有所区别，但并没有影响英语的国际交流功用，反而进一步促进了英语的流通与普及，提升了英语的国际地位。① 汉语也要突破地域、文化限制，逐步树立"大中文"教育观，容纳港澳台汉语、海外华语、外国人的汉语表达等多种语言形态，提高汉语整体生命力。

在线汉语教育具有独特的优势，可以突破时间和空间的限制，重复学习教学内容，这可以在一定程度上缓解学生面对教师的焦虑和紧张，营造较为宽松活跃的教学氛围。但在时代进一步冲击下，教师需要不断增强自身能力，完善在线教学模式，塑造自身现代科技教学素养，推动国际中文教育数字化建设。随着现代信息技术在汉语教学中的理论应用和实践探索不断增强，数字化汉语教学体系不断完善提高，国家要加强网络汉语教育资源数据库、教材数据库、微讲座数据库、影像数据库、语言知识数据库、文化知识数据库等多方面"云"建设，及时更新完善汉字数据库、语汇数据库等必要汉语教育资源数据库，依托"中文联盟"等数字云端服务教育平台推出在线教育新品牌，向全球汉语学习者提供汉语学习、中国国情和中国文化等全方位在线课程，并探索建设网络孔子学院等优质在线汉语学校与汉语教室，实现"在家学习、在家考试、在家体验中国文化"的一体化线上汉语学习。我国相关领域要加强国际中文教育数字化建设，提升教师现代信息技术素养。在互联网时代，无论你身处世界的哪个角落，铺天盖地的网络媒体一刻不停地向网络输送大量信息，整个网络时代涵盖了越来越多的人类生存领域，因此互联网时代也被称为"泛媒体时代"。

要强化汉语教师现代科技素养，完善岗前、岗中、岗后培训，帮助教师转变教学理念，掌握线上教学所需的技术手段。开发网络汉语教学公开示范课，助力中文教师在短时间内快速成长，提高线上教学水平；将现代信息技术、线上教学理论、方法技巧等课程纳入国际中文教育人才培养体系；组建完备的网

---

① 王海峰. 复杂形势下的中文教育国际化之路 [J]. 海外华文教育，2020（05）：18.

络教学运营维护团队，为在线教学提供技术支持和保障。① 结合"互联网+"融合发展的时代背景，升级"中文+"生态体系，结合传统教学思想优势与网络教学便利条件，牢固学生为中心的学习主体地位，组织"线上线下"同步发展的教学活动，将在线教学与实践培训有机融合，从而改变传统单一的语言课堂教学模式，把网络平台打造成重要的教学阵地。教师和学生可以在网络平台上及时互动互联，延伸传统课堂学习方式的同时开展在线教学活动，实现理论实践同步发展。可以让学生将所学的理论迅速转化为"中文+"英语实践应用技能，实现传统课堂的有效延伸，进而提高学生个人英语语言学习效率、质量，以及学生语言传播文化的整体能力。

为提高汉语推广的针对性和有效性，我们需要以汉字文化为基点，精准定位语言学习者位置。在历年来华留学生中，韩国、泰国等国家所占比例较高，这些国家在地理上与中国邻近，在人口构成上有相当数量的华人或华人后裔，在文化上属于或靠近"汉字文化圈"，对于中文的理解和记忆也会比其他国家更为透彻和深刻。为了进一步推广汉语，我们可以以"汉字文化圈"为辐射源，与当地的中学、大学教育机构等建立合作关系，建立区域性的汉语教学中心，扩大中文的推广范围，逐步将汉语的影响力扩大到其他国家。这既是对已有文化优势的充分利用，也是适应当前国际形势的战略选择。根据 2019 年的统计数据，除上文提到的亚洲国家外，中国留学生排名前 10 位的国家中，大部分学习者均来自中国对外合作发展的国家，这充分证明了学习汉语对这些国家的学生而言不仅是兴趣所在，更是现实所需。通过不断强化中文在国际事务中的应用能力和使用价值，发展和推广中文信息技术。通过先进的技术手段为中文赋值，提高中文教学效果。以中文为基础语言，研发推广中文应用软件、多语种翻译软件等，在信息收集、数据挖掘、知识重组、智能化知识供给服务等方面充分发挥中文的轴心作用。② 以中文教育助推文化学习，使中文教育形式不再局限于线下教学和国内教学，促使更多外国友人了解学习中国文化，进一步提升汉语实体教育的国际影响力和学习便利性。

在当前国际关系相对复杂的背景下，国际中文教育的重要性愈发凸显。它不仅可以增进外国友人对中国语言文化的了解，更能推动构建人类命运共同体，

---

① 刘丹. 国际中文教育面临的挑战与应对之策［J］. 石家庄职业技术学院学报，2023（05）：49.

② 陆俭明，李泉. "新冠疫情对国际中文教育影响形势研判会"观点汇辑［J］. 世界汉语教学，2021（04）：445.

促进各国间的友好交流与合作中发挥积极作用。因此，我们应继续加大国际中文教育的推广力度，让更多外国友人通过学习汉语，进一步了解中国、亲近中国。

三、语言策略对中国文化国际传播的影响

伴随中国国力迅速发展与国际地位不断提升，我国在国际事务中的地位进一步提高，中国文化国际传播受关注程度也显著上升，在应对风险挑战的同时，中国文化国际传播背后隐藏的巨大潜力和未来发展机遇不容小觑，中国文化国际传播面临挑战与机遇并存的局面。一方面，"中心—边缘"格局的挑战使得近年来我国在经济贸易、文化交往、国际舆论等多个领域面临严峻挑战；另一方面，中国以和平崛起的大国形象在国际舞台上倡导推广互惠共赢的新型交往准则，中国文化已经深度嵌入国际社会的经济文化实践中，中国文化对于国际社会的影响不是单纯在"民族—国家"制度设计层面设置障碍可以阻挡的。我们期待通过创新深刻的语言策略与教学方法推动中国文化在全球范围内的传播，进一步加强中国文化国际交流的广度与深度。

（一）语言策略助推国际中文教学发展

国际中文教学资源的显著特点在于其主要需求面向海外劳动市场，越来越多的职业领域需要学习者同时具备语言能力和职业技能。如何把好海外"中文+"就职风向标，及时了解国外市场"中文+"领域职业人才需求并进行针对性语言教学，是在"中文+"模式背景下促进中国文化对外传播的关键前提。

随着相关政策的深入推进，大批中资企业进军国际市场，迫切需要当地懂中文的管理人员和一线员工。[①] 为了更好地满足热门职业领域从业人员的需求，我们需要了解他们的汉语水平、学习动机、学习难点以及学习期望等信息，通过向企业的人力资源部门发送调查问卷或进行访谈，了解这些企业在进行中文培训时所面临的挑战以及员工的学习需求。经过走访调查，有助于开发适合企业实际需求情况的针对性教学资源，提高"中文+"语言学习资源研发的有效性，满足学习者在职业发展过程中的实际需求，精准提升其语言技能和职业竞争力。

利用互联网大数据联通背景，可以精准挖掘掌握特定区域或国家的职业热

---

① 梁宇，刘根芹．"中文+职业技能"教学资源建设的现状与展望［J］．沈阳师范大学学报（社会科学版），2023：29.

门技能需求，从而牢牢锚定"中文+职业技能"教学资源建设重点，设计出针对特定职业领域的语言专业课程。通过持续收集数据与分析资源，不断完善中文国际传播语言策略，能够及时结合市场需求变化调整课程内容与教学方法，从而进一步提升中国文化国际传播水平。

（二）语言策略拓展线上国际教育师资体系

语言策略的必要性使得海外市场对在线中文教师的需求不断增大，越来越多的汉语教师开始专职从事网络汉语教学工作，北京、杭州、上海、深圳等大城市还涌现了众多在线中文教学机构，在线中文教学俨然成为创业和融资的小风口，为国内汉语教师提供了更多就业机会。

尽管国内有大量优秀的中文教师，但其中大多数都在国内工作，参与海外教学的资源和能力有限。因此，"在线中文教学"成为中国文化对外教育的重要尝试。当今信息时代背景下，网络技术的发展为语言教学提供了新的可能性，结合现代科技手段，打造一个多元化的中文教学与传播平台，能够满足不同文化层次学习者的需求。学习者可以通过各种设备（如平板电脑、笔记本电脑、VR互动眼镜等）随时随地进行学习，这大大提高了语言学习的自主性与便利性。同时，语言线上教学也可以通过在线讨论、互动测试等方式，增强与学习者的互动交流。从长远趋势来看，互联网是未来世界的基础设施，在线中文教育已成为国际中文教育重要的发展方向之一，不仅为国际中文教育带来新型语言教学的连通方式，还极大程度地节约了时间与金钱成本，使语言对外教学更加便利、高效、个性。

从经济角度来看，汉语线上教学平台可以聘请一线国内优秀汉语老师，以优质一线教师专业的知识能力与标准的中文发音为学生提供高质量的学习资源，形成一套涵括初级、中级和高级课程的完整课程体系，从而实现线上教学师资力量总体提升，满足学生的学习需求。通过这种方式，可以使网络优质语言教育的成本更低，效率更高，为更多外国友人提供优质中文教育文化资源，让身处国外的中国文化学习者有更多机会接受优质中文教育。

然而，我们仍需关注在线教学存在的硬件条件不足或部分软件资源缺失等现实问题。例如，在线中文教师的薪资不高，各方面的福利待遇并不完善；许多教师将其视为兼职工作，行业尚不稳定；学生的流动性较大，退课现象也较为常见……虽然在线教学借助网络技术变得更加便捷，但仍无法达到线下面授教学的直观效果。为了提高学生学习兴趣，可以在学生正式报名前提供免费体验课程或试听机会，让他们提前了解课程内容和教学风格，从而做出更适合自己的选择。

通过在线共享中文教育经验模式，可以有效连接中国教师与海外汉语学习者，消除地理空间限制，让更多海外中文学习者能够接触到优质的教育资源。这种模式不仅提高了教学效率，而且提高了教学质量。另一方面，在线教学还将面临传统面授教学未曾遇到的商业问题，例如如何挖掘平台用户、提高课程转化率、稳定客户等，这是在线教学必须思考和解决的问题。①

（三）语言策略结合时代发展对中国文化国际传播的促进作用

科学技术的飞速进步正在深刻影响教育领域，推动教育变革下教育理念的更新与先进教育方式实践的落地。展望未来，可以用"相通、跨界、公平、均衡"几个关键词概括未来式语言教育。学习的终身便利化将推动全球教育向着生态、完备以及普及的目标靠近，学习将成为每个人生活的常态。随着语言经济的兴起，中文教学与经济发展的关联日益紧密，经济类语言文化的萌芽为中文教育带来了新的发展机遇，职业教育领域的中文教学展现出新的发展趋势，例如随着中国高铁走向世界，中文教学领域也得到了不断拓展。这种教育模式的创新不仅提升了教育生产力，拉近了学习与应用的距离，更是对社会需求的积极回应。

在全球化时代大背景下，未来的教育将朝着开放化、国际化、包容化方向发展，将持续以人才培养为核心导向，引领时代潮流。在这一过程中，我们面临着来自"如何设定语言文化传播目标、培养何种传播人才、如何有效实现人才培养"等多方面的挑战。未来国际中文教育与中国文化国际传播应该更加重视语言学习，实现学习者通过语言学习成为"全球公民"的目标，这同时也是联合国教科文组织面向未来教育倡导的发展方向。为此，我们需要探索拓展项目式学习、任务型教学等多元化学习方式，形成"跨学习社区、跨文化沟通、跨学科发展"的文化交流道路，在专门用于中文教学和"中文+"职业教育等领域实现多层次的"跨"和"通"。

科技的进步正在引领教育领域发生深刻变革，未来的教育将更加注重个性化、跨界融合和全球化发展，通过语言媒介这一重要策略能够进一步加快中国文化的国际传播，为培养具备全球视野和跨文化能力的未来公民奠定坚实基础。

---

① 陈睿. 国际中文教育新模式——在线中文教学 ［J］. 大众文艺，2020（02）：238.

第二节 受众策略

一、受众分析

文化传播的受众指的是传播内容的接受者，传播者通常需要根据传播群体的文化背景、学习习惯以及对中文的需求来选择传播方式及媒介。

（一）受众的国别

中国改革开放以来，随着中国经济快速发展，综合国力不断增强，我国和众多国家建立起良好的合作关系，中文以及中国文化也吸引了众多学习者。中文受众群体逐渐庞大，涉及德国、英国、法国、俄罗斯等欧洲国家，美国、墨西哥等美洲国家，赞比亚、摩洛哥等非洲国家，韩国、泰国等东南亚国家，尼泊尔、巴基斯坦等南亚国家，以及新西兰等大洋洲国家。

（二）受众的社会身份

受众的社会身份可以分为学生、教师、政府工作人员、企业员工、退休人员、社区居民等。为了适应世界各国、各地区人民对中文的需要，中外合作建立了非营利性的教育机构，例如孔子学院。孔子学院的招生年龄要求通常在 3至 18 岁，但考虑到受众的社会身份多样，孔子学院还专门设置了许多成人课程，包括短期成人课程、定制课程等。除孔子学院外，还有其他汉语学习机构，它们与孔子学院共同承担起受众群体多样化的学习需要。

（三）受众的职业需求

中文学习者在受众职业需求的驱动下出现了不同的学习动机。学习动机，可以分为外部动机和内部动机。受外部学习动机驱使的学习者，他们大多受到家庭、学校和社会的影响而学习中文，学习者希望达到的效果可能是帮助家族事业更好地发展或完成学校结课要求。因此，他们的学习需求相对来说不清晰。内部动机包括融合型动机和工具型动机。[1] 融合型动机是指学习中文是因为喜欢中文和中国文化，而愿意和中国人亲近并进行友好交往。因此，这类学习者的学习需求是希望能更好地了解中国文化，等自己来到中国的时候可以更顺利地

---

① 张雪松. 针对韩国留学生学习动机与教学策略研究——从教育心理学视角分析［J］. 时代教育，2015（07）：173-174.

融入中国的社会生活。职业需求多存在于工具型动机。工具型动机是指学习者为了考取证书来谋求更心仪的岗位，或为国家作贡献，提升本国国际地位而自觉选择学习中文，因此，这类的学习者更重视中文的实用价值。外部动机和融合型动机多存在于学生、家族企业的老板、社区居民、退休人员等社会角色中，工具型动机则多出现在教师、政府工作人员、企业员工等社会身份中。

二、基于受众的文化国际传播策略

（一）抓住学习兴趣

兴趣是最好的老师。学习一门新的语言是一场艰难而持久的战斗。为了让学习者持之以恒地学习中文，学习者应积极养成学习中文的兴趣，在学习过程中找到适合自己的学习方法，长期保持学习中文的兴趣。如何吸引学习者学习中文？举办文化活动是一个屡见不鲜的形式。文化活动是一种直接、传播性广的文化传播方式。通过孔子学院举办的各种文化活动，学习者可以直接感受到中国文化的魅力，以此来鼓励学习者更加深入地学习中文和中国文化。各地区孔子学院举办的文化传播活动多是围绕中华优秀传统文化展开，目的是让人们对中国以及中国文化感兴趣，从而加深对中国文化的学习和理解，促进中国文化的国际传播。由于普通展示类文化活动不能给人们带来实际帮助，难以让人产生再次参加的想法，这就要求孔子学院不断创新各种文化活动形式，开展类型多样化的中华文化活动，如表演、展览、比赛、讲座、交流会等形式。但要注意的是，受各地区文化习惯影响，不同地区的孔子学院会有侧重地举办不同类型的文化活动。学习者可以事先了解各地举办的文化活动。例如，欧洲国家有沙龙文化传统，论坛、研讨会、读者见面会等文化活动较多。欧洲国家的民众习惯互动性、参与性强的活动。孔子学院还开办了文化体验和文化赛事类活动，在活动中安排了互动环节。学习者也可以在文化体验和赛事类活动中感受到中国文化的博大精深。喜欢文化交流这种活动形式的学习者可以多参加文化沙龙，吸取他人对中文和中国文化的看法，在活动中找到志同道合的学习伙伴。美洲民众更喜欢现场气氛热烈的活动，普通民众对于直观的文化展示接受能力更强。因此，美洲的孔子学院多举办的是游戏式、体验式的文化活动。这种活动规模小、灵活性高、现场气氛活跃，更便于活动的展开和观众的参与。喜欢热闹氛围的学习者可以在美洲的孔子学院感受氛围。

同时，孔子学院会针对不同社会身份的学习者，选择开展不同的文化宣传活动。因为中小学生心智还未成熟、注意力容易分散。年龄较小的学习者可以选择有趣、参与度高的文化活动，如包饺子、使用筷子、春节晚会等活动。孔子学院在举办面向中小学生的活动时会有随机抽奖环节，将中国特色的小零食、中国结、剪纸作品等作为奖品赠送给参与者。针对年龄较大的学习者或具有融合类型需求的学习者，孔子学院还组织了文化体验类活动。由于《甄嬛传》《花木兰》，以及武打明星成龙在国际上的流行，文化活动会将流行元素以语言和文化结合的方式呈现给参与者。在文化活动中，学习者可以体验用毛笔写自己的中文名字，学习电视剧中的经典台词，参加中国传统服饰、中国适合旅居城市的知识竞答，还可以观看中国功夫、中医的表演。但对工具型动机的学习者来说，和中国传统文化相关的文化活动具有观赏性但缺乏实用性，可能达不到吸引他们的效果。中文学习者，可以根据孔子学院设定的特定主题，考虑是否需要参加体验。

（二）教材和课程选择

教材是学习者获得系统知识，帮助学习者掌握学习内容的主要材料。孔子学院的教材由孔子学院总部组织策划编写，虽然主干教材出版了多个语种的版本。但有多项研究表明，孔子学院的教材内容陈旧，与时代脱节。许多研究者指出孔子学院统一编写并出版的教材不能很好地贴合当地实际，无法满足当地不同类型的学习者的不同需求。孔子学院继教材出版后，时刻关注各地学习者和教师对教材的认可度和接受度，也发现了这一问题。为了解决教材与地方融合不当的问题，各地区孔子学院联合本土教师编写了新的教材。在孔院上课时，有的课程会使用孔子学院自主编写的教材，有的课程会使用当地本土中文教材。

教材问题解决后，学习者可以根据不同的学习需求选择课程。如美洲的许多融合型动机的学习者对中国武术感兴趣，这些学习者可以选择带有"中国体育"元素的课程，包括中国的太极拳、八段锦、乒乓球、踢毽子等。同时，可以将学习中国文化历史课程和中医课程作为补充。在欧洲国家，中文学习者对艺术领域更感兴趣，他们可以选择中国艺术类课程，该类课程详细介绍了中国与当地的艺术的发展史，内容丰富，涉及音乐、绘画、书法、舞蹈、乐器等各个方面。

自改革开放以来，我国实行开放的对外政策，中国与各个国家友好建交。随着中国企业与当地合作逐渐加深，商务汉语也应运而生。面对政府和企业，学校开设了有关中国政治、经济、文化、历史、法律等内容的针对性课程。[①] 工具型动机的学习者可以参加孔子学院为了帮助有关部门更好地完成工作而设置的中华文化体验类课程，内容包括中国的绳编艺术、中国的剪纸技艺、中国的饮食文化、中国书法、中国茶文化和酒文化、中国各代传统服饰、中国不同民族的音乐等等。随着中国企业在泰国投资领域不断拓宽，东南亚和非洲等国家形成了"中文+职业技能"的人才培养模式，大量汉语技能人才紧缺的行业出现，出于工作需要或有求职需求的学习者增多。为了满足学习者的职业需求，孔子学院从实用性的角度出发，在设置常用汉语教学课程外，还开设了中文与当地特色产业相结合的相关课程，设置与专业相关的理论课程和实践课程。学习者要想在职业活动中更快地适应工作和生活，还应该选择口语练习课程，进行对话演练。学习者必须正确认识自己的汉语水平，并选择合适的班级进行学习。例如，泰国孔子学院设置的汉语言（口语）课程，内容包含入门、初级、中级、高级口语课程以及 HSK 辅导课程。这样的课程遵循了专门、速成、提高的学习规律，减少学习者的时间成本的同时还提高其学习效率。

（三）中文学习习惯的养成

学习者来自不同国别的国家，不同国家有不同的学习习惯。各地孔子学院的教师主要是公派汉语教师与汉语教师志愿者。在孔子学院，课堂教学是离不开作业、课堂提问等教学方式的。部分中文学习者可能要改变既有的学习习惯以适应课堂教学。从学习习惯来说，欧洲国家坚持终身学习理念，注重职业教育。他们关注创造能力和逻辑思维能力的培养，鼓励相互尊重和两性平等，重视思想交流和观点表达，希望能够形成积极的价值观。美洲国家的教育是让学生积极思考、独立学习。他们注重培养学生学习积极主动的态度，要求教师在学生身心成长的过程中不断鼓励学生，培养学生独立学习和独立思考的能力。在学习习惯的驱使下，欧洲和美洲的学生表现出对学习活动的参与性高、课堂表现活跃、表现欲和动手能力强的特点，来自欧洲和美洲的学习者可以很好地适应中国式教学。南亚国家注重师生之间的地位平等，以及学生学习和生活的独立自主。他们在课堂上往往约束性差。南亚的学生认为中国课堂的教学模式过于严格，教师对学生的要求过多、课堂氛围严肃、教学管理严格。南亚国家的学习者应该适应中国人对学习和考试的严肃态度，理解中国尊师重道的传统

---

① 兰萌萌. 孔子学院在韩国汉语教学中的社会角色——基于对韩国汉语教学市场的分析 [D]. 济南：山东大学，2019.

美德，认真对待中国的考勤和考试。学习者要多和教师沟通交流，避免出现学习者认为教师限制人身自由的误会。泰国受佛教影响，礼仪观念很强。泰国学生非常尊敬教师，同时活泼好动、动手能力强，但是时间观念弱。泰国的学习者虽然尊敬教师，但是往往不能遵守课堂秩序。学习者应遵守上下课时间，认真听讲，跟着老师的讲授内容做笔记。避免出现上课迟到、旷课、随意讲话和进出教室、自由上厕所或喝水的情况，影响教师上课秩序。学习者的一些准备工作应该在课间完成，如果有特殊情况再向老师举手示意。韩国受中国文化影响，非常重视教育。由于"韩国高考对汉字检定考试（HNK）成绩和汉语水平考试（HSK）成绩有认定加分"，① 一些企业会将汉语水平考试（HSK）的等级作为录用的一项标准。因此，很多韩国学习者为了得到一份证书而学习汉语，中文学习带有浓厚的应试色彩。除了公办学校，学生还习惯借助辅导机构解决学习需要，因此，韩国私人教育市场十分繁荣。但是，韩国人普遍存在熬夜和喝酒的习惯。中国人认为好的身体是革命的本钱。韩国学习者需要改变自己的生活习惯，减少喝酒和熬夜的频率，将时间投入学习中去。

（四）学习资源更为丰富

随着全球化的深入和社交媒体的快速发展，近几年，在新冠疫情的形势驱使下，新媒体技术兴盛起来，极大地丰富了学习者的学习资源。微信、QQ、微博等网络社交平台从最初的聊天工具逐渐发展成为一个涵盖语音、视频文字、人际沟通交流、社会文化传播等众多应用于一体的新型媒介，不断深入人们的日常生活。② 学习者可以加入网络平台的课程。目前教师以及学生都开始利用网络平台实现交流，通过社交平台及时发送学习资料，布置学习任务。

学习者可以通过学习软件学习汉语。第一种类型是翻译软件，融合型动机的学习者可以利用翻译软件学习汉语。随着技术的革新，翻译软件的功能进一步细化为汉字学习、汉语词汇学习、汉语常用句式学习等。学习者可以根据自身需求，对汉字和句子进行针对性学习。第二种类型是汉语学习软件。这种软件也随着全球旅游热流行起来。学习软件的功能更加全面，包括翻译和学习两个方向。汉语学习软件为了留住用户及众多汉语学习者，还增加了具有趣味性和娱乐性的技能类学习，涵括了听说读写四项技能。第三种类型是综合打卡和

① 焦毓梅，于鹏. 韩国汉语教育现状分析及发展前瞻［J］. 长江学术，2010（03）：131-161.

② 高飞，张旸. 汉语国际教育中新媒体移动学习运用再思考［J］. 绥化学院学报，2023（12）：105-108.

语言学习的软件。这类软件学习类功能不太全面，注重汉字和听力的练习。但该类软件为了督促学习者学习而增加了打卡功能，起到一定程度的监督作用。中文学习软件种类多样，学习内容丰富，但学习重点、质量各有侧重。学习者应该仔细甄别，根据自己的需要选择合适的学习软件。

学习者可以多关注学习网站。孔子学院建设的官方网站会根据自身特点做好学院简介、师资力量、教学课程、文化活动等板块，做到线下和线上相结合。

近年来，YouTube、Twitter 等国际社交媒体平台尤其是抖音等短视频平台成为近几年发展比较火热的社交媒体，由于其交互性强、不受地域限制、内容丰富、表现形式好等特点，涌现了大量教授语言类自媒体博主。学习者可以通过网络博主，以及网络直播课程学习汉语。中文学习者来自五湖四海，微信、微博、QQ 等即时通信工具存在时差等问题，并不能很好地开展课程，网络直播课程成为学习者重要选择。网络直播课程充分发挥了它的灵活性，为身体残疾或有社交障碍的中文学习者提供了极大的便利。普通学习者还可以将网络直播作为学习反馈的手段，巩固学习成果。

第三节　技术策略

目前有关"汉语热"的消息层出不穷，我国中华文化和汉语教育正在走出国门，汉语作为世界许多发展中国家的重要语种之一，不仅在发展中国家占据重要地位，还在发达国家流行起来，不少发达国家也设立了汉语学科，如在美国，开设汉语课堂让更多的美国高中生掌握了汉语。我国的毗邻国家朝鲜、日本掌握汉语的人口更是大幅上升。此外，中外合作建立的非营利性高等教育组织孔子学院也如雨后春笋般在世界各地兴起。然而伴随着"汉语热"的兴起，国际汉语师资教学策略建设迫在眉睫，在这种背景下中国国家汉语推广领导小组办公室研制了《国际汉语教师标准》，国际中文教师单位对汉语教师的要求也越来越高。对于广大国际汉语教师自身来说，如何达到这样的标准成为一名合格乃至优秀的国际汉语教师成为一个更为现实的问题。随着信息技术的发展，互联网技术逐渐深化普及，在这个"互联网+"的大背景之下，文化的交流方式也经历着深刻的变革。互联网信息技术作为一种高效的信息传播工具，为中国文化对外交流提供了诸多便利。随着新媒体科技的不断进步，各种尖端科技被应用于教育领域，丰富了中文学习资源，大大拓宽了知识领域，还为中文学习者提供灵活多样的学习方式。使我们得以有效地处理以往我国汉语国际教育跨文化交流的诸多难题，从而显著地提高我国汉语国际跨文化教育的教育水平，促使跨文化交流的持久性发展。当前，以"汉语文化交流""文化交流策略""教育技术策略"等关键词在中国知网查询，查询到文化交流的策略研究自2004年之后不断发展，整体呈上升趋势，且在2022年达到峰值。文化交流作为一个永恒的主题，在新世纪有着重要研究价值。汉语具有深厚的文化内核，它不仅是一种语言工具，其背后所蕴含的独特中华文化还是中华民族的精神符号。因此，在"互联网+"时代背景下，探索有效的技术策略，对中华文化的传承与发展，以及世界文化交流与理解有重要意义。

一、汉语国际教育开展线上教学培训

（一）加快建设汉语国际教育线上资源平台共享

海外汉语教师需要根据学生的学情选择教材，独立完成备课等任务，但目前可供海外教师选择的教辅资料和媒体学习资源比较匮乏。比如针对不同国家的语音资料和视频资料，可供辅助教学的测试题等零散化，导致汉语教师教学备课难度大、耗时多，多数教师面临教学投入大、效率低的教学困境。另外，教学内容很难及时更新，过时的教材使得海外汉语教学效果不佳，加剧海外教师从业压力。面对这种形式，为了支持汉语教学，我们可利用网络平台将相关的海外教学课程资源进行整合，构建汉语国际教育线上资源共享平台，加快线上资源共享，促进文化的教学和传播①。对于有关汉语教材教辅方面的需求，我们可以将电子教材、试题、教学课件及教辅资料放到这个资源共享平台，平台根据当下的时代热点来及时更新教材的内容，便于教师备课和教学。此外大家也可以将自己认为好的资源发布到这个资源库中，方便大家流动使用，使全部教学资源实现免费共享。将教学中的多媒体资源设立一个单独的版块资源库，资源库包括各类音频、视频、影视资源和线上游戏等，便于海外教师挑选相关的汉语文化内容开展课前的导入环节，挑选音频资料为教学创设情境。针对具体的汉语知识点设立专门的版块，再根据不同国家不同层级教学难点录制微课、慕课和各类教学视频，我们将这些整合为课程资源库，便于海外教师对不同国家和知识点检索和学习。线上资源库的建设可以减轻海外汉语教师备课的压力、

---

① 李宝贵，魏禹擎．中文纳入法国国民教育体系现状、动因、挑战与对策［J］．天津师范大学学报（社会科学版），2021（03）：7-15.

提高教学效果，同时也推动海外汉语教学长远发展。

（二）积极推进岗位培训，及时为海外汉语教师提供支持和帮助

在培训方式上，利用直播和录播相结合的方式促进培训效果最大化。录播课和直播课各具自己独特的优势，在培训中我们兼备两者的优点并相互协作。录播课能够让教师依据自己的工作行程来安排适合自己的学习时间，教师可以在观看录播课的过程中任意暂停和回放，并有充分的时间记录文字和思考，而直播课则能够提供更多交流和互动的机会，促进学习者之间经验分享与任务合作。直播课类似专家讲座和名师分享会等，这种方式适用于在线人数较多的场景，直播的形式也能为教师提供一种强制性的学习体验，它要求教师能够及时跟上培训的节奏，需要教师合理安排自己的听课时间，最大化提升学习效率。因此，可以将不需要采用直播形式的课程，如理论课等通用课程，改为录播课程，以满足教师个人需求。综合而言，录播课和直播课在提供学习方式和机会方面各有优缺点，可以根据不同课程内容的特点选择适当的方式，从而达到最佳的培训效果。

在资源共享方面，我们尝试使用以 QQ 为主，微信为辅的通信手段。这两种软件是当前国内使用率最高的两款社交 APP。使用 QQ 群可以在培训人员管理方面起到很大的作用，通过限制加群以及管理群聊信息等方式，可以避免不相关的人员加入，并且群内可以设置个人的标签进行分组，使得我们在培训的过程中能够轻松找到每一个培训人员。此外，QQ 群强大的功能可以为培训者提供了方便的协作平台，群内的文件容量可以满足培训期间的文件传播与储存。当培训成员精确到以赴任国来划分时，我们就发挥微信的辅助功能，对同一班级内学员进行分班管理，以便于同一班级的中文培训者与教师联系。且微信群相对 QQ 更加注重个人的隐私保护，在对方不是好友的情况下，不能随意查看个人的生活动态和任意交流。

（三）通过网络技术制定合理的教学方案，将教学与文化交流相结合

在汉语教学交流中，传统的教学模式很少关注学习者之间的个性化差异，很多授课模式都是面向大众。现在，我们通过智能技术对学习者的自身情况以及个人需求进行数据分析与整理，使教师对学习者的了解更加全面，可以得到即时化、个性化、可视化的反馈，从而制定出合理的教学方案，帮助学习者及时调整学习方式，提高学习效率。

例如，在汉字教学中，教育者单纯地传授听说读写知识，大多数学习者在字形和读音方面能够得到较好反馈，但他们对汉字背后蕴含的文化内涵还是一

知半解，学习者的学以致用能力需要通过数据分析对教学效果进行评价，借助得到的数据结果，教师有选择性地针对一些学习者较为薄弱的知识点展开具体讲解，这样不仅节省了其他学习者不必要的听课时间，还能使学习者了解汉字产生的深层中华文化内涵。学生的水平不一，无法衡量解读文化内涵的学习结果，可以借助智能技术，分析学生在阶段时间内的学习表现，进而及时调整我们的教学对策，从而减少课程设定与外国学习者需求之间的错位。学习者学习汉语的难度较大，国际教师要把教学与日常生活相结合进行教学创新，链接学生的生活背景和实际需求，合理设计教学内容，在内容设计方面多挑选一些具有代表性和趣味性的中国文化，加深学习者的印象，这样才能减轻学习者对中国文化学习的距离感，在中文学习上投入更多精力。这就需要教师在内容设计上对不同文化之间的关联性和差异性进行比对，找寻其中可建立的联系。教师可以基于大数据的决策力，将不同国家的文化背景知识与我国的文化进行比对，精准地找寻其中的文化之间的关联性和差异性，从而精确地找到教学切入点，筛选出最适合建立联系教学的内容，制定相关的教学安排。让汉语国际教育与文化交流相关课程的制定更具科学性和前瞻性。

（四）教师应及时调整教学观念，主动适应国际教师角色的转变

培养海外教师自身的跨文化意识。很多国际教师以及中文学习者都存在着一种以"我群"为中心的"他者"固定思维模式，将自己认定为文化传播者，而将外国学习者划分为"他者"。只关注自身单方面的知识性传输，而忽略了关照学习者的主体地位的现象。要打破这种意识层面的刻板印象，最关键的是要从根本上改变认知态度。首先是教学观念的调整，应由以教师为中心转为以学习者为中心，建立以学生为主体，教师为主导的文化交流环境。但我们所强调的以学习者为中心的观念，并不是通过降低教师自身的角色去实现的，而是教师角色变得更为复杂。[①] 教师在课堂中仍然是文化交流的桥梁和纽带，是整个教学活动的组织和引导者。其次，在实践方面，作为教学活动的组织者和引导者，教师要多观察学习者的行动力，根据学生的需求和特点来组织活动，在教学活动的组织和进程中发挥引导作用，提高学生的参与度、加强对知识的应用能力。例如合理设置教学情境，开展趣味教学活动，有的外国学者有一定的语言学习基础，也积累了一定的语言学习词汇，但他们对中国文化的解读还浮于表面，

---

① 韩晔，高雪松. 国内外近年线上外语教学研究述评：理论基础、核心概念及研究方法[J]. 外语与外语教学，2020（05）：1—11+148.

在教学中，则要根据他们的水平来提高教学的难度和改变教学的方式。另外，要注重中国文化的引入，我们可以开展多种实践性的教学活动，比如给学生讲解中国的剪纸文化，在理解剪纸文化的基础上开展剪纸活动，或者通过开展茶话会，来传达我国的茶文化以及中国的哲学思想。参与到这些真实主题活动中来，学习者对汉语的学习就不止停留在"剪纸""茶"这些文字的表面意义上，还能更深入地理解并探究中华文化。在学习过程的评价反馈方面，教师应给学习者更多评价的机会，使学习者准确了解自己的学习状态。可以通过多元化的评价方式，如利用小组内组员评价和学生自评的方式，让学习者知道自己在学习过程中是被关注的，增强他们的外部动机。鼓励和积极地反馈对于教师来说是课程效果的一种参照。在学习过程中，教师应充分发挥引导作用，通过答疑的方式来帮助学生顺利完成学习任务，引导学生掌握有效的学习方法。对此，教师需要在教学前、教学过程中以及教学结束后为学生提供可使用的语言资源、技术资源和策略资源，促进学生自主学习。

二、国际中文教学与人工智能技术融合

（一）发挥类人机器人的交际功能，确保互动效果

针对海外文化交流师生互动性不强问题，可以通过开展教学活动，利用教学活动中的互动模式、互动要素、互动任务等形式，从不同方面来强化这种互动性。随着人工智能技术的不断发展，将机器人运用到教育领域发展前景较为乐观，在教育领域，机器人能够将知识进行加工整合，弥补教师与学习者彼此沟通上语言能力的不足，确保互动的效果。应用型类人机器人外表与真人没有很大的区别，甚至在肢体语言的智能表达上比人类更丰富，情感上的交际能力也具有真实性，可在一定程度上充当教师、家长、同伴的角色。当前国内教育领域中人类机器人的应用主要面向幼儿、特殊儿童等群体，未来有较大的应用潜力。

针对海外教学的互动不足等问题，可以充分发挥人类机器人的独特优势，形成课堂上师生之间互动、学生之间互动、人机之间互动的立体化和程序化的互动模式。当前海外文化交流也会面对一些特殊的儿童群体，这些儿童群体无疑又加大了我们汉语教师的教学互动难度，而人工智能的类人机器人刚好可以来充当这一部分教师的角色，通过程序的输入，类人机器人可以扮演不同角色与学习者进行文化交流互动。应用智能语音和情感识别技术的机器人不但能听

懂不同国家的语言，还会在人类交流过程中察言观色，感知人类的情感态度和情绪上的微妙变化。① 学习者内心的情绪变化以及心理状态，都可以使用类人机器人进行监测，避免学习者抵触情绪和不良行为的发生。在语言教学和人机对话的过程中，不但可以分辨不同水平学习者的语音及语法错误，还可以理清其本身的语义并顺利完成人机对话，帮助学习者实现用不同语言进行交际练习的目的。在学习过程中，学习者可以通过与类人机器人交流，训练自己的口语表达，调整自己的发音准确度，做到对学习效果的及时反馈，同时便于教学方案的调整。

（二）人工智能技术提升在线教学的个性化

传统的线下教学模式受时空限制，不利于中国文化的跨国性交流。在"疫情时代"的客观环境推动下，倒逼教学方式发生了转变，使得线上教学模式流行起来。如何建立完整的线上教学平台，将人工智能技术运用到我们海外的课堂管理和课堂教学中，强化传统海外课堂的线上交流向外延展成为一个亟待解决的问题。

为了确保线上教学互动效果和学生隐私安全，可以利用人工智能技术制定一套完整的线上教学互动的标准和要求。当我们进行线上交流时，管理者都会要求教师和学生在课堂学习过程中必须打开摄像头，以便监控课堂学习效果。但这也引起了很多争议，很多学习者认为这种做法侵犯了个人隐私。针对这种情况，我们可以利用智能技术的跟踪监测功能来化解争议。智能技术的跟踪监测功能可以单独跟进每一位同学的听课状态，且尊重个人意愿。只有在学习者认可的情况下老师才可以点开学习者的相关资料，学习者之间处于隐私的状态，这样，在确保线上学习的质量的同时也保护了学生的个人隐私。② 由于线上课堂师生之间无法进行面对面的交流，学习者和教师的情感维系就要更多关注，要求教师个人在语言和表情的管理上要比线下课堂更有激情且更具感染力，智能技术可以为教师制定不同的课堂互动交流模式来加强教师与学习者之间联系。其次，传统课堂的点名环节耗费课堂时间，我们可以利用人工智能的人脸识别或指纹识别技术取代课堂点名的形式，学生可以任选其一进行考勤。学生进入到线上课堂前，必须通过刷脸或指纹认证才能解锁虚拟教室，在记录考勤签到

---

① 曹晓明，张永和，潘萌，等.人工智能视域下的学习参与度识别方法研究——基于一项多模态数据融合的深度学习实验分析［J］.远程教育杂志，2019（01）：32-44.

② 贾积有，张誉月.人工智能与教育：机遇、挑战与对策［J］.北京大学教育评论，2023（01）：49-61+188-189.

后，才可以进入学习课堂，这样可以有效地预防逃课和替课等混乱现象出现。通过智能技术创造这套个人信息系统，明确信息化教学服务和师生个人隐私的边界，从规定和技术两个层面来保障学生信息安全和学习效果，避免无意中侵犯学生权益。

　　人工智能技术应用到在线教学环节，主要包括情绪评估、语音评估、过程性反馈、个性化作业设计等方面。首先，在教学提问过程中，可以借助人工智能的面部表情识别技术客观评价学生的情绪变化，在教学过程中去评估学生课堂情绪的波动变化。① 进而初步了解到每一位学习者的情绪变化，为教师营造课堂氛围，提升学习者的学习专注力以及学习动机提供数据和信息支持，便于教师科学有效地提问。其次，在线教学练习环节可以利用人工智能的语音识别技术对学习者所朗读的词汇或句子进行语音识别、评估，教师可以根据评价结果，对个别学生的发音问题进行针对性指导。利用人工智能的语音交互技术，让学习者体验与人工智能的对话问答练习，也可以开发竞技游戏的模式来检验学习者的学习情况，如设置双人对战或多人协作游戏，完成书面或口头练习。利用人工智能的自动批改技术可以及时评价学生的学习结果，以及对数据进行统计，分析学习者的问题出处，并有选择地反馈给教师和学生。这既能缓解教师的作业批改压力，激发学生兴趣和荣誉感；还能助力教师精准教学，提高教学效果。此外，在课堂质疑环节，中文学习者可以利用弹幕评论功能进行提问。弹幕形式多样，不只有文字形式，还支持语音评论，人工智能可以通过识别学习者的语音，将不同的语言转化为文字的形式进行弹幕发送，学生可以随时对在线教学所产生的疑惑进行反馈。但反馈时我们要求学生尽量使用中文，对话框会显示相关的中文提示。

　　利用智能语言处理技术对这些弹幕评论进行总结，进行关键词提取和文字纠错，为教师有效集中答疑提供数据支持，便于教师给学习者输入中文纠错和校对。此外，这些数据还反映了学习者的培训效果，为教师评价打分提供数据参照。最后，改变传统的单一化作业模式为个性化的作业模式。人工智能技术可以根据学生学习的出勤率，结合学生的学习状态和个人能力情况等学习数据，对学习者进行多维度的分析，发现学生学习过程中的薄弱环节和知识盲点，并为每一个学习者提供适合自身水平的相关个性化、智能化的知识信息、练习题

---

① 李勇帆，李里程. 情感计算在网络远程教育系统中的应用：功能、研究现状及关键问题 [J]. 现代远程教育研究，2013（02）：100-106.

等学习资源，帮助学生记忆和查漏补缺，避免出现重复低效的作业，浪费时间。

三、利用虚拟现实和增强现实技术促进文化交流

（一）利用虚拟技术营造实景课堂

虚拟现实简称 VR，指的是通过计算机技术生成与真实环境在视、听、触感等方面高度近似的数字化环境，用户借助装备与数字化环境中的对象进行交互，产生身临其境的感受和体验。① 增强现实简称 AR，是广义上虚拟现实的扩展，通过计算机技术将虚拟的信息叠加到真实世界，使真实的环境和虚拟的物体实时融合到同一个画面中。② 在非目的语言国家的语言环境下学习第二门语言，学习者由于无法亲身体验目的语言国家的自然风光与人文环境，无法体验风俗文化与生活方式，再加上不同文化之间存在巨大差异性，很可能造成学习者在语言学习过程中对目的语言国家的文化产生感知困难。

虚拟现实和增强现实技术刚好可以帮我们来营造这种感知的氛围，让学习者头脑中所幻想的感知效果成为现实。传统课堂中所冥想的情境模式边界被扩大，学习者可以通过这种身临其境的体验去进行自主地探索和发掘中国文化，在情境中深入理解目的语言国家的文化。③ 为此我们利用这两项技术来打造一种实景课堂，实景课堂与传统课堂上教师口头描述、图片呈现、播放视频等授课方式不同，教师处于实景课堂的一体化环境之中，可以根据真实的场景呈现来讲授教学内容，通过现场观摩激发学生探索世界的兴趣，让中国文化的学习不再局限于书本文字的空洞之中，而是跨越了时空、真实立体地呈现在学生面前，学习者通过远程也能实时地交流丰富多彩的中国文化知识。

当前这种实景课堂已被采用，且受到了很多外国学习者的欢迎。例如中国华文教育基金会的实景课堂开展后，来自多个国家教师和学习者跟随镜头一同前往云南昆明，欣赏这座美丽的城市。在实景课堂上，教师可以带领学习者去参观昆明的各个景点，对于外国学习者熟知的传统建筑，老师也可以做出详细地介绍，学习者会发现自己感兴趣的知识点有了情境的支撑后，更愿意深入学习。在内景老师的引导下，学习者跟随着镜头近距离欣赏了许多著名景点，欣

---

① 张会，陈晨.“互联网+”背景下的汉语国际教育与文化传播［J］. 语言文字应用，2019（02）：30-38.

② 赵沁平. 元年之后的 VR 发展趋势［J］. 科技导报，2017（15）：1.

③ 郑艳群. 新时期信息技术背景下汉语国际教育新思路［J］. 国际汉语教学研究，2015（02）：26-33.

赏的过程中配合着教师讲解景点背后蕴含的文化知识，学习者的学习热情明显升高。中文学习者可以一同靠近中国城市，彼此交流学习。世界各地的学习者可以随时与中文教师互动，学习者通过这种近距离地感受，拉近与中国文化之间的距离，更容易理解中国文化。在实景课堂，老师能引导学习者在反复研讨、深入挖掘的基础上，进行理性地思考和判断，学习者也能提出更多自己的见解。在教学讨论区，老师整堂课全程跟踪点播学习的疑难点，学习者可以与老师共同探讨问题，老师不是简单说教，而是在这种近距离的实景体验中，引导学习者自主地接受学习。在实景课堂中，推广教师通过这些现代教育技术将抽象的知识具象化，让广大中文学习者了解中国的文化风格、风俗人情以及历史文化。在实景课堂中，教师还可以借助强大的网络技术支持，借助数据分析学生在实景课堂中的参与热情以及对某个知识点的掌握程度。根据这些数据分析的结果，教师可以及时梳理整合教学中的关键点，合理调整教学进度，为文化交流制定更完备的个性学习计划，推送适合学习者理想化的学习资源，满足学习者的个性化需求。

（二）"虚拟旅游"加强文化体验的真实性

"虚拟旅游"这个概念最早出现在西方国家，在我国的发展时间相对比较缓慢，我国对于"虚拟旅游"的应用与开发较少。随着多媒体技术的不断创新，"虚拟旅游"模式逐渐暴露在大众视野。"虚拟旅游"是在原有的实地旅游基础上应运而生的，指的是通过先进的时代技术构建出想要到达的心仪旅游场所。在多媒体技术的操作下，观光者可以领略不同地域的旅游景观。在这个背景之下，我国境内的很多文化旅游景点可以利用这种技术，打造属于自己特色的虚拟立体空间。将这种构造的景点虚拟空间运用到汉语交流的过程中，可以让世界各国的汉语学习者都能进行虚拟旅游，体验来自不同国家区域的文化特色，在虚拟的网络世界中感受书本上所描述的外国景色。在此模式下的汉语文化交流可以打破传统文化交流中时间与空间的限制，进而有效提升我国汉语国际教育跨文化交流的时效性。[①]

不同的文化所孕育的建筑风格属性不同，每个地域的住宅风格也都深深地烙上了属于自己的独特文化印记。借助于虚拟技术，可以在虚拟的旅游景区中进行古文物建筑景观的在线修复重现，对建筑的材料、构建、雕刻装饰以及中国庭院的布局原则等文化进行深度剖析。其次，"虚拟旅游"的学习方式有助于

---

① 李梦月. 新媒体下移动学习在汉语国际教育中的应用［D］. 郑州：郑州大学，2016.

中文学习者更新对我国民俗文化层面的认识，产生时代性的新观念。

由于所处的自然地理环境差异，使得中文学习者形成不同生活习惯，生活习惯时刻影响着人们的生产和生活方式。虚拟旅游通过模拟场景调动多方面的感官，从声音、画面等多方面的景象来模拟各民族、各地区的节气、礼仪等民俗文化。例如，在对我国古建筑遗址文化的认识层面上，"虚拟旅游"超越了图片和音像的局限，可以让学习者近距离地感受每一栋建筑的独特风格。同时，教师可以更加直观地讲授古代建筑的修建过程，以及其中蕴含的中国智慧。中国古建筑向我们展现的是中国城市的建筑历史，不同年代的建筑，记录着城市发展的轨迹，见证着城建活动的史实。了解中国古建筑，有助于外国学习者了解和认识中国城市建设与发展，理解中国文化。

文化的差异影响着人们的生活方式，虚拟旅游通过生动的声音、画面、多方面的环境展现模拟各民族、各地区，对节气、礼仪等民俗文化进行趣味化展示。如中国的节气，二十四节气是我国农耕文明的产物，蕴含着悠久的历史积淀和人文内涵。借助"虚拟旅游"的方式，挑选每个节气的当天进行虚拟场景，借节气的氛围感来普及节气文化，并结合相关的民俗、历史、趣味实践，可以将节气文化更加生动立体地呈现给受众。还可以通过弹幕、话题讨论等方式进行互动，便于海外受众表达自己的感受与理解。在节气当天进行虚拟的旅游，挑选一些各地具有代表性的节气影像进行铺垫，让海外观众有强烈的代入感，感受到传统节气故事的真实性。如在讲述"惊蛰"节气时提到农民开始农耕，观众可以通过虚拟旅游的方式在"桂林东漓古村"实时观看古村村民遵守二十四节气变化进行农耕的场景，开启一段节气的"云之旅"。除了节气的民俗景象，还可以在节气文明中注入人文关怀。如"惊蛰"这一节气，除农耕场景外，还有放风筝和吃梨的习俗，向学习者展现中国节气的民俗与活动，让他们在切身感受与故事中了解中国文化。以节气为线，通过串联起诗词、历史等中华优秀传统文化，并辅之以通俗易懂的解说，打造出雅俗共赏的文化影像，让受众对节气中蕴含的中国智慧有更深刻的认知。

四、直播在汉语国际教育中的推广应用

"直播+回放"教学模式在汉语国际教育中的应用极为普遍，教学效果表现良好。传统的教育课堂，每个教室的学生人数最多只能达到几十人，教师的教学成果无法最大程度地扩大，学生的学习资源也受到了限制。但在网络"直播+

回放"的模式下，在网络条件允许的情况下，教师的直播可以到达世界各地，且学生人数不限定，世界各地的汉语学习者都能及时参与到中国文化的交流中。在很多海外国家，由于缺乏优秀的汉语教师，他们对汉语知识和中国文化都了解甚少，想要学习汉语并不容易。网络直播平台为各国的汉语学习者提供一个自由开放的学习平台，学习汉语不再是一件困难的事。直播平台可以最大化地聚焦国内外的专家和优秀汉语教师，这些教师通过直播的形式和世界各地的汉语学习者见面，一同交流中国文化，帮助他们了解中国文化，提高汉语交际能力。

直播模式有效地促进了师生间的沟通交流。线上视频课程教学虽然可以反复观看，但其最大的缺点在于在学习过程中学生无法与教师进行实时互动。当遇到晦涩难懂的问题时无人解答，很容易造成学生学习体验感的缺失，难以与教师建立情感上的维系。而直播模式恰巧弥补了这一缺点，学生可以通过网络平台与教师进行互动，对于课程中出现的疑问，也可以第一时间和老师沟通解决。很多学生表示通过直播课堂可以认识来自世界各地的汉语爱好者，他们可以彼此交流汉语学习成果，以及各自国家的文化特色。

教师通过直播对于学习者的共同疑问或相关的自测进行精准的讲解，明确学生掌握了本课所学的内容后，教师可以通过直播平台发放相关的语法词汇阅读材料，并让学生在规定时间内完成相关测评。在直播课堂上，完全可以做到真实测评，教师可以严格地对每一名学习者的练习过程进行实时监控，快速全面地掌握学生的学习情况，科学实现过程性评价。来自海外的中文学习者可能一开始跟不上学习进度，容易产生焦虑情绪，教师可以在监测的过程中及时发现这种情况，给予耐心指导。直播课堂教学中讲解、练习轮流进行，避免了学生只听不做的现象以及注意力分散、学习倦怠等问题。网络直播课程还让贫穷偏远地区和一些发展相对落后的国家对汉语感兴趣的学习者享受到和大城市学习者同等的学习资源，也有利于汉语的国际推广，让更多人了解中国文化。

第四节　传播策略

一、有关文化的相关定义和有效传播理论

梁漱溟教授在其文化社会学理论中提出，文化可以概括为三个核心组成部分：首先是精神层面，涵盖了宗教信仰、哲学理念和审美偏好等；其次是社会

层面，包括了社会伦理、政治架构和基础经济联系等；最后是物质层面，涉及服装、饮食习惯和技术技能等。① 随着人文主义研究方法的流行，文化被重新定义为一个在个体体验中逐渐形成的意义系统，而非固定不变的实体。这种理解强调，在文化教育和学习中，应当超越单向的信息传递，通过互动促进学习者内在的文化理解和构建，以促进文化的真正交流。根据传播学的理论，有效的文化传递意味着在不同文化背景的个体之间建立起共同的理解。② 这一过程实质上涉及信息的编码、通过符号和媒介的传递，以及最终的解码活动。

在赵毅衡教授的《符号学：原理与推演》一书中，他阐述了符号学的核心观点：符号所表达的是尚未实现的潜在意图，而非直接的意义，意义的产生依赖于解释的过程。③ 在这个"理想过程"中，符号的发送者会根据一套符号系统（符码）对信息进行编码，将意图转化为符号文本，而接收者则通过解码，将这些符号转化为可以理解的意义。

接收者在解读文化符号时，往往需要深入挖掘文化符号背后隐藏的深层含义，这包括文化和意识形态的影响。符号意义的成功传递，很大程度上取决于发送者和接收者是否能够共享相同的符号系统。在这个互动过程中，如何利用符号文本影响他人的认知和意识变得尤为关键。文化传播的一个有效策略是让他人讲述自己的故事，而文化传播成功的关键在于满足接收者的需求，而不仅仅是传播者的行为。这些观点为我们在教学设计上提供了启示。通过共情、对比和分享，可以在学生与目标语言或文化之间建立起心理联系，对比不同文化的异同，找到共鸣点，从而理解目标语言文化的思维方式和价值观。这样的教学方法不仅能够增进学生对不同文化的喜爱和理解，还能减少误解和歧义，促进文化的和谐共存。④

二、中国文化国际传播策略探讨

（一）文化教学策略

第一，叙述感知中国文化故事。在国际中文教育中，采用故事教学法是一

---

① 梁漱溟. 中国人：社会与人生［M］. 北京：中国文联出版公司，1996：88-154.

② 新华网. 孔子学院的教与学：许琳"谈中华文化走出去"［J］. 海外华文教育动态，2011（12）：118-122.

③ 赵毅衡. 符号学原理与推演［M］. 南京：南京大学出版社，2016.

④ 全京. 中国文化有效传播视域下的国际中文教育教学设计初探［J］. 汉字文化，2022（S1）：152-153+175.

种有效的方式，它能够以简单、直观、有趣的形式向学生介绍文化内容。这种方法通过围绕一个中心主题，结合故事的六个基本要素（人物、情节、环境、时间、地点、事件），构建出一个个引人入胜的文化故事。在教学过程中，主要以讲授为核心，辅以多种多媒体手段，如图片、视频、音频等，以增强教学的互动性和趣味性。对于物质文化，如具有历史价值的物品和技术，故事教学法能够跨越时间和空间的限制，用简洁的语言和直观的图像资料，将复杂的文化历史呈现给学生，帮助他们更好地理解和吸收。① 对于精神文化，如哲学思想、艺术审美等抽象概念，故事教学法可以将这些抽象概念具体化，通过故事情境让学生更容易理解和接受。在实施故事教学法时，教师应根据学生的汉语水平和文化背景，精心设计故事内容和讲述方式，确保学生能够理解并吸收所学知识。此外，应鼓励学生在听完故事后，尝试复述或讲述自己理解的文化知识，这不仅有助于他们内化所学的文化内容，还能提升他们的语言表达能力和应用能力。故事教学法的另一个优势在于它的互动性和参与性。让学生参与讲述故事的方法，可以激发他们的学习兴趣，增强他们的学习动力。这种教学方式不仅让学习者成为知识的接受者，更让他们成为文化传播的参与者。通过这种方式，学生可以在实践中学习和体验文化，从而更深刻地理解和欣赏中华文化的丰富多样性。②

第二，沉浸体验感悟中国文化情境。语言是沟通的桥梁，而文化则是感知世界的一种方式。仅仅通过讲授来传授文化知识，其教学成效往往有限，传统的课堂环境也难以满足学习者想要深度体验文化的需求。情境教学法是一种新颖的教育策略，它通过构建一个模拟的、互动的学习环境，让学习者通过实际参与来深入理解和体验文化知识。这种方法有效地将学习理论与实际操作相融合，促进了知识的深入理解和应用。例如，在教授有关自然景观和建筑风格等物质文化时，可以组织实地考察，让学习者亲身感受大自然的壮丽和建筑艺术的魅力。对于酒、茶、美食等饮食文化，可以安排学习者参与到实际的品酒、泡茶、烹饪等活动中，让他们通过味觉和嗅觉的直接体验来学习。对于音乐、舞蹈、戏剧等艺术文化，可以安排现场观看演出，让学习者在观赏中学习艺术的表达方式和情感传递。对于特定节日和习俗，如端午节的龙舟比赛、春节的

---

① 杨薇. 国际传播视域下国际中文教育文化教学的内容选择 [J]. 天津师范大学学报（社会科学版），2022（04）：41-46.

② 赵欣扬. 国际中文教育的文化教学与文化传播策略探析 [J]. 汉字文化，2023（S1）：134-136.

舞狮表演、元宵节的灯会等，可以让学生参与到这些传统节日活动中，体验民族文化的独特魅力。此外，通过参观博物馆、纪念馆，或者组织文化体验活动，如民间艺术工作坊、传统手工艺制作等方式，也可以有效地提升学习者对中国文化的感知能力。这些活动不仅丰富了学习者的文化知识，还增强了他们对文化多样性的尊重和理解。

在采用情景教学法的过程中，教师需要细致地了解学生的兴趣点和学习需求，以便策划出恰当的教学互动方式。这样的安排旨在让每位学生在参与的过程中感受到学习的乐趣，进而有效地消化和掌握文化知识。情境教学法不仅有助于学生知识的学习，还有助于学生在实际操作中锻炼他们的跨文化交流技巧和批判性思考能力，为他们在全球化背景下的沟通与协作提供必要的技能储备。

第三，在差异对比中理解中国文化。在如今全球化的背景下，社会展现出多样化的文化共生现象。在跨文化交流的过程中，各种文化间的差异、价值观、思想观念以及社会习惯等都会显著地展现出来。文化代表了一种民族的精神面貌，映射出该民族的历史积累和心智模式。我们国家每个民族的文化都有其独到之处，这些文化特质历经岁月洗礼，能够持续地保存并流传下去。文化学习则是一个不断探索和理解的过程，它涉及不同文化背景下的交流与互动。这种互动有时会导致文化差异的显现，甚至可能引起学习者的不适，即"文化震荡"。因此，文化教学是一个逐步深入的过程，它要求教师和学习者共同努力，以理解和尊重的态度面对文化差异。

在文化教学中，教师的角色至关重要。教师要积极跟进全球信息变化，紧随跨文化交流的新趋势。利用互联网信息渠道，不断地更新、优化教学内容，以在全球范围内获得更好的传播效果。① 在信息化时代，教师应具有国际化的思维视野。这种国际化思维视野，体现在他们承认世界文化是多元的、关注不同国家和地区之间的文化差异、以促进不同文化之间的交流和理解为目标，以更宽广的视野去观察全球趋势并掌握各个国家和地区在文化、社会、经济等方面的差异。教师要能预见学生在接触新文化时可能会遇到的困难，通过有效地引导和教学设计，帮助学生理解、融入新的文化环境，减少文化冲突，促进文化交流。

学习者在这个过程中需要主动探索，通过比较和体验，发现不同文化之间

---

① 李颖. 社会建构主义视域下中国文化网的跨文化传播研究 [D]. 西安：陕西师范大学，2019.

的相似之处和差异，从而在尊重的基础上理解和接纳新的文化。文化的价值不应被简单地划分为优劣。① 教育者应当鼓励学习者在保持对自己母语文化的尊重的同时，开放地接受和学习新文化。深入理解不同文化群体的生活习惯、行为方式及其文化内因，以国际化视野看待事物，具备开阔的思维、客观的文化观念，以及全局性的思考能力，在各种文化立场之间建立起联系。

在全球化的今天，这种跨文化的理解和尊重尤为重要。对于国际中文教育而言，教学的目标不仅是让学生了解中国文化，更重要的是帮助他们理解文化背后的深层含义，能够欣赏不同文化的不同之处，最终达到在多元文化环境中的和谐共处。

（二）文化传播策略

第一，培养教师的中国故事讲述能力。教师是中国故事的叙事主体，教师拥有深厚的文化知识、优秀的文化素养和崇高的使命意识，是讲好中国故事的重要保障。② 一直以来，承担国内高校留学生主要教学任务的都是负责专业教学的全职教师，近年来，随着留学生人数的增多和教育硕士培养方案的完善，越来越多的教育专业的学生有机会以实习教师的身份承担留学生教学任务。所以，在提升"我方"视角的中国故事讲述能力的过程中，负责留学生教育的教师和教育硕士都应该被看作是主要叙事者。

在思想态度方面，负责留学生教育的教师应紧跟时代、不断了解国际传播等相关领域的前沿知识，积极转变思想，提高对"讲好中国故事"理念的认识，并且以高标准要求自己，充分意识到作为中国文化的传播者应该肩负的责任，以及所扮演的"民间外交家"的角色，要主动学习"兼具'使命意识''时代精神''创新思维'和'战略意识'的中国特色大国外交理论"，③ 积极培养自己的外交思维和世界眼光，在一言一行中展示中国形象。

在文化素养方面，负责留学生教育的教师还要不断丰富自身文化内涵，提高文化底蕴，开阔视野，扩宽历史、政治、哲学等多方面的知识维度，并巧妙地融会贯通在课堂教学中。另外随着留学生生源的扩大，留学生的国别也越来

---

① 吴中伟. 中国文化教学与中文教学的结合途径 ［J］. 国际汉语教学研究，2022（02）：8-15.

② 于洪菲. 国际中文教育背景下文化类课程讲好中国故事的路径研究 ［D］. 沈阳：沈阳师范大学，2022.

③ 贾烈英. 论中国特色大国外交思想的理论内涵及实现方式 ［J］. 陕西师范大学学报（哲学社会科学版），2021（01）：17-24.

越多样,不同文化背景下成长的留学生和教师在交流时受高低语境传播的影响可能会产生各种各样的误解,所以教师还要不断更新跨文化交际知识,加强异域文化修养,提升跨文化沟通的素质,以应对不同背景的留学生的学习需求,减轻因跨文化交际知识不足而产生的误解,追求更好的文化交流与传播的效果。

在专业能力方面,负责留学生教育的教师要提高讲述中国故事的语言表达能力,改变传统的灌输式宣传,将中国故事和课堂教学巧妙融合,增强具有亲和力的教学能力,借助多种现代化的媒介工具提升课堂教学的感染力。另外,应充分发挥骨干教师、优秀教师的引领作用,开展与提升教师专业技能相关的讲座和培训,辅助新手教师共同提升中国故事的讲述能力。

教师在留学生教育的全过程中还要尤为注意的一点是,一定要避免文化中心主义。虽然负责留学生教育的教师要有充分的文化自信,但不能强行向留学生灌输中国人的价值观念、生活方式。讲述中国故事的目的是与人分享,是在文化的交流互鉴中增进世界对中国的理解。

第二,讲好中华优秀传统文化故事。中华优秀传统文化是我们最深厚的文化软实力,也是中国特色社会主义植根的文化沃土。为了更好地实现新阶段留学生培养目标,传播者需要不断完善中国故事的教学内容,在文化受众教学中积极主动地讲好中华优秀传统文化,形成具有中国特色的叙事体系。在这一叙事体系中,不仅要讲清楚从古至今中国的发展脉络,还要讲清楚漫长的历史进程中形成的独特的民族文化与民族性格。这些宏观的发展脉络和民族性格等不易被受众群体所理解的抽象概念蕴藏在一段段历史典故、名人故事、成语俗语之中,所以教学中要深入挖掘文本内容背后体现的中国文化的精神内涵,展现中华文明包容开放的特点。

解决完"讲什么"的问题,接下来要思考"怎么讲",怎么以润物细无声的方式将中华优秀文化的精髓融进课堂。首先要避免填鸭式的强行灌输,避免在教学环节生搬硬套地带入中国文化故事,可以根据教学内容灵活转变教学方式,以情景表演、课本剧等方式呈现历史典故、成语故事等教学内容。从传播效果上看,采用课本剧等柔性的浸润方式在教学内容中潜移默化地融入中国故事不仅形式新颖而且更容易被不同文化背景的受众所接受。对文化受众的课本剧教学可以借鉴《浮生六记》园林版的沉浸式表演形式,它将古典戏曲、文学作品和园林建筑三种艺术形式相结合,以沧浪亭这一建筑为舞台,使表演者和观看者在同一个空间里进行近距离的互动,以此增强观看者对昆曲艺术和文学故事的感受,这种沉浸式的教学形式对留学生的文化类课程中课本剧的表演具有借鉴意义。其次，要精心选取与教学内容相关度高的中国故事作为教学案例，做到课堂教学内容和延伸补充内容高度契合，尽可能用少而精的案例帮助学生理解相关的中国文化。再次，要注意平衡讲述中国故事和课堂教学之间的关系，课堂教学应以教材知识为主，讲述中国故事只是帮助学生理解教材内容的辅助手段，不能为了传播中国优秀文化而强行添加相关度较低的内容，不能冲淡课程本身要求的知识内容。从次，用新方法讲老故事，即借助新媒体手段，用学生喜闻乐见的优质短视频、经典纪录片片段等影像资料以丰富多彩的形式呈现中国传统文化。最后，要尽量为学生提供参与感强的小型课堂文化体验活动，例如在学习中国的剪纸艺术时，可以留出部分时间让学生亲自动手学习剪一些简单的图案，在学习中国的武术文化时，可以让学生亲自学几项基础的武术动作，让学生在亲身体验中加强对中国文化的感知和理解。

三、创新国际中文教育传播方式

（一）利用线上平台资源教学

随着时间的推移，学生们已经逐步习惯并接受了在线教育的形式。教育机构可以借此机会，通过线上课程和远程教育手段，将中国文化的元素整合进学生的课程学习中。[①] 互联网的广泛使用，为创建网络文化教育平台提供了便利，向海外学生传播中国语言和中国文化，帮助他们更全面地理解中国的历史、文化背景、社会结构以及当前的发展状况，从而提升他们对中国文化的认识和理解。此外，网络平台也为教师之间提供了相互了解、交流的机会，使得教学经验和教育资源得以共享。这不仅有助于提升教育教学质量，还能加深不同文化之间的相互理解，推动文化的交流与传播。因此，我们需要不断优化和丰富教学资源，促进国际的文化教育交流和相互学习，共同构建一个多元化的教育环境。[②]

（二）开展具有中国特色的教育教学

目前，国际中文教育领域浮现出了优质教材不足的问题。这种现象的部分原因在于，这类教材没能够与时俱进，教学理念过时，在内容的具体处理上缺

---

① 梁宇，刘晶晶，李诺恩，等. 内涵式发展之"内涵"：国际中文教育教学资源建设的维度［J］. 天津师范大学学报（社会科学版），2023（01）：38-44.

② 张金哲，耿欣雨，张静怡. 国际中文教育的中国文化传播现状［J］. 国际公关，2023（17）：167-169.

乏足够的精细度。因此，我们需要对教材进行改进，设计出一套综合性的课程体系。同时，加强对教师的专业培训，提升他们的教学技能和课堂效果，使他们能够更深入地理解不同国家和地区的文化特点。采用多样化且富有弹性的教学策略、教材内容，采用可定制化的教育服务，来构建一个体现中国特点的中文教育体系。这样的体系将有助于学习者更深入地掌握中文，同时激发他们对中国文化的学习兴趣和探索欲望。

（三）文化传播以新媒体技术为载体

新媒体环境下，人们的互动模式是多向的，互联网社交平台为人们搭建了一个多向互动的平台。互联网社交平台给了每个人平等参与话题讨论的机会，采用网上讨论的互动方式可以使用户在一个开放的环境中畅所欲言，极大地增加了用户之间的互动频率和参与度；采用点赞、转发、评论等网络社交互动形式，让信息传递变得更便捷和高效，从而有效提高了信息的影响范围。[1] 另外，多向互动最常见的实现途径还有评论区和弹幕。根据受众在评论区和弹幕区发表的内容，可以知道一些人们对其他文化的印象或偏见。汉语学习者还可以借助互联网媒体平台建立互动社区，共同分享生活，建立长期的联系并相互学习和了解对方的文化。

网络传播者要积极跟进全球信息变化，紧随跨文化交流的新趋势，利用互联网信息渠道，培养国际化思维和视野，理解和尊重不同国家和地区的文化差异，充分发挥新媒体的优势，从而促进跨国文化的理解和沟通。因此，在信息化时代，以新媒体技术为载体的中国文化，其对外传播的特点在于不同的主题和内容，满足了受众群体日渐多样化的需求；内容取材紧跟时代与生活，保证了丰富的话题来源，且在无形中拉近了与受访者的心理距离；平民化视角和启发性视角，做到了跨文化自媒体传递知识信息、促进交流理解的目标；依托互联网，善于利用新的多向互动模式，提高了受众群体的话题讨论度；国际化的思维，使视野更加广阔、全面。

（四）合作教学与校园文化活动并行

高等院校可以借鉴部分成功案例开展讲述中国故事活动，以此增强留学生对中国故事的理解。[2] 比如，历届"汉语桥"比赛在弘扬中国文化的同时，为

---

① 李津京. 基于语料文本的国际中文跨文化传播策略研究［D］西安：西安石油大学，2023.

② 马春燕. 中国故事的"他方"讲述与传播初探——以来华留学生为视角［J］. 理论导刊，2017（08）：93-96.

热爱中文的留学生提供了一个展示学习成果，分享自己与中国的故事的舞台；火爆一时的综艺节目"世界青年说"，以外国留学生的视角探讨当代中国年轻人关注、热议的话题，分享了不同文化背景的人对当代中国故事的理解。这些大型文化活动的成功举办为高校提供了经验，高校可以以本校留学生为对象，举办类似的小型"理解中国"系列活动，如以"我与中国的故事"为主题的演讲比赛、写作比赛、绘画比赛、唱歌比赛等。尽可能多地为留学生提供机会，让他们分享自己与中国之间美妙联结的故事。通过组织各类校园文化活动，可以吸引留学生的注意力，并让他们在互动参与中体验中国文化的魅力，从而促进中华文化的传播。这些多样化的文化活动不仅提升了文化传播的效率和影响力，而且有助于讲述中国故事，传递中国声音，使学生们能够更加深刻地领会中华文化的深层含义和精神实质。

在当前的国际化教育背景下，合作教学是实现各方优势资源整合共享的有效教学形式，关于留学生的合作教学主要有校际合作和校企合作两种形式。首先，各高校应该积极进行跨校合作，形成优势互补的高校联盟。因为一所高校所拥有的教育资源是有限的，同样负责留学生教育任务的高校可以在区域内就近进行跨校合作，在留学生教育的师资力量、教学设施等方面实现优质资源的流动和整合，实现共享。比如，开设武术课程的高校可以和开设民族舞蹈课程的高校进行留学生中国文化兴趣类课程互选，深化特色课程的校际选修合作，充分利用各校特色专业学科的强项，为国际学生创造更多深入了解中国文化的机会。另外，形成联盟的高校还可以定期组织开放共享式的中国文化讲座和文化沙龙，为留学生在校际的文化沟通与交流提供多样化的平台。

学校与企业间的合作能为留学生提供大量的实践机会。来华留学生的专业涉及众多学科领域。专业知识的学习离不开实践的检验，高校应该根据不同专业的培养方案和不同留学生的未来工作需求，积极和高校所在地的相关企业寻求合作，让留学生和中国学生一样有机会进行专业实习。当前，云南、广西等省区的高职院校利用区位优势吸引了大量来自东盟国家的留学生，学校根据留学生所学专业特点，积极与相关企业展开校企合作。例如，昆明冶金高等专科学校与江苏德龙镍业有限公司合作，为符合企业需求的冶金专业的留学生提供合适的实习机会。这种校企合作的实践模式，一方面，留学生在实习过程中可以学以致用，将理论和实践结合起来；另一方面，走出校园进行体验式学习也是留学生了解所在国家真实生活、工作状态的重要手段，并且留学生可以在实践中增强与中国人的交往，锻炼他们汉语沟通交际能力的同时也有助于他们了解中国企业的发展和社会环境的变化。让中国人的奋斗故事、中国企业的文化理念、中国企业参与一些国家基础设施建设的故事通过在企业实习的留学生这一天然的"传播大使"的讲述走出国门、走向世界。

（五）推行国际交流与跨文化传播方式

跨文化传播是一种双向互动的过程，在全球化的大背景下，跨文化传播的出发点在于促进不同文化间的对话，推动世界文化繁荣发展。国际中文教师只有将当代中国形象从单向输出的被动传播转变为双向互动的主动传播，并对文化传播主体进行有针对性的跨文化传播技巧的指导，让他们成为对外讲述中国故事的主动传播者，这样才能有效地塑造和传播中国形象。这也是国际中文教师未来在专业发展过程中应当着重培养的能力。

教师扮演着传递中华文化、塑造中国形象的关键角色，同时也是国际交流的关键纽带。在当下，经济全球化深入发展，文化多样性的特征日益凸显，中国文化的需求日益增长。为了给广大中文学习者营造一个有利的学习环境，提供有效的交流平台，教师应发挥其在跨文化沟通的核心作用。海外本土教师即在执教国本地的外籍中文教师，这一群体中，部分教师有在中国留学生活的经历，他们也是中国形象在海外传播的重要主体，中国各高校可以通过聘请海外本土中文教师到中国任教等方式，促进本土教师与国际中文教师交流与合作，以"请进来"和"走出去"结合的方式来提升本土化中文教师对中国的全面了解和中国形象的跨文化传播能力。此外，留学生群体也是一个特殊的跨文化传播当代中国形象的主体。国际中文教师应当利用留学生身份的特殊性，引导他们从中国文化的被动见证者转变为中国故事的主动讲述者。

然而，在留学生群体对当代中国形象进行二次跨文化传播的过程中，也存在着一些问题。比如，在交流中他们所关注的内容大多是简单的生活话题或具有争议的政治性问题，对中国形象的解读不够准确和全面，不能正确认知当代中国形象。多数留学生对中国的快速发展表现出极大兴趣，这就需要我们有意识地呈现最具时代性和地域性的材料，如在国际中文综合课的教学过程中将高铁、长江大桥等建设为中国带来的便利性融入课文材料中，让多元跨文化传播主体在语言学习过程中，潜移默化地了解正在高速发展、现代化成果卓越的当代中国城市特征，从而自主构建出最能体现当代中国特色的形象，提高中国文化二次传播的有效性和准确性。

为了持续推动国际中文教育的繁荣，扩大中文的全球影响力，我们必须深化与全球机构的沟通与协作。① 通过与这些机构合作与交流，我们能够更广泛地传播中国文化，从而在全球范围内提升中华文化的吸引力。同时，我们应积极参与并举办各类国际文化活动，向世界展示中国文化和学术风采，这不仅有助于推广中国文化，还能增强中国文化的领导地位、传播能力和影响力，为中华文化在全球传播建立新的里程碑。

在高校开展的国际中文教学中，文化间的交流与沟通显得尤为关键。为应对这些挑战，必须实施多种策略提升学生对文化差异的认识和跨文化沟通的能力。为了加深学生对文化差异的认识，可以指导他们探索不同国家和区域的文化背景、核心价值观、传统习俗和礼仪等方面的异同。通过开展多元文化教育活动，如组织国际学生分享自己国家文化特点、举办跨文化交流讲座等，帮助学生深入了解并尊重其他国家的文化。其次，鼓励学生参与跨文化交流实践活动。另外，在课堂教学中，教师可以采用案例分析、角色扮演等教学方法，引导学生思考和讨论跨文化交流中可能出现的问题，引导他们如何以包容和尊重的态度去处理这些问题。

跨文化传播作为打破文化封闭状态、保持文化生命力的道德方式，本身就极具文化伦理意味，同时也是维系这种"超越式"全球伦理观念基础的主要途径。② 正是通过跨文化传播，不同文化道德和伦理得以相互理解和借鉴，在多元文化背景下，通过理性的交流和互动，各种文化体系能够实现有效的信息交流和文化互动，进而建立起一种既多元又理性、自由且有序的国际交流与文化传播新格局。这有助于构建人类命运共同体，推动人类社会的共同繁荣。

四、提升国际中文教育质量与影响力的策略

（一）强化师资队伍力量，提升教学质量

首先，我们需要培养一支高素质的教师队伍来提高教学水平。通过举办教师研讨会、讲座和优化教育课程等活动，可以增强教师的专业能力，使他们能够迅速掌握并传授中华文化与当地文化精髓，实现有效的跨文化教学。其次，改善薪酬福利体系，改进国内的职称评审体系并应用于国际中文教育，确保教师在海外任教后，回国能够获得与国内教师相同的福利，这有助于吸引更多国

---

① 李巍，盛洁．孔子学院和法语联盟语言教学比较与启示［J］．科教文汇（上旬刊），2021（28）：187-189.
② 单波，王金礼．跨文化传播的文化伦理［J］．新闻与传播研究，2005（01）：36-42+95.

内中文教育人才，同时也能针对性地选拔了解当地文化的本土教师。本土教师通常对当地文化有更深刻理解，这有助于他们将中国文化与本土文化有效结合。最后，强化教师的专业培训。[1] 在教师入职前后持续为他们提供专题培训，可以拓宽教师的国际视野，丰富他们的教学理念，确保课堂教学的科学性和多样性。

（二）开展新形式教学，筑牢文化教育根基

文化传播的核心在于通过文化魅力和价值观的共鸣来主动吸引和引导世界各地的人学习中国文化。近年来，教学方式变得多样化，教学内容更加注重实用性，教学语言更为规范。互联网的兴起使得在线教育成为现实，学生可以实时与汉语母语者交流互动。国内大学通过线上视频教学和在线资源共享等方式，与海外高校及孔子学院建立了多种合作模式，确保了文化交流的顺畅进行。同时，短视频的兴起激发了海外年轻人的学习热情。作为当代中国文化的重要组成部分，网络文化展现了中国社会的活力，短视频平台的流行也标志着中国文化的传播方式进入了新时代。越来越多的海外中文学习者通过社交媒体提高了他们的语言技能，也锻炼了他们的交流能力，减少了沟通障碍。[2] 在线教学打破了时间和空间的限制，实现了更快捷高效的教学方式。同时，我们也应该重视发挥新媒体在传播中国文化中的作用，通过在课堂上播放和讲解短视频的方式，将中国文化与国际中文教育结合起来，以视觉、听觉等多种形式展现中国文化的魅力。

（三）利用孔子学院搭建文化交流平台

孔子学院作为一个国际合作的文化交流平台，其创办的初衷是为了展现国际合作精神。在融入新的文化背景中，为了实现向海外传播中国文化的目的，本土化策略显得至关重要。孔子学院的本土化是指孔子学院的文化传播始于汉语学习者，推广于普通社会成员，并转变为对象国本土化社会文化要素的动态过程。本土化要求孔子学院将自身的行动目标、发展模式与所在的生活环境文化氛围相融合，最终实现"润物细无声"的本土化传播效果。

多元文化汇聚并存，为汉语教学和中华文化传播提供了一定的空间。[3] 研究者们发现，国际中文教育与其他教育领域存在差异，其教育活动不仅涉及资金

---

[1] 王艳玲，朱楠 . 文化间性视域下跨文化传播中的文化认同研究［J］. 天津师范大学学报（社会科学版），2023（03）：87-92.

[2] 韦九报，张冬冬 . 在线教育助推国际中文教育转型［N］. 中国社会科学报，2023-01-30.

[3] 郑雨晨 . 美国 D 大学孔子学院文化传播策略研究［D］. 广州：华南理工大学，2021.

投入，还与经济动态紧密相连。孔子学院应当采取"开源"策略，不应仅仅局限于节约成本，而是应拓宽合作视野，与企业品牌、非政府组织等建立伙伴关系，从多个层面、途径和角度扩大其影响力。通过这种多元化的合作方式，孔子学院可以塑造品牌效应，打造具有国际影响力的中国教育品牌。在全球化的大环境中，每个民族和地区都应该持有一种包容的文化心态，支持各种文化和谐共生，这样才能推动当地文化的繁荣。东西方文化的交融是人类文明发展的关键标志。孔子学院作为承载多元文化教育的机构，不仅满足了校园文化多元性的需求，还增强了学生的跨文化沟通技巧，为师生间搭建了文化交流的桥梁。积极融入大学的教育体制只是实现多元教育的第一步，如何持续保持正面积极的传播效果，关键取决于中文教学所起的直接作用。因此在教学中，孔子学院也在潜移默化中将东方智慧、理念、哲学带给学生，拓宽学生的国际化思维，真正践行实现大学的多元文化教育理念。

孔子学院在融入本土化发展的基础上，因地制宜开展文化传播活动，使得内容和形式上更灵活、多元且更具针对性。根据"主体间性"理论，孔子学院在异质文化的土壤中创造中华文化的生存空间，作为文化上的"他者"反映出多元文化共同发展的文化环境。在尊重文化差异的基础上，要主动探寻文化共性。一方面，孔子学院要从丰富的中华文化资源中充分挖掘与西方文化的关联性，从"他者"视角讲述中华文化。另一方面，也要随着文化不断演进和创新，在生动的当代中国文化中不断发现中西文化关联的部分。这要求孔子学院不断创新传播形式，将自身发展与电影、文学、音乐等各种文化形式结合起来，打造海外汉语教学及中华文化传播的创新成果。

五、新时代中文国际传播的演进思路

（一）保持传统特征，体现当代气质

中文的全球传播应当在继承传统的同时，积极推动创新，与时代的步伐保持一致，为全球受众呈现既有吸引力又深具内涵的文化作品。正如深入理解中国画需要先了解其背后的历史，而要领会其深层意义，则需学习古汉语，从传统文化中汲取现代精神。这表明，对自身文化的活力和创新能力保持自信，提供富有深度的文化内容，是中文国际传播的关键。为了更有效地发挥中文作为国际传播工具的作用，我们需要科学地分析和评估文化活动的受众范围、认知水平和潜在需求，将传统文化与文学、科学、教育、出版和艺术创作等多种文化表达形式相融合，创造出中国文化传统与现代的完美融合点，缩短文化与现代受众之间的距离。这一途径对于促进中文在全球的传播具有核心作用，并且对于提高中文传播的创新力，以及中国文化在国际舞台上的竞争力极为关键。

（二）激发学术研究热情，积极孕育特色文化产业

中文的全球推广应以中国本土文化产业作为核心基地，强化文化产业的学术研究和智库建设。应鼓励国内外专家共同开发富含深意的文化产品，并推动具有地方特色的文化项目实施。文化产业的发展对推广文化项目有积极作用。同时，考虑到不同国家的语言和文化传播环境，应采取适宜地方情况的方法，举办多样化和创新性的文化交流活动，确保中国文化在全球的有效传播。文化产业的繁荣有利于塑造中文国际传播的积极形象，并借助特色文化产业的发展，提升国际社会对中国文化的认知和接受度，让世界真正感受到中国文化的独特魅力。

六、孔子学院推进文化自信的实践路径

（一）满足学习需求，筑牢语言文化传播基础

语言的全球传播涉及两个主要参与者：语言的输出者和接受者。[①] 传播的成功与否取决于双方能否在传播过程中积极互动，使需求得到满足。通常，一种语言从其起源国家传播到非母语国家或地区，会经历语言需求—语言接触—语言传播的三个主要阶段。语言国际传播的成功实现，体现在语言接受方在教育规模增长、语言政策与标准的制定、语言教学人才的培育、语言教学资源的开发，以及语言教学对经济、政治和文化等多个方面。

孔子学院的成立直接反映了全球对汉语学习需求的显著增长，而文化自信为孔子学院的成长提供了坚实的基础，加速了中文在全球传播的步伐。近年来，孔子学院已经构建了一个庞大的汉语教学网络，汉语教师和志愿者的数量持续增长，课程种类也变得多样丰富。[②]

（二）开展主题活动，加强异国文化间理解与互信

中文在全球的推广旨在消除文化隔阂，促进文化相互融合，建立一个强大

---

① 刘晶晶，郁影，张哲. 文化自信视域下中文国际传播的典型特征与演进路径［J］. 辽宁师范大学学报（社会科学版），2023（04）：39-43.

② 郭晶，吴应辉. 孔子学院发展量化研究（2015~2017）［J］. 云南师范大学学报（哲学社会科学版），2018（5）：36-44.

的文化吸引力，以增强中国文化的魅力，并加深国际社会对中国的理解和信任。孔子学院作为文化传播的重要机构，通过组织多样化的文化活动，传递中国声音，展现文化自信。通过实施"孔子新汉学计划"，孔子学院支持社会各界的中高层领导和年轻领袖来中国学习交流，同时鼓励和资助中国优秀文学和文化传播工作。如孔子学院的标志性活动——"汉语桥"系列比赛，自 2002 年以来，已经吸引了来自 160 多个国家的 150 多万青少年参与海外预选，超过 7000 名优秀选手被邀请到中国参加总决赛，每年吸引的全球观众人数达到数亿。① 此外，孔子学院还通过举办电影节、音乐会、戏剧表演、艺术展览和高端论坛等文化项目，进一步提升了中国文化传播的影响力。

（三）提高传播能力，打造良好的传播形象

孔子学院的国际汉语教师和志愿者在推广语言和文化方面扮演着关键角色，他们不仅是向全球讲述中国故事的非官方代表，也是展现当代中国人形象的重要群体。一位杰出的汉语教师还应当是一位优秀的中华文化传播者，他们在教授语言和文化知识的同时，也应展现高尚的品德和个人魅力。为了支持孔子学院的发展策略，中国教育部在 2004 年启动实施了"国际汉语教师中国志愿者计划"，以解决全球汉语教师短缺的问题，确保孔子学院的师资供应，并不断完善志愿者的选拔、培训、派遣和管理流程，提高汉语教师、志愿者的文化传播能力。在这些标准的指导下，孔子学院组织派遣的汉语教师、志愿者以及海外本土教师参加岗前培训，通过开展太极拳、戏曲、书画等中华文化才艺培训和文化专题讲座，提升他们的文化传播技能，同时塑造一个热爱中华文化、具有深厚文化底蕴的教师形象。

七、对汉语跨文化传播的进一步思考

（一）理解语言学习动机，推广国际群体的汉语教学策略

在推广汉语的过程中，我们需要对学习者的需求进行分类，并据此制定合适的传播策略。首先，要识别学习者学习汉语的目的，是出于实际应用还是对文化的兴趣。对于有实用目的的学习者，除了基础汉语教学，还可以为他们提供"商务汉语""科技汉语"等专业课程，来满足他们的具体需求。而对于对中国文化感兴趣的学习者，可以设计涵盖书法、绘画、舞蹈、音乐、手工艺、

① "汉语桥"世界大学生中文比赛启动［EB/OL］．教育部政府门户网站，2023-08-25．

影视、服饰等多个领域的教学内容，帮助他们更深入地理解中国文化。其次，在不同的教学环境中，如学校和社区，我们应根据学习者的年龄、职业等特点，满足他们的需求。此外，还应关注潜在学习者的需求，通过有效的课程推广，吸引更多人学习汉语。① 在课程推广方面，社会培训机构可以利用其对市场的敏感性，根据目标群体的需求，开发新的语言教育产品和服务。

（二）文化魅力与语言竞争力的相互促进

对众多外语学习者来说，他们往往因为对某个国家的文化或特定的文化作品产生兴趣，而激发学习该国语言的动力。例如，中国功夫电影、日本动画、韩国电视剧等，常常成为青少年学习其他国家语言的最初诱因。因此，通过精心打造具有吸引力的文化产品，可以有效地展示中国文化，吸引更多人关注中国文化、学习汉语。然而，由于文化差异，中国文化产品在西方国家推广面临着切实挑战。以中国电影为例，据在京的外国留学生调查，中国电影在国际上的影响力尚且有限，但我们可以通过深入了解受众的偏好和解码习惯，优化、创新电影的叙事方式，提升其国际影响力。此外，海外受众对中国电影的刻板印象也是一个不容忽视的问题，这需要我们通过有效的传播策略来打破这些印象，改变他们的先入之见。为了实现这一目标，我们需要在电影制作和营销上采取国际化策略，利用新媒体平台扩大中国电影的国际传播，提高中国电影的国际影响力。

同样的原则也适用于其他类型的文化产品。通过深入分析自身的资源和受众特征，我们可以找到文化产品与受众之间的共鸣点，培养海外受众对中国文化产品的兴趣。这不仅能减少文化差异带来的障碍，还能激发他们学习语言的热情，从而提升语言的国际竞争力。

（三）本土化语言传播：适应文化差异的策略

各国和地区因其独特的文化、习俗和价值观而拥有不同的教育体系、模式和理念。② 在全球化和互联网技术迅速发展的今天，互联互通成为时代的特征，增进了人们之间的沟通和理解，也增加了学习外语的需求。为了在全球化的大潮中保持方向，我们必须不断加强语言和文化建设。从国家政策到教学和研究的具体层面，我们需要以开放的心态，制定长远的战略规划，并根据不同时期、

---

① 李凌艳. 汉语国际推广背景下海外汉语教学师资问题的分析与思考［J］. 语言文字应用，2006（S1）：75-81.

② 王彩霞. 国际传播视角下的巴基斯坦汉语教学研究［D］. 武汉：华中师范大学，2022.

地区、学校和课程的具体情况，制定相应的策略，确保每一步都稳健前行，通过积极的互动实现中国语言和文化的广泛传播。

首先，我们应当建立一个完整的国际中文教育体系，涵盖本科、硕士和博士层次，以培育高水平的中文人才。在学科建设的过程中，可以吸引外国学生来华深造，通过策划海外中文教师的短期访学和培训项目，提升他们的学术研究和教学能力，以及讲述中国故事的能力。此外，可以与海外合作伙伴共同设计国际中文硕士和博士的研究方向，研究方向应涵盖"区域国别中文教育""中国语言文化国际传播""中外文明交流"以及"虚拟空间中文教育"等专业领域。其次，根据不同区域的需求，开发适合当地学习习惯的中文教材，为他们提供知识支持和公共资源，使中文传播更具针对性。在文化适应方面，中方团队应与当地学者、教师和学习者合作，根据当地实际情况，对教材中的宗教和文化内容进行审慎处理，确保教材的适宜性，避免跨文化传播中出现潜在风险。在教学和文化推广方面，应针对不同教育层次（如基础教育、高等教育、职业教育）的需求，提供多元化的教材，提高教材的实用性和适用性。例如，在沙特、马来西亚等国家，中文教育面临师资短缺，以及缺乏符合当地文化和职业教育需求的教材等挑战，这些因素制约了中文在当地的传播。为了克服这些障碍，我们需要加快中文教育的本土化建设，将重点放在培养本土高层次中文人才和开发区域化、领域化的教材上。

八、中文国际传播的区域国别优化策略

基于中文国际传播的区域国别生态格局，结合新形势下中文国际传播的影响因素，我们应该以做好国际中文教育工作为基础，配合推进中文国际传播。未来可从顶层设计、升级转型、数字建设、平台拓展、本土深耕等方面予以改进。

（一）优化国际传播资源配置与明确阶段性传播目标

作为中文的发源地，我们既要对学科发展进行周密规划，也要在全球政治经济格局中对中文教育事业的发展进行深入研究和战略布局。[①] 为此，应遵循一国一策、一域一策的原则，合理配置国际中文教育资源，采取适宜的布局策略，并设定长远、中期和近期的阶段性目标。分阶段实施中文国际传播战略，制定切实可行的区域国别实施方案，是提高中文国际传播效果的关键。通过分阶段

---

① 李泉. 再论汉语国际化规划 [J]. 语言教育, 2021（04）：77-84.

的区域国别建设，我们可以实现中文国际传播的目标：近期目标是将国际中文教育纳入各国国民教育体系，提高公众对中文的认知度；中期目标是提升中文教育的本土化水平，增强公众对中文教育的接受度；远景目标是使中文成为全球性语言，构建全球性的中国语言文化传播体系，提升公众对中文的喜爱。

（二）教育体系整合：提升教学研究与专业教育协同水平

将中文纳入海外各国的教育体系是提升中文国际影响力的关键一环，它标志着中文从国际传播的初步阶段转向更深层次的融入。[①] 此策略对于提升中文在全球语言体系中的影响力极为关键。目前，中文教学已在全球超过 180 个国家和地区展开，且在 81 个国家成为其正规教育课程的一部分。[②] 例如，南非在2015 年决定将中文纳入基础教育课程，而一些国家则将推广中文教育作为实现其"2030 愿景"的一部分，多所大学已将中文作为教学和科研的语言。

在巩固基础教育成果的基础上，未来国际中文教育可以在高等教育和学术研究领域进一步拓展合作。关注国际中文教学和传播中的理论与实践问题，设计一系列研究主题，以确保中国文化在国际中文教学实践、理念推广以及全球形象塑造方面保持主导地位。

（三）促进数字技术融合，打造虚拟中文国际传播环境

语言的传播与快速发展的媒介技术紧密相连。新兴的数字媒介技术，可以将中文的国际传播从受限的实体空间扩展到更为自由的虚拟空间，打破时间和空间的限制，充分发挥虚拟空间的影响力。首先，从技术创新的角度来看，我们可以积极探索元宇宙、Chat GPT 等新兴应用的潜力。例如，韩国世宗学堂已经成功推出了元宇宙校园，元宇宙校园的应用不仅能够突破地理限制，促进交流，还能模拟不同地区的实景，让用户沉浸在异国文化中。Chat GPT 则可以利用其语言生成能力，辅助国际中文教育培训以及构建互动语料库。其次，观察数字资源的建设，国内众多研究指出，众多国家的中文数字教学材料开发仍处于初期。随着数字化传播方式的流行，对中文教学材料的市场需求急剧增长，这凸显了数字化中文教学资源在促进中文及中华文化迅速国际化中的核心作

---

① 李宝贵，魏禹擎. 中文纳入法国国民教育体系现状，动因，挑战与对策 [J]. 天津师范大学学报：社会科学版，2021 (3)：9.

② 粟裕. 国家语言文字政策研究中心：81 个国家将中文纳入国民教育体系 [EB/OL]. 教育部政府门户网站，2023-08-16.

用。① 未来，我们需要加大数字化资源的开发力度，构建数字化平台，不仅要开发中文教学资源，还要丰富语言服务和互动交流形式，使学习变得生动有趣。例如，中外语言交流合作中心已经建立了一个集语言教育、文化学习、教师发展和考试服务为一体的"中文联盟"数字化平台，该平台提供了直播课程、本土化数字化课程，以及志愿者微课大赛等服务，吸引了一批懂中文、了解中国的中文教育和国际传播人才。

（四）构建国际中文传播的多平台联动与立体矩阵

中文的国际传播不仅要求国际中文教育均衡、持久发展，还追求中国文化的对外传播效果，旨在同时推进中文教育的教学工作和讲好中文教育的国际故事。分析不同区域和国家的中文传播体系，可以发现中文的自我塑造能力仍有提升空间。文化传播效果受目标国家舆论环境的影响。因此，为了增强中文的国际传播能力，应当构建一个以中国为主导、多方共同参与的中文传播平台，形成一个多维的中文国际传播网络。例如，可以加强与媒体的合作，尤其是与当地主流媒体合作，通过联合报道、实地考察、对话交流等方式，提高中文传播的效果，扩大其在海外受众中的影响力。同时，应该挖掘智库、企业、教师和志愿者等多元传播主体的潜力。未来，可以利用智库的学术和中立特性，通过共同培养、研究合作和学术成果分享等方式，使中文赢得国际社会的认同。同时，可以满足企业的招聘需求，通过企业协助开展语言教学和培训，以经济合作的形式促进语言和文化交流。此外，鼓励当地的中文教师和学生在社交媒体上分享他们的学习经历、成果，以及有效的学习方法。这些方式都将有助于提高中文教育的国际知名度，增强中文国际传播的吸引力。②

---

① 沈国麟. 全球平台传播：分发、把关和规制 [J]. 现代传播：中国传媒大学学报，2021（1）：6.
② 孙琳，韩霓. 中文国际传播的区域国别研究 [J]. 云南师范大学学报（对外汉语教学与研究），2024（01）：85-92.

第五章

案例分析

第一节 "中文+"模式下中国文化在俄罗斯的传播

一、俄罗斯"汉语热"持续升温

俄罗斯近些年学习汉语的热度空前高涨并持续升温。莫斯科国立大学亚非学院院长马斯洛夫日前表示,中文是在俄普及度增长最快的语言,2023年的汉语学习人数增加了15%至20%。目前,俄罗斯有200多所大学开设中文课,其中部分高校将汉语作为第二或第三外语来教授。马斯洛夫表示按照中文在俄罗斯的受欢迎程度分析,中文学习在未来两三年内将呈现爆炸性增长态势,成为任何与大量信息打交道的受教育者都应掌握的一种语言,未来10年,汉语将在俄成为日常使用语言,而非精英语言。① 2023年8月24日,俄罗斯《生意人报》报道称:目前,俄罗斯人学习中文的需求增长了600%,有意赴华接受高等教育的人数也增加了两倍。报道称,俄罗斯人学习中文的需求不断增长的一个原因在于国内中文人才的需求量不断上涨。俄罗斯一家求职服务平台的统计数据显示,2023年第一季度,俄罗斯对懂中文的员工的需求量增长了40%。另一家求职服务平台数据显示,目前该平台上中文家教的受欢迎程度几乎是2021年同期的两倍。②

俄罗斯人学习汉语热的原因可以概括出以下几点。随着中国经济的快速崛

---

① 韩显阳. 俄罗斯"汉语热"持续升温 [N]. 光明日报, 2023-05-01.
② 柳玉鹏. 俄罗斯人学中文需求增长 600% [N]. 环球时报, 2023-08-28.

起和全球影响力的增强，汉语成为俄罗斯人拓宽就业渠道、增加经济收入的重要方式。特别是在中俄贸易往来日益频繁的背景下，掌握汉语无疑为俄罗斯人提供了更多的商业机会。中国丰富的历史文化和独特的艺术景观吸引了越来越多的俄罗斯人。学习汉语不仅能帮助他们更好地理解中国的文学、艺术和传统，还能让他们更深入地欣赏中国的影视作品。中俄关系的深入发展，使越来越多的俄罗斯学生选择到中国留学。学习汉语成为他们适应中国学习环境和生活的重要技能。同时，中国的高等教育质量也吸引了众多俄罗斯学生。中国作为一个旅游资源丰富的国家，吸引了大量俄罗斯游客。学习汉语能帮助他们更好地与中国当地人沟通，提升旅游体验。随着中俄两国交往的增多，俄罗斯人希望与中国人建立更紧密的联系。学习汉语能打破语言障碍，促进两国人民之间的交流和合作。此外，俄中两国简化了签证流程，让俄罗斯人前往中国变得更加容易，这也成了俄罗斯人学习中文的强大驱动力。

因此，为了满足这一不断增长的需求，中俄两国政府和文化机构已经采取了一系列措施，如开设孔子学院、提供汉语教育和培训、举办文化交流活动等等，以推动汉语在俄罗斯的传播和学习。

二、推广中文教育

（一）中国在俄罗斯开设孔子学院

在俄罗斯开设孔子学院是推动汉语学习和中国文化传播的重要举措。孔子学院作为推广汉语教学和中国文化的重要平台，为俄罗斯学生提供了学习汉语和了解中国文化的机会。

2006年，随着中国在俄罗斯建立起第一所孔子学院——圣彼得堡国立大学孔子学院，中文教育在俄罗斯不断蓬勃发展。目前全俄共有：19所孔子学院，4所孔子课堂，一些大、中小学教学点等汉语教育机构。各孔子学院（课堂）等汉语教育机构为增进俄罗斯人民对中国语言和文化的了解，发展中俄的友好关系做出突出贡献。[1]

在俄罗斯，莫斯科大学孔子学院是成立最早的孔子学院之一，莫斯科大学孔子学院成立于2008年10月。为俄罗斯学生提供了高质量的汉语教育和文化交流活动。维捷布斯克孔子学院也是一所位于俄罗斯维捷布斯克市的孔子学院，

---

① ．孔子学院［EB/OL］．［2021-05-08］．lxgz.org.cn，2021-05-08.

其致力于推广汉语教学和中国文化交流。这所学院通过举办多样化的汉语课程和文化活动,为俄罗斯学生提供了学习汉语和了解中国文化的平台。

此外,还有一所坐落在边境线上的孔子学院——俄罗斯布拉戈维申斯克国立师范大学孔子学院。俄罗斯布拉戈维申斯克国立师范大学孔子学院坐落于俄罗斯阿穆尔州布拉戈维申斯克市,由中国黑河学院与俄罗斯布拉戈维申斯克国立师范大学共同创建。它与中国仅一江之隔,最近距离仅 750 米。自 2007 年 5 月 15 日创建至今,在中俄文化交流方面作出了突出的贡献,深受中美双方合作院校及民众的信赖与欢迎,已经成为中俄 4300 多公里边境线上文化交流的一个桥头堡。

2016 年来,在黑河学院与布拉戈维申斯克国立师范大学的鼎力支持下,布拉戈维申斯克国立师范大学孔子学院取得了骄人的成绩。这里培养了 15000 多名国际化应用型落地人才,他们工作在阿穆尔州各行各业,已然成为中俄文化交流与合作的一张张名片。不仅如此,2012 年,布拉戈维申斯克国立师范大学孔子学院被评为全球优秀孔子学院。2017 年,俄方院长古哈连科·尼古拉,弗拉基米罗维奇荣获孔子学院先进个人。2021 年,孔子学院被评为全球汉语考试优秀考点。为了早日实现本土化,布拉戈维申斯克国立师范大学孔子学院创办了区域中文教师培训中心,每年对本土教师进行培训,还陆续开设了腾达市、布拉戈维申斯克市第十四中学、第二十五中学、第二十六中学等 5 个汉语教学点。①

孔子学院在俄罗斯的开设不仅促进了中俄之间的文化交流和教育合作,还为俄罗斯学生提供了培养跨文化交流能力的机会。学生们在学习汉语的同时,可以参与各种与中国文化相关的活动,如中俄语言交流会、中俄学生论坛等,从而增进对中国文化的理解和欣赏。孔子学院提供服务,如开展汉语教学;培训汉语教师,提供汉语教学资源;开展汉语考试和汉语教师资格认证;提供中国教育、文化等信息咨询;开展中外语言文化交流活动。

中国在俄罗斯设立孔子学院的过程中,也遇到了一些问题,但同样从实践中得出了宝贵的经验。首先,中国和俄罗斯的文化差异和语言障碍是设立孔子学院面临的主要问题。这种差异可能会导致教学方法、教材选择以及文化交流活动等方面的困难。其次,设立孔子学院需要大量的资金和资源支持,包括教

---

① 边境线上的孔子学院——俄罗斯布拉戈维申斯克国立师范大学孔子学院 [J]. 黑河学院学报,2024(01):2.

师、教材、教学设施等。在资源有限的情况下，如何确保孔子学院的正常运营和教学质量是一个挑战。再次，如何将孔子学院纳入当地教育体系，同时与当地学校和教育机构建立合作关系，是另一个需要解决的问题。这有助于提升孔子学院的知名度和影响力，同时也有助于推广汉语和中国文化。

为了更好地适应俄罗斯的文化和教育环境，孔子学院需要注重本土化。这包括使用当地教师、开发适合当地学生的教材和教学方法、与当地学校和教育机构建立合作关系等。优秀的教师是孔子学院成功的关键。因此，需要加强对教师的培训和管理，提高他们的教学水平和跨文化交流能力。除了汉语教学外，孔子学院还应开展多样化的文化交流活动，如文化展览、艺术表演、学术研讨等。这有助于增进俄罗斯学生对中国文化的了解和兴趣。与俄罗斯的教育机构、文化机构以及政府部门建立稳定的合作机制，有助于孔子学院的长期发展和影响力的提升。

（二）在"中文"模式下，积极在俄罗斯推广中文教育

中国政府与俄罗斯政府合作，在俄罗斯境内设立了多个汉语教学机构，如莫斯科东方大学、圣彼得堡国立大学等。这些机构提供专业的汉语教学服务，为俄罗斯学生学习中文提供了更多的机会和资源。

中国政府还派遣优秀的汉语教师前往俄罗斯任教，帮助俄罗斯学校提高汉语教学质量。这些教师在俄期间不仅教授汉语课程，还积极参与中俄文化交流活动，促进两国人民之间的友谊和理解。随着互联网技术的不断发展，中国政府积极利用这一新兴技术开展在线教学，将中国的优秀教育资源和先进的教学理念引入俄罗斯。通过互联网平台，俄罗斯学生可以更加便捷地学习中文知识，扩大学习范围。为了检验俄罗斯学生的汉语学习成果，中国政府还举办了汉语水平考试（HSK），并授权俄罗斯的考试中心进行组织和管理。这有助于俄罗斯学生了解自己的学习水平和不足之处，及时调整学习策略和方法。

中国在俄罗斯推广中文教育的方式多种多样，旨在满足俄罗斯学生对中文学习的需求，提高他们的汉语水平和实践能力。同时，这种合作也有助于促进中俄两国文化的交流与融合，增进两国人民的友谊和理解。

三、在"中文"模式下积极举办文化交流活动

中国通过在俄罗斯举办文化交流活动，向俄罗斯人展示中国文化的魅力和深度。例如，中国文艺团体和艺术家在俄罗斯演出中国传统音乐、舞蹈和戏剧

等，为俄罗斯观众带来独特的文化体验。

（一）中俄文化大集

文化传友谊合作开盛举——中俄文化大集掠影。黑龙江省黑河市与俄罗斯阿穆尔州首府布拉戈维申斯克市隔黑龙江相望，被称为中俄双子城，是中俄文化大集的举办地。2010 年，由黑龙江省文化厅和黑河市政府共同主办，以文化经贸、文化交流、友好合作、繁荣发展为主题的首届中俄文化大集在黑河市俄罗斯商品一条街开集。经过多年的磨砺与成长，中俄文化大集已从区域间文化交流活动上升为中俄两国文化交流与合作的机制性项目。丰富的内容、独特的视角、开放的平台及广泛的参与使得其成为推动中俄两国文化艺术交流、文化产业合作、文化贸易发展的重要文化活动。

中俄文化大集作为中俄双方文化部门主办的国际性文化盛会，文化艺术发挥着不可替代的作用。经过 12 年的发展，中俄文化大集在文化贸易、文化产业合作等方面取得了诸多成效。例如，建成了中俄影视基地、中俄画家村、中俄艺术陈列馆，组建了中俄宝石协会，成立了黑龙江省首家国有文化产业公司等。这些项目不仅促进了中俄两国在文化领域的交流与合作，也吸引了众多国内外客商投资发展文化产业。中俄文化大集为两国人民提供了相互了解、相互学习的平台，加深了中俄两国人民之间的友谊和互信。随着中俄文化大集吸引力进一步彰显、承载力进一步增强、凝聚力进一步夯实，它已经成为黑龙江省向北开发开放新的增长极，为推进经济社会繁荣发展作出了积极贡献。

十余年来，经由中俄文化大集的成功举办，两国的合作范围不断拓展，从文化展演到文化产业合作项目对接和具体规划。从经贸商品展销到两国间经贸领域的交流合作，并进一步扩大到两国在人文、体育、能源、交通、基础设施建设等不同领域，都为两国的繁荣发展作出了巨大的贡献。①

（二）莫斯科中国文化中心

莫斯科中国文化中心设有礼仪大厅、展览厅、多功能厅、图书馆、教室、数字影院等设施。莫斯科中国文化中心主办或协办的文艺演出、展览、讲座、论坛、电影放映等各类文化活动接连不断，总计 200 多场，现场参与人数超过 20 万，有力地推动着中俄两国人文交流与合作。莫斯科中国文化中心通过举办俄中书画展的方式，贡献了促进俄中文化交流的力量。该展览由俄中书画协会在中国驻俄大使张汉晖的支持下主办，展出了 130 多幅俄中大师的作品，十余

---

① 闫美微. 中俄文化大集的发展历程和主要成果 [J]. 国际公关, 2021（02）: 27-28.

名著名书画家专程从中国赶来参加活动。书画展上，多位书画大师当场挥毫展示了创作过程。此外，莫斯科中国文化中心还计划支持2024—2025年中俄文化年期间的文化合作活动，为两国关系发展注入新的动力。

莫斯科中国文化中心以"优质、普及、友好、合作"为宗旨，围绕"文化交流、教学培训、思想对话、信息服务"等职能，在俄罗斯常态化开展活动，广泛开展交融互鉴，全面协调、持续地推广和传播中华文化，并为文化的交流互鉴提供稳固平台。

在莫斯科中国文化中心的倡议和持续推动下，中国国家广播电视总局与俄罗斯联邦出版与大众传媒署于2013年5月签署了《"中俄经典与现当代文学作品互译出版项目"合作备忘录》，确定未来六年内双方各翻译出版对方50部经典与现当代文学作品，翻译至少100部作品。2015年6月，两国又签署了该合作备忘录修改议定书，将互译作品总数增加至200部。这个数字已经创下20世纪90年代以来中俄年度相互出版现当代文学作品的最高纪录。

近年来，莫斯科中国文化中心为促进中俄文化交流做了大量工作，成绩斐然，已经成为中俄文化交流的重要桥梁和在俄传播推广中国文化最佳平台。中心成立4年来，既与俄罗斯最具影响力的主流文化机构开展合作，也深入高校、乡镇开展活动。如2014年，在普希金造型艺术博物馆举办的湖北商周青铜器特展，堪称我国近十年来赴俄展览之最。同年又将中国武当武术带出国门，参加一年一度在红场举办的莫斯科国际军乐节，现场及媒体收看观众总数突破1.5亿。与此同时，在俄罗斯戏剧学院举办京剧艺术讲座，在中共六大会址所在地莫斯科五一乡举办杂技演出、欢乐春节等多场文化活动，将中国文化送到俄罗斯最基层的单位中去。

文化中心既走高层路线，也惠及普通民众。俄总统国际文化事务特别代表施维德科伊、俄总统文化艺术顾问托尔斯泰、俄总统企业家权利全权代表季托夫、俄罗斯艺术科学院主席采列捷利、俄顶级时尚大师尤达什金等众多精英成为中心的合作伙伴，而广大的普通百姓更是中心的主要受众和忠实粉丝。中医、茶道、国画、戏曲、古典文学等中国传统文化在中心的广泛传播下深受当地民众欢迎，而反映中国现当代社会风貌和人文思想的电影、戏剧、文学也在中心的重点推广中打开了俄罗斯了解今日中国的窗口。

其最大的特色与亮点是以汉学家为抓手，站在思想对话的高度，自主创立"品读中国"系列活动，将中俄文化交流真正做成民心工程。2013年5月，第一届"品读中国"读书周在中心启动。知名汉学家在中心开设讲坛，将《三字经》第一次带给俄罗斯普通民众；将《中国精神文化大典》隆重向公众推介；"中俄诗歌，相互影响"圆桌会议上两国诗人在交流中迸发思想的火花。此活动如今已成功举办 4 届，每年 20 余次讲座。几十名俄罗斯汉学巨擘的专业知识、生动讲解，真正让中国文化、中俄友好走进了俄罗斯民众心底。①

当然，中俄文化交流活动也存在一些问题，例如，语言和文化差异，中俄两国语言和文化差异较大，这给交流活动带来了很大的困难。由于语言不通，导致信息传递不准确，或者交流效果不佳。此外政治和经济因素对文化交流活动的影响也不可忽视。政治关系紧张或经济形势不稳定都可能对文化交流活动造成负面影响。如有些文化交流活动由于缺乏足够的组织和资金支持，导致活动规模和效果受到限制。

以中俄文化节为例，尽管该活动旨在展示中俄两国的优秀文化，但在实际操作中却存在一些问题。例如，活动组织者往往更注重形式而忽略了内容的深度和广度，导致一些参展作品无法真实反映两国的文化内涵。此外，由于语言沟通不畅，一些观众在参观时难以理解作品背后的故事和意义，从而影响了文化交流的效果。

在类似的中外文化交流活动中，一些成功的经验值得中俄两国借鉴。例如，可以通过政府间的文化交流机制、民间文化交流团体等多种渠道来推动文化交流活动的深入开展。同时，也可以借鉴其他国家在跨文化交流方面的成功经验，如建立文化交流基金、设立文化交流大使等。要想更好地举办中俄文化交流活动，我们应该注意以下几点。

一是加强语言和文化培训：针对中俄两国语言和文化差异较大的问题，可以通过加强语言和文化培训来提高交流效果。同时，在交流活动中也可以增加翻译和讲解人员，帮助参与者更好地理解和交流。

二是建立稳定的交流机制：建立稳定的交流机制可以保证文化交流活动的长期性和稳定性。可以通过签署文化交流协议、建立友好城市等方式来加强中俄两国之间的文化交流。

三是加强组织和资金支持：为了保证文化交流活动的规模和效果，需要加强组织和资金支持。可以通过政府资助、社会捐赠、企业赞助等方式来筹集资金，同时也要加强对组织的管理和监督。

---

① 汪嘉波．中俄文化交流在"一带一路"建设中升温［N］．光明日报，2017-04-26.

四、"中文+教育"下的中俄教育合作

中国还与俄罗斯的教育机构合作，共同开展教育项目。例如，中国向俄罗斯提供奖学金和短期交流项目，鼓励俄罗斯学生到中国学习和体验中国文化。根据中国教育部发布的数据可知，2019 年，中国政府向俄罗斯提供的各类奖学金和短期交流项目共有 1400 多个，涵盖了中国的高等教育机构、科研机构和企事业单位。这些项目包括汉语学习、中国文化体验、学术交流和实习等，涵盖了各个学科和专业领域。此外，中国的高等教育机构和科研机构也积极与俄罗斯的高校和研究机构开展合作，共同开展研究项目和学术交流活动。这些合作项目不仅有助于提高中俄两国在教育和科研领域的合作水平，也有助于加深两国人民之间的相互了解和友谊。

为进一步丰富友城间教育领域交流内涵，巩固两市多年来人文领域合作成果，中国佳木斯市与俄罗斯阿穆尔共青城市共同举办教育合作视频会晤暨佳木斯市与阿穆尔共青城市中小学合作意向书签约仪式。多年来，佳木斯市政府高度重视教育工作，一直秉持教育优先发展理念，在顺利实现"有学上"的基础上，加快构建满足人民上好学愿望的高质量教育体系，着眼于优先发展、公平可及、因材施教、开放灵活的办学思想，持续推动教育高质量发展。为深化友城间教育交流，进一步打造中俄地方友城教育领域合作典范，今后将通过举办"友城学生线上音乐会""线上汉语及俄语课程""虚拟游览"等活动，丰富两市教育领域合作内容。希望在双方的不懈努力下，共同促进两地青少年深入学习中俄双方文化，以交流促了解、以合作增友谊，通过教育领域合作为深化中俄友谊持续注入新动能，共同谱写地方友城合作新篇章。

2023 年 11 月 2 日，中俄人文合作委员会教育合作分委会在北京召开。教育部副部长陈杰与俄罗斯科学和高等教育部副部长阿法纳西耶夫共同主持会议。会议期间，双方共同回顾了一年来中俄教育合作进展，并就有序落实《2030 年前中俄人文合作路线图》教育内容，打造品牌合作项目，深化中俄双向留学，加强高等教育、基础教育、职业教育、语言教学及多边领域教育合作进行了磋商。①

中国政府高度重视对俄教育工作，始终将中俄教育交流与合作作为两国人

---

① 中俄人文合作委员会教育合作分委会第二十三次会议召开［EB/OL］.教育部政府门户网站，2023–11–03.

文交往的重要组成部分，积极推动中俄教育事业发展。中方愿同俄方一道努力，进一步深化中俄教育合作，为增进两国人民福祉、促进民心相通作出新的贡献。

五、"中文+旅游"旅游推广

中国通过在俄罗斯推广旅游，向俄罗斯人展示中国的自然风光和历史文化。例如，中国向俄罗斯游客提供旅游优惠和便利，吸引他们到中国旅游。这些优惠措施主要包括以下几方面：

免签政策：自2019年7月1日起，中国和俄罗斯签署了互免团体旅游签证协议，持有效护照的俄罗斯公民可以在中国的入境口岸免费办理旅游签证，最长停留时间为30天。这一政策极大地促进了俄罗斯游客到中国旅游的热情。

旅游优惠政策：中国政府还推出了针对俄罗斯游客的旅游优惠政策，包括提供优惠的机票、住宿和旅游景点门票等。此外，中国政府还鼓励国内旅游企业推出针对俄罗斯游客的特色旅游产品，如中医养生游、丝绸之路文化游等。

旅游推广活动：中国政府还通过各种方式向俄罗斯游客推广中国的旅游资源，如在俄罗斯的电视、报纸、杂志等媒体上投放广告，组织旅游展览和推介会等。此外，中国政府还邀请俄罗斯的旅游业界人士到中国进行旅游考察和交流，让他们更好地了解中国的旅游资源和旅游产品。

通过这些优惠政策和推广活动，中国吸引了越来越多的俄罗斯游客到中国旅游，促进了两国人民之间的交流，也加强了中国对俄罗斯的文化传播。2016年，《中共中央国务院关于全面振兴东北地区等老工业基地的若干意见》提出："主动融入、积极参与相关战略建设。协同推进战略互信、经贸合作、人文交流，加强与周边国家基础设施互联互通，努力将东北地区打造成为我国向北开放的重要窗口和东北亚地区合作的中心枢纽，推动丝绸之路经济带建设与欧亚经济联盟、蒙古国草原之路倡议的对接，推进中蒙俄经济走廊建设，加强东北振兴与俄远东开发战略衔接，深化毗邻地区合作。"① 黑龙江省积极响应国家政策号召，以俄罗斯远东地区为重点，建设黑龙江省对俄沿边文旅走廊。该项目重点围绕文化、旅游领域展开合作，旨在促进沿边区域的融合发展，打造中俄跨境旅游目的地和文化交流新高地。

黑龙江省对俄沿边文旅走廊建设是黑龙江省"十四五"旅游发展规划中的

---

① 中共中央国务院关于全面振兴东北地区等老工业基地的若干意见：全文 [EB/OL]. 人民政协网，2016-04-26.

一项重点任务。黑龙江省对俄沿边文旅走廊指的是以黑河、同江、东宁、绥芬河和抚远等区域为重点，把沿边城市对俄文化和旅游交流纳入中俄文化大集总体框架，推动沿边城市与俄毗邻州区开展艺术演出、文化遗产保护利用、公共文化服务、边境旅游等领域的全方位合作，扩大活动规模，创新交流形式，丰富合作内容，提升沿边城市对俄文化和旅游交流的层次和水平，不断扩大对俄人文交流、旅游合作及经贸往来成效。① 黑龙江省对俄沿边文旅走廊建设实践是一个旨在促进中俄两国文化交流与旅游合作的重要项目。该走廊的建设以黑龙江省与俄罗斯接壤的边境地区为基础，通过整合沿线的文化和旅游资源，打造一条集观光、休闲、体验于一体的旅游线路。

为提升旅游通道的便利性和舒适性，黑龙江省加强对俄沿边地区的基础设施建设，主要包括改善道路、桥梁、交通标识等交通设施，并建设旅游服务中心、酒店、餐饮等配套设施。为吸引更多游客，在沿边地区开发了一系列具有中俄特色的文化旅游产品，如中俄文化交流活动、中俄边境风光游、中俄跨境自驾游等，旨在让游客在欣赏美景的同时，深入了解两国的文化和历史。为加强中俄两国在旅游领域的合作，黑龙江省与俄罗斯相关地区建立了旅游合作机制，包括定期举办旅游交流活动、共同推广旅游线路和产品、加强旅游安全合作等。为提升黑龙江省对俄沿边文旅走廊的知名度和影响力，省政府加强了旅游营销推广工作，包括在俄罗斯主流媒体上投放旅游广告、举办旅游推介会、开展线上旅游营销等活动。通过以上措施的实践，黑龙江省对俄沿边文旅走廊建设已经取得了显著成效。不仅吸引了大量俄罗斯游客前来旅游观光，也促进了中俄两国在文化和旅游领域的交流与合作。同时，该走廊的建设也为黑龙江省沿边地区的经济社会发展带来了积极的影响。

黑龙江省对俄沿边文旅走廊建设在实践中也面临一些困境和挑战。如受地理环境和经济条件的限制，一些地区的交通和配套设施仍然不够完善，影响游客的旅游体验，制约文旅走廊的发展。中俄两国在文化、语言等方面存在显著的差异，这可能会对游客的交流和体验造成一定的困扰。尽管一些旅游产品和服务已经考虑到了这些因素，但仍然需要更多的努力来消除这些障碍。在开发旅游资源的同时，如何保护好自然和文化遗产，避免过度开发造成的环境破坏，是黑龙江省对俄沿边文旅走廊建设需要面对的重要问题。随着全球旅游市场的

---

① 黑龙江省文化和旅游厅关于印发《"十四五"文化和旅游发展规划》的通知［EB/OL］.
黑龙江省文化和旅游厅，2021-06-15.

竞争加剧，如何提升黑龙江省对俄沿边文旅走廊的竞争力，吸引更多的国际游客，也是一大挑战。这需要在旅游产品的创新、服务质量的提升以及国际化营销等方面做出努力。政策支持和法规环境对于文旅走廊的建设和发展至关重要。如何制定和完善相关政策，为文旅走廊的建设提供有力的法律保障和政策支持，也是当前需要解决的问题。

面对这些困境和挑战，黑龙江省需要积极地采取措施，加强基础设施建设，推动文化交流，保护旅游资源，提升市场竞争力，并不断完善政策法规环境，以推动对俄沿边文旅走廊建设的持续健康发展。

六、"中文+职业"模式下的中俄经济文化交流

"中文+职业"模式在中俄经济文化交流中扮演着重要角色，特别是在促进两国经济合作和深化相互理解方面。

在"中文+职业"模式下，特别是在经济领域，俄罗斯学生或从业者可以通过学习中文和相关职业技能，更好地理解和参与中国的经济活动，加强两国之间的贸易往来和投资合作。例如，俄罗斯学生学习中文和电子商务相关技能，在中国电商平台开设店铺，销售俄罗斯特色商品。通过这种方式，他们可以更好地了解中国的电商市场和消费者需求，拓展俄罗斯商品在中国的市场。

通过"中文+职业"模式，中俄两国可以在更多领域开展经济合作，如电子商务、金融科技、绿色能源等。从而拓展两国的合作领域，实现互利共赢。在经济文化交流中，通过学习和实践中文，俄罗斯人能够更深入地了解中国的经济发展和社会进步，增强对中国的信任和理解。巩固中俄两国之间的友好关系，推动两国在更多领域的合作。

目前，"中文+职业"人才需求量激增。据俄罗斯招聘服务网站 hh. ru 的数据，2022 年第一季度懂中文专家的招聘岗位有 2451 个，而 2021 年同一季度则为 1625 个。招聘懂中文专家岗位最多的是物流及仓库运营商、运输、外贸企业、IT 企业等。要求会中文的从业人员的空缺数量每个月都以两位数的速度增长，其中 1 月份同比增长为 42%，2 月份为 54%，3 月份为 54%，4 月份为 80%。仅在 4 月份，会中文的从业人员的空缺数量与去年同期相比就几乎翻了一番。物流业成为需要大量会中文员工的首要行业之一。① 这也恰恰说明"中文+职

---

①　步延新. 新形势下俄罗斯"中文+职业"人才需求及培养路径研究［J］. 国际中文教育（中英文），2023（03）：24-31.

业"模式在中俄经济文化交流中的重要性。

"中文+职业"模式在中俄经济文化交流中大有作为，但在实际操作中也会遇到很多问题。虽然俄罗斯人已经学习了一定的中文，但在实际工作中，他们可能会遇到语言障碍，导致沟通不畅或误解。则需要加强语言培训和实践，提高俄罗斯人的中文水平。中俄两国文化存在较大差异，包括商业习惯、思维方式、价值观念等。这些差异可能会导致误解和冲突，影响经济合作和文化交流的顺利进行。则需要加强文化交流和理解，促进中俄两国之间的相互了解和尊重。由于中国的法律法规与俄罗斯存在差异，俄罗斯人在中国的经济活动中可能会遇到法律问题。则需要加强对中国的法律法规的了解和学习，避免违法行为的发生。尽管"中文+职业"模式为俄罗斯人提供了更多的就业机会，但在中国就业的机会仍然有限，尤其是在一些特定的行业和领域。所以需要加强职业指导和就业服务，帮助俄罗斯人更好地了解中国的就业市场和职业机会。

"中文+职业"模式在俄国经济文化交流中存在一些问题，需要加强语言培训、文化交流、法律法规学习、职业指导和就业服务等，以促进中俄经济合作和文化交流的顺利进行。

在"中文+"模式下，中国文化在俄罗斯传播取得了一定的成效，但也存在一些经验和教训。首先，在推广中国文化时，需要充分考虑俄罗斯的文化背景和习惯，避免出现文化冲突和误解。例如，在宣传中国传统文化时，可以结合俄罗斯的文化特点，将其与中国文化进行对比和联系，让俄罗斯人更好地理解和接受。中文是联合国官方语言之一，也是世界上使用人数最多的语言之一。在俄罗斯推广中文教育，可以充分利用这一优势，提高中文教育的质量和水平，吸引更多的俄罗斯人学习中文。在推广中国文化时，也可以通过各种媒体渠道进行宣传和推广，如电视、广播、报纸、杂志等。这些媒体可以覆盖更广泛的受众群体，提高中国文化的知名度和影响力。可以加强与其他国家和地区的文化交流和合作，如举办文化节、展览、演出等活动，促进不同文化之间的交流和融合。其次，在推广中国文化时，缺乏系统性和整体性的规划和设计，导致推广效果不明显。所以需要制定系统的推广计划，明确推广的目标、内容、方式、渠道等，提高推广效果。再次，缺乏对俄罗斯本土文化的了解和尊重，导致推广效果不佳。因此，需要充分了解俄罗斯的文化背景和习惯，将中国文化与俄罗斯文化进行有机结合，提高推广效果。最后，缺乏持续性和长期性的投入和努力，导致推广效果不稳定。因此，需要持续地投入资源和精力，保持推广的连续性和稳定性，提高推广效果。

总之，在"中文+"模式下推广中国文化需要充分考虑文化差异性、语言优势、媒体宣传、文化交流与合作等因素，制定系统的推广计划，加强本土化，保持持续性和稳定性，才能获得更好地推广效果。

第二节 "中文+"模式下中国文化在泰国的传播

一、"中文+"模式在泰国的开展

随着综合国力的增强和国际地位的上升，我国逐渐成为世界新兴援助国。教育援助已发展成为我国对外援助的重要组成部分，分别于 2014 年和 2021 年发布的《对外援助管理办法（试行）》和《对外援助管理办法》将对外教育援助概括为"人力资源开发合作"，具体是指为援助对象提供各种形式的学历学位教育、研修培训、人员交流和高级专家服务。① 我国将东南亚视为重点教育援助区域之一，近年来不断加大以汉语国际教育和职业技能教育为核心的援助。② 在我国对东南亚的教育援助中，汉语国际教育首当其冲占有重要席位，通过建立孔子学院或孔子课堂等方法，有效缓解了我国推行汉语国际教育发展的难题，在落实教育未来可持续发展的基础上，努力进行着创新和突破性改革。与此同时，对外合作发展政策的推进让中国与东南亚地区的国家间的贸易往来、资本交流屡创新高，带动了相关部门对于"中文+"人才的需求，让东南亚国家对中国的职业教育援助的诉求愈发强烈。2017 年 9 月，《南宁宣言》讨论通过并初步达成了构建中国—东盟职业技能教育发展共同体的共识。③ 我国通过各种方式不断加大对东南亚职业技能教育援助的力度，培养了大量贸易、金融、旅游、环保、卫生、工程等领域的技术人才。在取得显著成绩的同时，我国对东南亚的教育援助也面临着不少瓶颈制约，尤其是援助项目碎片化、孤立化的问题。④ 故而，只有利用好"中文+"模式，大力发展"汉语+职业技能"培训，才能令我国在东南亚发展的教育援助效率最大化。在该时代背景下，能够发现"中文+"模式

---

① 中华人民共和国商务部. 对外援助管理办法 [A/OL]. [2021-10-11]. http：//mg. mof-com. gov. cn/article/jmxw/202109/20210903194866. shtml.

② 陈莹. 中国对东南亚教育援助论析 [J]. 东南亚研究，2019 (3)：117-136.

③ 《南宁宣言》：中国—东盟职业教育合作开新篇 [EB/OL]. 央广网，2017-09-13.

④ 陈莹. 中国对东南亚教育援助论析 [J]. 东南亚研究，2019 (3)：117-136.

在泰国开展中国文化传播的原因：

第一，市场需求。随着中国经济的快速发展和国际影响力的提升，中文已经成为许多国家重要的外语之一。泰国也不例外，随着泰国与中国的贸易往来和商业合作日益增多，泰国人学习中文的需求也在增加。"中文+"模式满足了这种市场需求，帮助泰国人更深入地了解中国文化，提高中文水平，增强就业竞争力。同时，也有利于开拓中国市场。因此，在"中文+"模式下，开展中国文化传播是顺应市场需求和时代发展的必然选择。

第二，文化交流。"中文+"模式可以更好地满足泰国人民的需求。在"中文+"模式下，泰国人民不仅能够学习中文，还能够更深入地了解中国的文化、历史和社会制度等。这种模式能够更好地满足泰国人民对中国文化的兴趣和好奇心，同时也有助于促进中泰两国之间的文化交流和友好关系。"中文+"模式不仅仅是语言教育，更是一种文化交流。通过"中文+"模式，泰国人可以更全面地了解中国的历史、文化和社会制度，促进中泰两国之间的文化交流和友谊。这种文化交流也有助于消除误解和偏见，增强两国人民之间的相互理解和尊重。

第三，教育改革。泰国教育部门逐渐认识到中文教育的重要性，开始推广"中文+"模式。"中文+"模式可以为泰国培养更多的国际化人才。随着全球化的加速发展，国际化人才的培养已经成为各国发展的重要任务之一。通过"中文+"模式开展中国文化传播，可以帮助泰国培养更多的懂中文的国际化人才，为泰国的发展提供有力的人才保障。

第四，旅游发展。中国是泰国重要的旅游客源国之一，"中文+"模式可以促进中泰两国的经济合作。随着中国经济的崛起，中泰两国的经济合作越来越密切。通过"中文+"模式开展中国文化传播，可以促进泰国人民对中国市场的了解和开拓，同时也有助于吸引更多的中国游客和投资者来到泰国，促进泰国经济的发展，有助于提高泰国旅游服务的质量和水平，吸引更多中国游客，促进泰国旅游业的发展。

第五，技术合作。随着科技的发展，中泰两国在技术创新和研发方面的合作越来越密切。"中文+"模式有助于培养具备科技素养的国际化人才，推动两国在科技领域的合作与发展。

总之，"中文+"模式是泰国开展中国文化传播的一种重要方式，具有广泛的市场需求和发展前景。通过中文+模式开展中国文化传播，可以促进中泰两国之间的文化交流和友好关系，同时也有助于推动泰国经济的发展和国际化进程。"中文+"模式在泰国开展中国文化传播是顺应市场需求、促进文化交流、推动教育改革、发展旅游业和加强技术合作等多方面因素的共同结果。这种模式的推广有助于增进泰国人民对中国文化的了解和认同，推动中泰两国在各领域的友好合作与发展。

二、"中文+"模式在泰国的发展历程

在泰国，中文教育经历了从 20 世纪初的华文学校到如今繁荣发展的阶段。近年来，随着中泰关系的深化和中国经济的崛起，中文教育需求不断增长，政府加大支持力度。同时，技术创新为中文教育带来便利，中泰两国也在教育技术领域合作，推动教育的数字化和智能化。

初始阶段：在 20 世纪初，由于大量华人移民至泰国，泰国开始产生了中文教育的需求。这一阶段主要是华人在泰国开办华文学校，教授中文。

发展阶段：随着中泰两国关系的密切，泰国政府开始重视中文教育，华文学校得到政府的支持，规模和影响力逐渐扩大。同时，泰国的一些大学也开始开设中文课程，培养了一批懂中文的本土人才。

繁荣阶段：进入 21 世纪后，随着中国经济的崛起和国际影响力的提升，泰国对中文教育的需求迅速增长。泰国政府进一步加大对中文教育的投入，中文成为泰国中学的选修外语之一。同时，越来越多的泰国大学开设中文专业，中泰两国在高等教育领域的合作也日益加强。

创新阶段：近年来，随着技术的发展，中文教育在泰国也不断创新。例如，一些线上中文教育平台在泰国得到了广泛应用，为泰国人提供了更为便利的中文学习资源。同时，中泰两国在教育技术领域的合作也不断深化，共同推动中文教育的数字化和智能化。

三、中国教育援助下的"中文+职业技能"教育的推广

自进入 21 世纪以来，我国不断地向东南亚援助建立孔子学堂、派遣国际中文教师、建立机构培训本土教师、配套编写并赠送中文教材，以及扩大留学生规模。截至 2019 年年底，东南亚地区共设有 39 所孔子学院和 22 间孔子课堂，成为孔子学院/课堂分布高密度地区之一。[①] 教育部每年组织派赴东南亚的汉语教师志愿者数以千计；由国务院侨办和各省侨办主办的东南亚华文教师培训班，

① 郭晶，吴应辉.孔子学院发展量化研究（2015-2017）[J].云南师范大学学报：哲学社会科学版，2018（5）：36-44.

每年的培训规模就达到几千人次；在留学基金和中国政府奖学金的资助下，中国成为东南亚最主要的留学目的国之一，仅 2015 年就达到 7.12 万人。① 然而，东南亚汉语国际教育援助的高质量发展仍面临诸多制约因素。其中，职业吸引力不足是最为突出的问题，教学内容与学员职业发展需求的偏离，对各级各类职业技能人才的需求不相符。

（一）制度建设

做好东南亚"汉语+职业技能"教育的顶层设计，要以"授人以渔"的教育援助理念绘制发展蓝图，明确发展目标。② 2020 年 9 月印发的《职业教育提质培优行动计划（2020—2023 年）》明确提出"推进'汉语+职业技能'项目"，意味着国家政策层面的鼓励和推动；初步形成了以教育部中外语言交流合作中心为主要落实主体的"汉语+职业技能"教育组织与推进机制，并取得了多项实践成果，包括推动开设了内容丰富的"汉语+职业技能"特色课程、援建中泰语言与职业教育学院、推动共建国内首个"汉语+职业技能"国际推广基地以及加强"汉语+职业技能"师资培训；地方各级政府、国内院校、培训评价组织也纷纷参与进来，进行了有益探索和实践。③ 然而，东南亚汉语国际教育援助的高质量发展依然面临着不少桎梏因素，突出存在职业吸引力不强的问题，表现为教学内容与学员职业发展需求存在偏离。

（二）办学模式

东南亚"汉语+职业技能"教育作为国际化教育的一种新形式，与"人类命运共同体"所倡导的"和平、发展、互利、合作、共赢"理念高度契合。它强调共同价值、共同利益和共同责任，注重院校、政府、企业、行业机构等多组织的协同共生，并主张多元主体之间共商共建共享的交往新路径。④ 东南亚"汉语+职业技能"教育整合了各类社会资源，基于现实的各种需求和条件构建了多项如下办学模式：

第一种，校—企合作模式。中共中央办公厅、国务院办公厅于 2021 年 10 月

① 陈莹. 中国对东南亚教育援助论析 [J]. 东南亚研究，2019 (3)：117-136.
② 徐辉. 改革开放以来我国教育援助的政治理念与实践策略 [J]. 比较教育研究，2021 (8)：21-29.
③ 教育项目研究组. 构建"中文+职业技能"教育高质量发展体系 [J]. 中国职业技术教育，2021 (12)：119-123.
④ 张俊宗. 教育国际化：构建人类命运共同体的重要力量 [J]. 高校教育管理，2020 (2)：21-28.

印发的《关于推动现代职业技能教育高质量发展的意见》提出"探索'汉语+职业技能'的国际化发展模式，服务国际产能合作"。① 一方面，东南亚的中资企业出于经营需要，自主开展当地员工技术培训，成为我国职业技能教育援助的一部分。另一方面，相关政策带动的国际产能合作又为中资企业和孔子学院的深度合作提供了强大驱动力。企业本土化经营与管理要求跨越中外语言文化差异，从而实现有效沟通协作，这就需要孔子学院提供的汉语教育服务。该模式要求孔子学院进行深度调研，全面掌握企业人才需求和岗位要求，并与企业联合制订人才培养方案，通过"订单式""短期式"等多元人才培养形式，实现"人才培养—岗位胜任"的定向人才培养目标。②

第二种，校—校—政合作模式。这一模式采取新型方法，将孔子学院、国内职业院校和政府联系起来，让其发挥出自己的最大优势，形成了教育共同体，充分地利用和改进了教育资源配置。以"中泰高铁汉语培训班"为例，孔子学院不单提供汉语教学，还会协助泰国每年从多个职业院校选拔40名学生进入武汉铁路职业技术学院专业学习铁路技术，并由中国和泰国两国政府共同资助。因为人才培养效果良好，该项目受到各方肯定。③

第三种，校—校合作模式。孔子学院和国内职业院校合作，以培养复合型人才为目标，分别承担不同的教育项目。从2017年开始，中国职业院校海外分校数量进入快速增长时期，东南亚国家是主要目的地，以泰国、柬埔寨、缅甸和马来西亚为代表。④ 这种联合培养是一种极具创新的尝试，需要不断加强相关能力的建设。

四、中文教育在泰国的推广

（一）开设孔子学院

孔子学院是中国向泰国推广汉语教学和中国文化交流的重要平台为了让泰国人民适应对中国语言文化的了解，加强中泰教育文化交流合作，发展两国友

---

① 中共中央办公厅 国务院办公厅印发《关于推动现代职业技能教育高质量发展的意见》[EB/OL]. 中国政府网，2021-10-12.

② 刘旭."一带一路"建设中国际汉语职业技能教育发展研究 [J]. 广西社会科学，2020（11）：175-179.

③ 高铁为媒 汉语搭桥：我校2017泰国留学生在孔敬大学孔子学院高铁汉语培训圆满结束 [EB/OL]. 武汉铁路职业技术学院，2017-04-12.

④ 30所职校海外分校"落地开花"，2018年职教扬帆海外纪实 [EB/OL]. 搜狐，2018-12-22.

好关系和经济贸易往来，中国与泰国开始共建孔子学院。

自 2005 年 12 月泰国皇太后大学孔子学院获批成立至 2023 年 5 月，泰国分别与中国北京、上海、天津、重庆、广西、云南、福建、浙江等多个省区市的高校共建了 16 所孔子学院。①

孔子学院是中国推广中文教育和泰国进行文化交流的重要途径，中国和泰国共同建立孔子学院，是为了帮助泰国人民了解中文、掌握中文，在帮助他们满足语言的需求后，将其融会贯通，进而更好地向泰国民众传递中华文化的相关知识，以增进中泰两国的友好关系。迄今为止，中国与泰国共同建立了 16 所孔子学院，基于泰国区域化资源分配考虑，这些孔子学院的建立主要集中在泰国的主要城市。例如，16 所孔子学院中，有七所建立在以曼谷为中心的中部地区，其余九所则自然地分布在其他地区。

2006 年 12 月 26 日，玛哈沙拉坎大学孔子学院正式落地泰国的东北部，玛哈沙拉坎大学孔子学院是由中国广西民族大学和玛哈沙拉坎大学联合共建的全球规模最大的孔子学院。作为经济文化都相对落后的泰国东北部，却拥有全球占地面积最大、汉语志愿者教师人数最多的孔子学院，虽然它的知名度和影响力在全球范围内十分有限，但它为泰国东北地区的汉语推广以及中国文化传播事业作出了巨大的贡献、也有利于进一步实践和探索中国文化传播的创新和发展。

在玛哈沙拉坎大学孔子学院落地的同年次日，泰国中西部也迎来了它的第一所也是目前唯一的一所孔子学院——川登喜大学素攀孔子学院。它由广西大学和川登喜大学联合建立，主要面向泰国中西部中小学、高等学校以及社会人士进行汉语推广和中国文化传播。其教学层次和涵盖范围十分细致和广泛。

2006 年 12 月 29 日，中国广西师范大学和泰国宋卡王子大学合作建立的宋卡王子大学孔子学院落地泰国南部。合艾是泰国南部 14 个府的交通中心和经济枢纽，区位上靠近马来西亚，合艾居民有 80% 是华裔。② 宋卡王子大学孔子学院正是坐落在宋卡府合艾市。很多华裔能够在孔子学院找到一些血脉中的归属感，进而激发出他们传播中华文化的热情。

孔子学院的建立激发了泰国人民学习中国语言文化的热情，能够有效帮助

---

① 黄嘉俊. 泰国川登喜大学素攀孔子学院现状及发展研究［D］. 桂林：广西大学，2021：11.

② 杨梦姣. 泰国宋卡王子大学孔子学院文化教学与文化活动的调研报告［D］. 桂林：广西师范大学，2018.

泰国汉语爱好者及中国文化爱好者系统地学习。多年来，我国不停地向外拓展国际中文教育事业的发展，不遗余力地向泰国传播中华优秀传统文化。自2003年起，累计向泰国派出2.5万余人次国家公派出国教师和国际中文教育志愿者，在泰国1000多所大中小学开展传播活动。这些教师和志愿者充分发挥了对外传播使者的作用。在孔子学院精准传播的有效推动下，目前泰国在校学习中文人数超过100万，居全球首位。泰国已成为全球孔子学院（课堂）最密集、中文教学发展最迅速的国家之一。①

孔子学院的国际传播效果显著，但不可否认的是，孔子学院也存在很多问题，造成了一些国际争议，一些国际社会开始对孔子学院产生怀疑。这是孔子学院对外发展无可避免的问题，这些问题有：

第一，地理分布不均对传播效果的制约。泰国孔子学院的发展任重而道远，泰国中西部、东北部、东南部、北部和南部等由于国家资源分配不均，对于孔子学院提供的国际中文教学资源存在不平衡、不充分和资源浪费等情况。例如，泰国的中西部和东南部仅有1所孔子学院，东北部和北部各2所，南部3所，以曼谷为首的中部地区达到了七所。泰国的孔子学院普遍集中在曼谷及曼谷周边的中部地区，这和曼谷的经济资源发达、高度城市化等因素有关。但一定程度上会造成资源倾斜和资源浪费。而其他地区因为交通不便利、经济相对来说较为落后等原因，制约了孔子学院的发展和中华文化的传播。

第二，合作模式与合作机构对精准传播的制约。在16所孔子学院中，有15所是由中国高校与泰国当地大学合作建立的，只有勿洞市孔子学院最为特别，它是泰国唯一一所由大学与市政府合作建立的孔子学院。勿洞是泰国南部与马来西亚吉打州毗邻的一个边陲重镇，这一独特的地理优势，使勿洞市孔子学院在泰国的中文及中国文化传播过程中发挥着"立足泰南、辐射泰马、走向世界"的重要作用。② 泰国的孔子学院的建立合作模式较为单一、固定化、模式化。教育方面的合作多显不足，中泰大学联合创办的模式的问题普遍在于没有建立更加准确地合作机制。两所合作高校仅关注自家的管理模式和教育模式。这对于孔子学院在泰国的发展造成了一定的影响。

第三，发展定位与传播模式对精准传播的制约。泰国的孔子学院自成立以

---

① 时光. 打造区域特色，推进协同发展：泰国孔子学院（课堂）发展联盟正式成立 [EB/OL]. apcreports. org. cn, 2021-09-28.

② 李建涛. 泰国勿洞市孔子学院教学与文化传播活动研究 [J]. 钦州学院学报, 2019 (6)：62-67.

来一直专注于最初的发展定位，其专业性和针对性较为突出。这种稳定的发展模式使其难以进行创新性的突破和改革。此外，孔子学院在当地文化传播方面已经取得了一定的影响效果，其发展定位和传播模式已经深受大众认可。因此，贸然进行改革可能带来负面效果，可能破坏已有的积极形象和成果，以及与当地社区建立起的良好关系。在此环境下，需要审慎权衡利弊，寻找适合当前环境和需求的改革路径，以确保在保持原有优势的基础上进一步发展。

（二）"中文+"模式下积极推广中文教育

中国与泰国政府合作，在泰国建立了多个汉语教学机构，国家也积极响应中国的大学与泰国的大学合作共建了东方大学孔子学院、海上丝路·帕那空皇家大学孔子学院、华侨崇圣大学中医孔子学院的等多所孔子学院。为了更好地进行中文及中国文化的教学和传播，泰国孔子学院联合机构和政府开创了"中文+"理念。

泰国孔子学院中文及中国文化的教学与推广顺应时代发展、瞄准职业培训缺口，首创"中文+"理念，并广泛运用于高铁、物流、旅游、电商等中文技能人才紧缺的行业，开设"汉语+高铁""汉语+航空""汉语+海运""汉语+旅游""汉语+物流""汉语+电子信息""汉语+酒店管理""汉语+国际贸易"等一系列定制化"汉语+"课程。清迈大学孔子学院和孔敬大学孔子学院都参与了澜沧江—湄公河合作专项基金项目，主要培养"汉语+高铁"人才；泰国博仁大学海上丝路孔子学院与中国的航空公司和职业学院合作培养"汉语+空乘"人才；宋卡王子大学普吉孔子学院秉持"中文+旅游商贸"发展方向，开发特色教材，开展特色培训，服务泰国南部热门旅游地区等。[①] 这些具有针对性的"汉语+"课程为中国教学、文化传播和企业发展都产生了巨大贡献，同时也推动了泰国当地的经济发展。

胡正荣在接受《中国社会科学报》采访时提出："精准传播是全媒体时代最有效的传播方式，针对性越强的传播效果越好。这就要求我们在国际传播过程中，根据不同人群制定有针对性的传播策略和战略……甚至相同内容的产品，也要根据用户的接受习惯制作不同的版本。"[②]"中文+"模式的出发点与针对性传播不谋而合，对于不同的行业需求和国际中文教学的教育需求，在以中文为

---

① 宋宇. 泰国：推广中文教育促进对华交流［N］. 参考消息，2022-04-21.
② 毛莉. 精准传播是提升国际传播效果的关键——访中国传媒大学副校长胡正荣［N］. 中国社会科学报，2014-09-17.

前提的导向下，针对不同的受众者定制教学模式，进一步推动了中国对外发展，实现了资源共享、优劣互补，提高了泰国的中文接受度。

五、"中文＋"模式下积极举办文化交流活动

中国传统文化是流淌在中国血液里绵延不息的血脉，是中国文化自信的源泉，随着中国在世界地位的提高，中华文化的传播成为了十分重要的对外关系和联系手段。古往今来，中国和泰国之间都存在着十分密切的联系。泰国的语言、文化、习俗等方面都深受中国影响。许多华人去往泰国为政从商、在多年的积累下扎根于泰国。他们留在了泰国，也将中国文化带去了泰国，千百年的沉淀和磨合汇聚成了具有泰国本土化的中国文化。

"中文＋"模式不仅为泰国学生提供了学习中文的机会，还为他们打开了一个了解中国文化的窗口。在这一模式下，泰国积极举办各种文化交流活动，进一步推动了中泰文化的相互了解和融合。泰国举办的文化交流活动涵盖了多个领域，如艺术、教育、经济、科技、旅游等。这些活动形式多样，包括展览、演出、研讨会、报告会、文化节等，为泰国民众提供了全方位、多角度了解中国文化的机会。文化交流活动产生了积极影响：

第一，增进了解和友谊。通过文化交流活动，泰国民众能够更直观地了解中国的历史、文化、艺术和社会现状，加深对中国文化的认识和了解。同时，这些活动也为中泰两国人民提供了交流互动的平台，促进了友谊的发展。

第二，促进经济合作。文化交流活动不仅有助于增进两国人民的相互了解和友谊，还为经济合作奠定了基础。通过了解中国的经济发展模式和商业环境，泰国企业也可以拓展市场，加强经济合作。

第三，推动旅游业发展。文化交流活动为泰国旅游业提供了新的发展机遇。通过展示中国的自然风光和人文景观，这些活动吸引了更多泰国游客前往中国旅游，推动了中泰旅游业的共同发展。

另外，泰国在"中文＋"模式下举办文化交流活动仍有很大的发展空间和潜力。为了进一步提升文化交流活动的质量和效果，可以采取以下措施：

第一，加强统筹规划。政府部门应加强对文化交流活动的统筹规划和管理，确保活动的质量和效果。同时，加强与相关机构的合作，形成合力推动文化交流活动的发展。

第二，创新活动形式。在保持传统文化交流活动的基础上，不断创新活动

形式和内容，以吸引更多泰国民众参与。例如，可以举办主题鲜明、内容丰富的文化展览和演出，或者推出具有互动性和体验性的文化体验活动等。

第三，发挥媒体作用。利用电视、广播、报纸、网络等媒体渠道加强对文化交流活动的宣传和推广，提高活动的知名度和影响力。同时，鼓励媒体机构参与活动的策划和组织，为活动提供更多元化的宣传和支持。

总之，泰国在"中文+"模式下积极举办文化交流活动对于促进中泰文化交流和合作具有重要意义。通过不断创新和完善活动形式和内容，相信未来中泰文化交流将会更加深入和广泛。

六、"中文+旅游"旅游推广

古往今来中国和泰国就有着十分密切的往来，在旅游领域上更是有着十分深厚的交流合作基础。随着中泰两国旅游合作的深入开展，大量的中国游客选择前往泰国旅游，为泰国旅游业带来了巨大的经济效益。同时，泰国也积极吸引中国投资者参与旅游项目，共同开发旅游资源。

2012年，中国和泰国建立了全面战略合作伙伴关系。同年，根据泰国旅游和体育部的发布数据显示，中国赴泰国的游客达到270万人次，在境外游客中占比为12.1%，中国超过马来西亚成为泰国最大的境外游客来源国。2013年，《中泰关系发展远景规划》发表，中泰在经贸、交通、安全等多个领域的合作内容和规划为双方旅游合作关系的加深奠定了基础，同时双方就互免旅游签证达成了谅解备忘录。2016年，中国文化和旅游部与泰国旅游和体育部共同签署了《关于加强旅游市场监管合作的谅解备忘录》，建立了常态化的沟通协调和保障机制，共同维护旅游市场秩序，保障游客的合法权益，提升旅游服务质量。[①] 政策的不断完善将中泰旅游逐渐推上高峰，让中国旅游市场面对泰国有了更多的可能。

泰国将中国旅游市场作为重点发展的方向之一，在旅游设施、景点介绍、酒店和交通服务等方面，加强中文服务的提供，以满足中国游客的需求。为了吸引更多的中国游客，泰国政府和相关机构采取了多种措施，其中之一就是推广"中文+旅游"项目。

"中文+旅游"项目旨在为中国游客提供更加便捷、贴心的旅游服务，让他

---

① 侯志强，殷杰. 中泰旅游市场合作：态势演变与发展反思 [J]. 华侨大学学报：哲学社会科学版，2019（1）：87-95.

们更好地了解和体验泰国的文化和风情。该项目的实施方式多种多样，包括以下几方面：

第一，提供中文服务和中文导游。在泰国的一些旅游景区和景点，游客可以享受到中文服务，如中文标识、中文菜单等。此外，许多旅行社也提供中文导游服务，让游客更加深入地了解当地的历史和文化。

第二，推出中文旅游线路和产品。针对中国游客的需求和兴趣，泰国推出了一系列中文旅游线路和产品，如文化之旅、美食之旅、海滩度假等。这些线路和产品不仅让游客更好地了解泰国的文化和风情，还提供了更加便捷、舒适的旅游体验。

第三，加强中文宣传和推广。为了吸引更多的中国游客，泰国政府和相关机构加强了中文宣传和推广工作。他们在社交媒体平台上发布中文旅游信息，推出中文旅游指南和地图，还在中国的主要城市设立了旅游推广中心，直接向中国游客介绍泰国的旅游资源和特色。

第四，加强中文教育和培训。为了更好地满足中国游客的需求，泰国还加强了中文教育和培训工作。他们在一些旅游城市和景区开设了中文培训班，为当地的导游和服务人员提供中文培训，提高他们的中文水平和服务质量。

总而言之，"中文+旅游"项目为泰国旅游业的发展注入了新的动力。通过提供更加便捷、贴心的旅游服务，让中国游客更好地了解和体验泰国的文化和风情，泰国成功地吸引了更多的中国游客前来旅游，进一步促进了两国之间的文化交流和经济发展。

在泰国面向中国人进行"中文+旅游"项目的同时，中国也对泰国开放了"中文+旅游"项目，该项目旨在促进中泰两国之间的文化交流和经济发展。通过为泰国人民提供更加便捷、贴心的旅游服务，让泰国人民更好地了解和体验中国的文化和风情，从而吸引更多的泰国游客前来旅游。具体来说，中国在泰国推广"中文+旅游"项目的方式包括：

第一，加强宣传和推广。中国政府和相关机构加强了在泰国的宣传和推广工作，通过各种渠道向当地居民介绍中国的旅游资源和特色。他们还与泰国政府和相关机构合作，共同举办推介会、展览等活动，向泰国人民展示中国的魅力和吸引力。

第二，提升中文服务质量。为了提高泰国的中文服务质量，中国在泰国培训了一批优秀的中文导游和服务人员，以提高他们的专业素养和服务质量。此外，中国的一些旅行社也在泰国设立了分支机构或代表处，为泰国游客提供更好的中文服务和导游服务。

第三，推出特色旅游线路和产品。针对泰国游客的需求和兴趣，中国推出了许多具有特色的旅游线路和产品，如中国文化之旅、美食之旅等。这些线路和产品不仅让泰国游客更好地了解中国的文化和风情，还提供了更加舒适、便捷的旅游体验。

第四，加强合作与交流。中国与泰国开展了多项合作与交流活动，包括互派留学生、文化交流等。这些活动有助于增进两国人民之间的了解和友谊，推动中泰友好合作关系不断向前发展。

"中文+旅游"项目在泰国的实施效果较为显著，由于中文服务的提升和中文旅游产品的有效推广，吸引了更多的中国游客前往泰国旅游，直接促成了泰国旅游业的发展，增进了两国人民之间的相互理解和文化交流。其实施得到了泰国政府的积极支持和响应。通过加强宣传和推广、提升中文服务质量、推出特色旅游线路和产品以及加强合作与交流等方式，中国成功地推动了泰国旅游业的发展，促进了中泰两国之间的文化交流和经济往来。

七、"中文+铁路"的职业教育推广

泰国与中国在贸易、高铁建设等方面有着密切的合作，中泰双方推出联合培养人才计划，着重于高铁行业的人才培养。鉴于泰国对高铁技术人才的迫切需求，大量学生赴中国深造。然而，职业教育中的汉语教学问题成为合作顺畅进行的障碍。泰国职业院校学生的汉语学习路径，通常在泰国接受三到四个月的汉语教育，通过 HSK3 级考试后，再前往中国深化汉语及专业知识学习。泰国职业技术院校致力于培养具备职业技能的应用型人才，强调学生实际技能与经验，认为基本汉语能力是中泰人才联合培养成功的关键。因而汉语教学应更加关注语言的实用性与交际功能。

泰国多所职业技术学院积极安排学生前往中国深化专业和技术学习。随着中泰铁路合作项目的签订，泰国职业院校更加重视铁路专业学生的汉语教育，汉语教育成为泰国学生掌握铁路专业技术前的必要准备。泰国职业院校与中国教育机构的合作日益加深，尤其在专业技术教育方面，通过与中国的合作项目，培育具备坚实理论基础和高效实践技能的复合型人才。特别是铁路和食品专业的学生，他们有机会分别前往中国和日本深造，以拓宽学习视野和提升专业技能。这种国际合作不仅提升了学生的专业水平，也为将来的就业和发展打下了坚实的基础。因而泰国很多职业技术学校都将汉语纳入核心课程，根据专业需要设置必修课与选修课。

比如泰国班派工业社区教育学院尤其强调汉语教学，实行小班教学，以期在较短时间内提高学生汉语水平，为赴中国深造打好基础。铁路专业学生每周安排10课时汉语学习，远超其他专业每周一课时的安排。每学期铁路专业学生将接受约200课时的汉语教学，其他专业则为40课时。考核方面，班派工业社区教育学院采用笔试与口试相结合的方式，重点评估学生的汉语综合掌握程度及实际运用能力。考核工作由校内汉语教师志愿者负责，综合考虑学生的日常表现、出勤率及期末考试成绩，其中日常表现占30%，期末考试占70%。为激励学习，成绩优异者将获得奖励。考核标准及内容每年根据教师团队的更替而有所调整，但均参照前一年的评估体系以保持评估的连续性和公正性。通过这样的课程设置和教学安排，班派工业社区教育学院致力于培养学生的汉语能力及对中国文化的理解，特别是铁路专业学生，以符合中泰人才培养的目标需求。这种教学模式旨在为学生提供实用、高效的汉语学习经验，确保他们能够在未来的专业学习和职业生涯中充分利用汉语技能。铁路专业采用的教学手段包括听说教学、图示教学、翻译及游戏互动等，以图示和听说教学为核心。通过图像辅助和口头指导，学生能学习新词汇，并由此引入新的语言结构。此方法强化了学生的听力和口语技能，而游戏互动则促进了他们的记忆力和学习热情。针对泰国学生的具体需要，教师还采用语法翻译法，利用学生的泰语基础进行直接翻译，以便学生更好地理解汉语。考虑到学生偏好视觉和互动学习方式，课堂上经常融入图示和视频资料，以及各种游戏活动，以提高学生参与度和学习动力。

泰国班派工业社区教育学院铁路专业的汉语教学不依赖固定教材，而是赋予每位国家汉办派遣的志愿者自主选择教材的权利。常选用的包括《快乐汉语》和《体验汉语》等泰国流行的汉语教科书，教师根据教学需求和学生特点灵活安排教学内容。除此之外，教师还可以使用来自中国的教材，学院在这方面提供了广泛的自主选择空间。伴随与中国高校合作的深化，学院的教学硬件得到了显著提升，配备了先进的汉语教室和多媒体教学设施。学院还确保每名学习汉语的学生都能免费获得教材。利用多媒体工具，教师能够有效地完成教学活动。此外，为了丰富学生的中国文化学习经验，学院还提供毛笔书法、剪纸、中国结和扇子舞等文化教学资源，免费向学生提供所需的学习材料，以促进学生对中国文化的深入了解和体验。在师资方面，班派工业社区教育学院近5年共接收了 7 位由国家汉办派遣的汉语教师志愿者，负责汉语课程的教学。自 2015 年起，班派工业社区教育学院铁路专业接收了多位国家汉办派遣的汉语教师志愿者。这些教师以汉语国际教育专业毕业生为主，他们在理论知识方面准备充分，但缺乏实际教学经验。由于语言障碍和教学资源限制，他们面临着如何有效传授汉语的挑战，导致教学方法和内容每年都有所不同，影响了教学质量的稳定性。特别是教学过程中，缺乏对学生语言实际应用能力的培养，教学活动单一，未能激发学生兴趣。此外，学院未能提供固定且适合的教材，且缺乏专业的本土汉语教师。短期培训虽然提升了部分教师的汉语水平，但对于满足铁路专业学生的教学需求仍显不足。这些问题亟须通过加强教师培训、优化教学资源和方法来解决，以提升汉语教学效果。尽管学校鼓励教师学习汉语，但因资金限制和教师时间分配问题，大多数泰国教师仅停留在汉语的基础体验阶段，未能深入学习，真正能教授汉语的本土教师非常少。

为提升班派工业社区教育学院铁路专业汉语教学质量，围绕"构建合理的教学大纲、调整汉语课程时间、教学内容要有针对性"，在课程设置方面需要做好以下几个方面：

第一，课程方面需明确和规范教学大纲。当前，学院汉语课程缺乏统一的指导文件，导致教学内容随意性强。建议制定详尽的教学大纲，明确课程目标、内容及要求，确保教学内容的连贯性和系统性。教学大纲应围绕 HSK3 级要求设计，详细规划从零基础到达 HSK3 级的学习路径，包括词汇、语法、听说读写技能的逐级提升。

第二，合理安排课程时间。目前课时分配存在不合理之处，汉语课多安排于日程末尾，影响学生学习效率。建议调整课程安排，使汉语课分布更均衡，避免集中于一天的某个时间段。适当增加课时，确保学生有充足的时间学习和巩固汉语知识。

第三，课程内容应更加针对性强和实用。鉴于学生未来将赴中国深造，教学内容不仅要覆盖 HSK3 级考试范围，还应包括中国文化和社会发展等方面的知识，以增强学生对汉语学习的兴趣和动机。同时，考虑到学生专业背景，应适当引入与铁路专业相关的汉语词汇和知识，帮助学生更好地为未来在中国的学习和生活做准备。

第四，教学方法需多样化。鉴于学生的学习特点和背景，教学方法应更加灵活多样，结合学生的实际情况和需求，运用图片展示法、视频展示法、情景模拟法等，激发学生的学习兴趣，提高学习效率。特别是在教授汉语拼音、汉字书写时，应采取动画演示、游戏互动等方式，帮助学生克服学习难点。通过上述措施，班派工业社区教育学院铁路专业的汉语教学将更加系统化、目标明确，有助于学生系统掌握汉语知识，为未来的学习和职业发展奠定坚实的语言基础。同时，教学内容的丰富和教学方法的创新，将极大提升学生的学习兴趣和学习效果，促进学生全面发展。

为提高学生学习动机、增强学生学习兴趣、提高学生自我管理能力，在学生方面需要做好以下几个方面：

第一，激发学生学习汉语的积极性，学院需设立严格的教学管理制度，采用明确的奖惩机制。对表现优秀、自学能力强的学生予以奖励，对表现不佳、学习动机不足的学生采取适当惩戒措施。同时，教师需制订清晰的评分标准，以提高学生的学习积极性和自主学习的意识。

第二，增强学生对汉语的兴趣，通过正确引导，帮助学生克服对汉语的畏难情绪，让他们理解学习汉语的实际意义和目的。教师应采取多样化的教学方法，如情景模拟、互动游戏等，以提高课堂的趣味性和学生的参与度。

第三，提高学生的自我管理能力，学校和家长应共同努力，通过定期的家访、学习监督以及组织学生参与各类汉语实践活动，如汉语角、汉语挑战周等，旨在增强学生的自我管理意识，同时提升他们的汉语实际应用能力。通过上述措施，旨在构建一个支持性的学习环境，激励学生积极参与汉语学习，从而提升其学习成效，为未来的学业和职业发展奠定坚实基础。

为提高教师教学质量，围绕"汉语教师志愿者综合能力提升与增加本土汉语教师"两大方向，需要注意以下几个问题：

第一，增聘汉语教师，分别负责词汇语法与汉字教学，通过分工提高教学效率。同时，定期为教师安排专业培训，尤其针对新手教师，增强其教学技巧与班级管理技巧。

第二，教师应主动参与教材的编纂与调整，以适应学生实际需求，尤其是编写适合泰国学生的教材，确保教学内容与学生学习基础相匹配。

第三，鼓励教师学习泰语，促进教师与学生之间的有效沟通，同时，教师应深入了解泰国文化，以促进文化交流，并提高教学亲和力。

第四，学校应着力培养本土汉语教师，通过提供培训机会与适当的激励措施，吸引更多泰国教师加入汉语教学行列。此外，加强与中国高校的合作，为泰国教师提供进一步学习与交流的机会。

第五，推广使用网络资源与社交媒体平台，为教师与学生提供丰富的学习资源，同时发布教学视频，促进教师自学与教学研究……通过上述措施，旨在构建一个更加专业、高效的汉语教学团队，为学院的汉语教学质量提升提供坚实的师资支持。

为了构建高质量的泰国汉语教育体系，泰国职校需制定详尽的汉语教学规划，确保教学内容与学期课时相适应。铁路专业的汉语课程应包括 HSK 标准教学与铁路专业词汇教学两大部分，使学生在达到一定汉语水平后，能同步掌握专业术语，为未来留学中国铺垫基础。新成立的铁路专业院校面临师资和设施短缺问题时，可考虑与邻近院校联合教学，共享资源。此外，定期举办专业汉语教育和铁路专业发展的研讨会，有利于共同探讨教学难题，优化教育质量，进而持续推进铁路专业汉语教育的全面发展。

“中文+”模式是一种将中文教育与其他专业领域相结合的教育模式，通过中文学习促进对中华文化的理解和兴趣，同时提高学习者的职业竞争力。近年来，这一模式在泰国得到了应用和推广，在“中文+”模式下，中华文化在泰国的传播和发展得到了新的契机，但其中不乏一些经验和教训：

一是推广中华文化时，需要结合当地的需求和文化特点进行相应的教学设计。在泰国，中文教育注重与当地文化和社会需求相结合，设计出符合当地学生兴趣和需求的教学内容和教育模式。例如，一些中文课程结合了泰国的历史、文化和社会背景，让学生在学习中文的同时，也能更好地了解和思考泰国和中华文化之间的联系。

二是在推广中华文化时，也要注重实践教学和体验活动，在“中文+”模式下，许多课程都注重实践教学和体验活动，如组织学生参观中华文化展览、参加中文角、与中国留学生交流等。这些活动不仅提高了学生的中文水平，也让他们更深入地了解了中华文化。

三是在推广中华文化时，也要建立良好的师资团队和教学资源。在泰国推广中文教育需要有一支高素质、专业化的师资团队和丰富的教学资源。一些成功的中文教育机构注重选拔和培养优秀的中文教师，同时积极引进和开发适合当地学生的教材和教学资源。

在泰国进行中文教育推广也面临着一些挑战和困难。如学生语言基础薄弱、两国文化背景差异、教育资源分配不足等问题，这些问题都需要教育机构和教学人员认真对待，并采取相应的措施加以解决。随着泰国中文教育的不断发展和变化，教育机构和教学人员需要不断改进和创新教学方法和内容，以适应新的需求和挑战。同时也需要加强与国内外相关机构的合作和交流，共同推动中文教育在泰国的发展。

总而言之，在"中文+"模式下，中国文化在泰国的传播和发展取得了一定的经验和成果，但也面临着一些挑战和困难。未来需要继续加强研究和探索，不断完善和创新中文教育模式，为中华文化的传播和发展做出更大的贡献。

第三节 "中文+法律"模式下中国文化的对外传播

目前，"汉语+"模式逐渐成为国际汉语教育领域的新兴增长点，而"互联网+汉语+专业"模式作为一种创新的语言学习方式的提出，突出了职业化教育的趋势和对增强"汉语+"教学资源的需求。在当前国际汉语教育发展的新阶段，专业汉语教学和研究的推进，对于促进教育多样化和职业技能与汉语学习的整合至关重要。

在法律汉语领域，"中文+法律"模式的探索有待加强。目前，针对法律汉语的教材主要有《法律汉语：商事篇》《聚焦中国：法律篇》和《中国法律专业汉语教程》三种，这些教材主要服务于学习英美法系的学生。在词汇解释方面，这些教材往往采用英文解释，并未充分考虑与汉语词汇之间的系统性联系。如《法律汉语：商事篇》中，法律术语与非法律术语未作区分，导致解释和练习部分未能准确传达法律语境的特定含义。随着我国法律法规的不断更新，现有教材与最新法律体系的匹配度存在不足。例如，一些教材中提及的合同法、婚姻法等已被新颁布的《中华人民共和国民法典》所取代，这一变化要求教材编写者在更新教材时，应紧贴当前法律体系的要求，确保教材内容的时效性和准确性。尽管商务、旅游、医学汉语等领域的专门用途汉语教学研究较为成熟，法律汉语的教学和研究却仍处于初级阶段。相比国外对专门用途英语，尤其是法律英语的深入研究，法律汉语的教材开发和教学研究相对滞后，缺乏深度和广度，迫切需要加强以满足教学需求。

只有汉语教育向职业化、专业化发展，才能有效解决学生的实际应用问题。目前，职业教育中的汉语课程主要涵盖通用汉语，这对于专业场景下的汉语应用显得不足。学习者在法律汉语领域遇到的难题通常源于专业与通用词义的区分。例如，"创作"在法律与通用语境中有不同的词义，反映出专业词汇理解的复杂性。法律汉语教育需要紧紧贴近学习者的实际需求，关注专业词汇的学习与应用，以满足学生的职业生活需求。《法律汉语研究》聚焦在华外国人遇到的法律案例中的词汇，旨在分析法律专业词汇的分类及其在法律场景中的使用，构建法律汉语词汇的语义框架。考查当前教材是否涵盖实际高频使用的法律词汇，并探讨新教材编写的基础词汇，以期更好地满足法律汉语学习者的需求，提升其专业领域的汉语运用能力。

在汉语作为第二语言的教育领域，将法律相关词汇纳入教材是基于对教学内容及案例场景选择的考虑。2012 年，杨丹根据《汉语国际教育用音节汉字词汇等级划分》进行了法律词汇的筛选与分类工作，把词汇分为专业法律词、法律借用词及非法律词，并对 29 个常见的借用法律词汇进行了详尽的说明，对于通用汉语教材中法律词汇的研究提供了实例。法律汉语词汇研究主要集中在其法律领域的实际应用上，朱佳露在 2016 年通过对《中国法律专业汉语教程》和《法律汉语商事篇》等教材中的词汇使用量、设计理念、重现率及练习题的设计进行了对比研究。2013 年，王瀚锋提出了从专业英语（ESP）到专业汉语（CSP）的教学转型，倡导通过词义联想的方法进行教学。蒲昕宇于 2012 年从词汇量、法律词汇的比例、重合度以及注释和习题的设计等方面进行了详细考察，并依据《汉语水平词汇等级大纲》进行了分级。虽然这些研究主要以量化描述为主，但都认同构建一个专门的法律汉语词汇体系的必要性。同时，李红园在 2010 年和宋春香在 2018 年分别就教材的定位及法律汉语专业教材的不足之处提出了讨论，特别指出了知识点提炼、案例选择及英文注释的问题。2013 年，岳耀锋通过分析国内外专门用途语言教学的现状，尝试提出了法律汉语教学的课程设计和教材编写建议。

CSP 的教学和研究虽然起步较晚，但随着近年来研究的增多，其教学设计和概念界定已变得更加明确，强调根据学习者的职业需求进行教学设计。教材编写方面，强调将语言学理论应用于教材开发中，以提高教材的专业适用性和教学效果。在构建词汇语义框架方面，已有的商务汉语和医学汉语的研究为法律汉语教材的编写提供了借鉴意义。通过分析和比较，《法律汉语研究》旨在探讨法律汉语词汇的使用、分类与分层，尤其关注外国人在中国法律环境中的实际需求，并尝试构建一个适用于法律汉语教学的词汇语义框架，为教材编写和教学提供理论支持和实践指导。此处采用量化分析和定性分析方法，通过分析裁判文书网 2018 至 2022 年间的文书数据，建立小型法律案件语料库，为国际中文教育中的法律汉语教学提供参考。

《法律汉语研究》着重于法律汉语词汇在频率分布及其在专业性与普遍性方面的分类上，意在探索法律领域语言的独特性。通过对法律文本的词频和分词分析，旨在建立词汇频率的不同层级，并识别在法律案例中频繁出现的核心词汇。此外，根据词汇的应用领域，进一步将其划分为专业或通用，对专业法律词汇分类，并根据频率设定不同的级别，为建立语义框架和实际应用奠定基础。利用 Corpus Word Frequency APP 对法律文档库进行分词处理，初步识别出大约59800 个词项，词项总数达到约 1241 万。为了提高研究精度，剔除了非法律相关的低频词汇和常见的非专业虚词，经过筛选和人工复审，词项数量缩减至25630 个，词项总数减少至约 788 万。研究重点放在教学中需要强调的法律术语上，通过设定词频门槛来分级法律术语，并结合最高法院的法律文书案例关键词来确保研究的科学性和官方性。

此外，基于真实的法律文本，精确反映法律词汇的使用情况，以指导教学实践。通过 Corpus Word Frequency APP 分词工具处理法律语料库后，筛选和分析结果表明，通过齐夫第二定律和其他研究提出的分界公式，词汇被分为高频、中频、低频和超低频四个层次，其中高频词的阈值被设置为 159。深入分析揭示，高频词汇通常为日常语言，而中低频词则涵盖了专业法律术语和特定领域的常用词。例如，"盗窃"作为一个专业法律术语，在法律文本中的使用频率超过了日常用词"偷窃"，为建立词汇语义框架提供了重要参考。超低频词包括个人名称、地点等非专业术语，在编写教材时可以根据需要选择性包含。该层次分析为教材编制和教学提供了实证基础。

研究致力于解析法律汉语词汇在专业用途和日常用途间的语义演变。二语习得者通常借助已掌握的含义来理解新环境下的词汇使用。鉴于法律术语及其通用对应词在不同上下文中语义的适应性调整，《法律汉语研究》目标在于剖析此类语义的变异性，为深层次研究提供初步视角。法律专业词汇与日常用语之间的差异尤为明显，众多专业术语虽源自通用词汇，却承载着迥异的含义。通过对《法律辞典》和《现代汉语词典》的比较分析，可以观察到同一词汇在不同语境下的意义演变，涵盖了意义的扩充、简化或是全新赋予，其中名词的变化最为常见，动词变化居次。基于 Fillmore 提出的框架语义学，深入探讨了在日常生活与法律领域中词义的分异及其成因。例如，"过错""错误"和"过失"这些在日常用语中可互换使用的词汇，在法律语境下则因所处的法律框架而表现出各自独特的意义和使用场景。如，"过错"在法律语境中特指在主观上的判断失误，尤其是其在民事与刑事法律中的应用。而"错误"虽在这两个领域均有涉及，其具体法律含义则依据不同的法律框架而有所不同。通过对这些术语在各自框架下的使用情况分析，揭示了专业法律词汇是如何根据背后的框架知识赋予特定法律含义的，这种语义变化体现了法律语言的精确性与专业性。专业领域内的日常用语如"过错"，在法律环境中被重新定义，展示了框架知识如何影响词义的生成。例如，日常语境下的"过错"可能指一般性的失误，而在法律领域，则明确区分为"故意"与"过失"，排除普通错误。另外，"过错"在民法中特指违背社会公序良俗的行为，这一概念在通用语言中并不存在。类似地，"盲人"这一非专业术语在法律语境中被特殊定义，用以判断犯罪者的刑事责任，强调对其行为能力的考量。再比如，"创作"在法律语言中特指人的智力活动，与日常用语中对文艺作品创造的泛指不同。

通过这些例证，《法律汉语研究》阐释了专业语言如何依托特定框架对词义进行调整和精确界定，以满足特定交际环境的需求。总之，通过对法律术语与日常用语在法律框架下的语义差异进行剖析，展现了专业词汇的语义多样性和精确性，为法律语言教学和研究提供了重要的参考依据。

《法律汉语研究》旨在系统化法律汉语教学中的专业词汇，区别于自然语言处理的泛化性，着重于词汇的实用与系统化，以便教师和学习者能高效学习专业知识。法律汉语的语义框架根据词义的演变来组织，构建了从域框架到分域框架、再到框架类和框架式的多层级体系，每个层级都包含核心概念和相关词汇。《法律汉语研究》将详述这一语义框架体系，并通过语义网络的方式，展示法律汉语词汇的系统分类。

法律汉语的词义框架与层级结构密切相关，每个框架内的元素都与其上级框架共享特定的语义属性。例如，"合同纠纷"和"继承纠纷"都属于"民事纠纷"类别，体现了它们之间的语义共性。通过对框架内元素的分析，能够加深对更广泛法律概念的理解。Fill more强调，在理解"谴责""指控"等法律动词时，需要设想具体的法律场景和角色配置，这种方法有助于法律汉语学习者在特定情境中回想和拓展词汇，为编写教材和设计教学活动提供理论支持。

法律体系是一个分层清晰的结构体，从宏观的国家法律到微观的法制实践都包括在内。语义框架按照法律汉语的宏观域到微观框架式进行划分，显现出词汇间的细腻联系。通过功能和场景的分类，建立了从法律话语域到具体框架式的层级系统，为法律教学和学习提供了便利。该系统涵盖民事、刑事和诉讼等子领域，通过语义网络形象地展示，使学习者能够系统地掌握法律汉语词汇。

法律词汇的框架式由核心词元及其相关元素构成，其中词元通常指能在特定情境下触发某一概念的词，主要以动词为主。这些核心词元构成了框架的中心，将框架内的词汇通过意义连接起来，形成了一个具体的情景或境况。例如，

"盗窃"框架包含了"盗窃"及其同义词，如"偷""窃得"等，这些词元在特定框架下能够激活与"盗窃"相关的知识和经验，明确犯罪者、受害者及受害财物之间的关系。

Frame Net 通过事件的场景和语法功能来区分核心与非核心框架元素，其中事件的参与者被视为核心，而场景的背景成分则是非核心。在不同框架下，同一词语可能扮演着不同的角色，例如"衣服、鞋子"在交易场景中被视为"商品"，而在盗窃框架中则被视为"赃物"。

总之，通过细致的框架元素划分和语义网络构建，不仅为法律专业人员和学习者提供了准确把握法律条文精神的工具，也为法律教学提供了结构化的语义支撑，促进了法律知识的系统化学习和应用。

基于 Fillmore 的语义框架理论，借鉴 Frame Net 构建方法，深入分析我国法律词汇体系。通过对法律术语进行细致分类、层次分析及语义关系探讨，构建了以"法律域——具体法律领域分域（民事、刑事、诉讼）——词汇框架类——框架式"为结构的语义框架。展示民事、刑事、诉讼等分域中的关键框架，进一步以语义网络形式直观呈现，旨在简化国际中文教育中法律汉语的学习难度，通过系统化、层级化的词汇关联，促进专业用语的有效掌握。在专门用途汉语教育中，通过词汇分类、层次分析及语义框架构建，旨在提高法律汉语教学效率。《法律汉语研究》意在应用研究成果，优化教材编写、教学工具开发，并对教材词汇进行有效分级，以适应法律汉语学习的特定需求。在法律汉语教育领域，教材创新是提高教学质量的关键。

虽然商务汉语等专业领域教材日益完善，法律汉语教材仍显稀缺。参考的三本教材《中国法律专业汉语教程》《法律汉语：商事篇》和《聚焦中国：法律篇》虽各有侧重，但新教材匮乏，与增长的教学需求形成鲜明对比。为改善这一状况，提出几点建议：首先，更新教材内容，反映法律领域最新发展；其次，增加教材数量，满足多样化教学需求；最后，强化词汇教学，确保学生能够掌握专业词汇。在法律汉语教材编写中，选择关键词和课文内容是至关重要的。当前缺乏统一的法律汉语大纲，教材的内容选择依赖于编者对法律知识的理解。合理的关键词范围可以确保教材反映法律汉语的特色。基于现有教材分析，提出以下建议：整本教材应覆盖广泛的法律领域，包括民事、刑事案件及其相关法律概念。选题应紧贴实际，如民事纠纷、刑事犯罪、合同法等，以贴近学习者的实际需求。考虑法律教材的趣味性和生活性，可以结合影视材料或文学作品中的法律故事，但需确保内容的法律真实性，避免误导。重视高频法律关键词的选择，如"合同""著作权""涉外民商事"等，增加这些领域案件的介绍。文本处理时，除法律专业词汇外，其他通用词汇应符合学习者的语言水平，以提高教材的可读性和专业性。

总的来说，法律汉语教材的编写应兼顾法律知识的准确性与学习者的实际需求，通过精心选择的课文内容和关键词，帮助学习者更好地理解和运用法律汉语。在法律汉语教材中，生词表的编排展示了三本主要教材的特点与差异。通过分析，发现教材中大多数生词为通用词汇，与《国际中文教育水平等级标准》对比显示，生词等级普遍向高等词倾斜，其中《聚焦中国：法律篇》包含最多的中等级词汇。各教材针对的学习者汉语水平有明确指示，但生词表中的词汇选择与编排反映了教材对学习者的不同期待。《法律汉语：商事篇》未收录专有名词、古语词等，难度较大，显示了高等级词汇的占比。《聚焦中国：法律篇》则平衡了词汇等级，适中地覆盖了高等级词汇。《中国法律专业汉语教程》未收录词比例较高，包含了许多生僻词汇。

因此，当前法律汉语教材的生词表中不仅包含专业性的法律术语，也有大量难度较高的通用词语，反映出教材文本的高难度。《法律汉语研究》建议在未来的教材编写中，对法律词汇和通用词汇进行明确区分，设置双重词表，以降低学习难度，提高教材的实用性和可读性。

在法律汉语教材中，对法律术语的注释方法多样，体现在不同教材对词语释义的不同处理方式上。例如，《法律汉语：商事篇》主要采用英文释义，而《聚焦中国：法律篇》则提供详细的注释格式，包括简繁体字、拼音、词性和英文释义。另一方面，《中国法律专业汉语教程》在词语注释上进行了更为详细的分层，区分了专业术语、阅读词汇等，并在每课后增加专业知识介绍。教材中对法律词汇的注释不仅仅局限于简单的中英对照，而是应考虑到学习者对法律专业知识的理解和应用。例如，通过提供简单的句子结构释义和实际语境的例句，可以帮助学习者更好地理解词义，尤其是对于通用义与法律义存在差异的词汇，建议在教材中给出区分释义和相应的应用例句。此外，教材编写应避免过分依赖传统的翻译模式，而是通过提供具体的语境和例句来促进学习者形成汉语的认知和思维模式。如对"欺诈"一词，除了基本的英文释义外，还应解释其在法律领域内的具体含义，并通过例句展示其在实际语境中的应用。总之，法律汉语教材的词语注释应着重于提升学习者对法律术语深层次理解和应用能力，通过提供详细释义和丰富语境的例句，帮助学习者在法律领域中有效沟通和理解。

在编写法律汉语词汇工具书时，应明确区分词汇的法律义与通用义，以提高工具书的辅助和专业性。考虑到学习者可能将已习得的通用义误用于理解法律术语，建议编写《法律词汇通用义—法律义词语手册》，便于教师指导和学生自学。例如，对于"决定"这一词汇，通用义与法律义在语境和搭配上有显著差异。在通用语境中，"决定"可作动词表达主张或决策，而在法律语境中，它通常指司法机关的处理结论。通过提供通用语境和法律语境下的例句，工具书可以引导学生识别词义差异，促进对专业法律词汇的理解。

此外，强调学生通过比较通用义和法律义的语义差异，自主辨析，可以提升学习的主动性和思考能力。如，通用语境中的"决定"由任何人发出，而法律语境中通常由法院等司法机关发出。通过示例的对比分析，不仅有助于学生理解法律术语的特定意义，还能激发学生探究相关搭配和语义关系，符合国际中文教育的教学理念，助力于学生更有效地习得新词义。在法律汉语教学中，构建词汇的语义关系和深入理解词义差异对于学生的学习至关重要。基于此，提倡编写专门的法律汉语词汇语义分类词典，作为教学和学习的辅助工具。这样的工具书不仅明确了词汇之间的组合关系和聚合关系，还有助于教师在课堂上有效地进行词汇教学，同时促进学生的词汇记忆和联想能力。例如，词汇"证据"在法律词汇学习中极为关键。通过将其归类于特定的语义框架之中，可以清晰地展示其在法律语境中的核心地位和与之相关的词汇、行为人和词元。通过详细定义、"举证"框架分式的核心元素、非核心元素以及词元，教材可以为学生提供丰富的语义关系和使用语境，从而帮助学生更好地理解和记忆法律专业词汇。进一步地，借鉴信息化时代的发展，考虑将"新形式"的证据，如"微信聊天记录"等，纳入词典中，以反映现实案件中的证据类型。这样的分类词典不仅能满足学习者对词汇联想、类推的需求，而且能够展现语言的全貌和系统，反映社会生活、认知方式及观念世界的变化。

总之，编写法律汉语词汇分类词典，需要明确区分法律义与通用义，并通过实例展示词汇在不同语境中的使用，以增强学习者的词汇理解和应用能力。为了提升法律汉语教学的实用性和精确性，编写一本集中反映法律词汇使用频率的手册是必要的。这种手册将基于大规模语料分析，明确指出在法律语境中高频、中频、低频以及极低频使用的词汇，为法律汉语的学习和教学提供实证基础。

考虑到法律汉语的专业性，此类手册的编写需要详细区分不同频率层级的词汇，并在法律的各个分域内识别出频率相对较高的词语。例如，通过分析法律领域的语料库，可以编制出前 500 个高频词汇的列表，该列表不仅包括专业的法律术语，还包括法律领域中常用的通用词汇和法律专业词汇。同时，手册中还应提供各个下位法律分域的频率词表，以便于用户根据自己的需要快速查找相关词汇。例如，以诉讼分域为例，词表中的词汇应当根据其在法律文本中的出现频率进行分类和标注，以不同颜色区分不同频率层级的词汇。最后，为了方便查询，手册可以包含一个按字母顺序排列的索引，使得用户能够轻松找到特定词汇，并比较该词汇在现代汉语通用领域与法律场景中的使用频率差异。这样的对比不仅有助于揭示某些词汇在不同语境下的使用特点，也促进了对法律专业术语深入理解的同时，了解其在日常语言使用中的差异。通过这样的分类和标注，法律汉语词汇频率手册将成为法律汉语教学和学习中的宝贵资源，帮助学习者更有效地掌握和应用法律专业词汇。

在教学法律汉语时，教材中的生词选择和层级划分至关重要。根据《国际中文教育中文水平等级标准》的指引，教材中的生词可分为法律专业词汇和通用汉语词汇，其中包括法律专业术语和日常通用词。对这些词汇进行细致分类和层级构建，有助于教学内容的系统化和学习效率的提高。基于法律与通用、标准收录与未收录的二维分类模式，教材词汇可被细分为八个类别，进而根据其实用性和难度等级进一步划分为五个层级。这种分类不仅涵盖了纯粹的法律术语，也包含了在法律语境中频繁出现的非专业词汇，如"关系""设立"等，这些词虽非法律专业词汇，但因其在法律短语中的固定搭配而具有接近法律专业的色彩。此外，通过对教材生词的数量统计和层级划分，我们可以看到不同等级的法律术语和通用词汇的分布情况，从而为教材编写提供更精确的指导。具体地，通用初中等词作为第一层级，是学习者较易掌握的基础词汇；法律术语初中等词为第二层级，介绍专业基础；法律术语高等词为第三层级，展示更深入的专业知识；通用高等词和法律术语未收录词构成第四层级，挑战学习者的进阶理解能力；最后，通用未收录词为第五层级，虽非必须掌握，却能增进对课文的全面理解。通过这种层级化的教材词汇划分，旨在帮助教师和学习者更有效地识别和掌握关键词汇，同时促进法律汉语教学的系统性和针对性。这种方法不仅减轻了学习者的负担，也为教师提供了一个清晰的教学指导框架，有助于提升法律汉语教学的质量和效果。

《法律汉语研究》基于前人研究，对法律汉语教材词汇选择、教学辅助用书编写、当前教材生词分层提出了实践建议：首先，在编写新法律汉语教材时可以按照我国现行法律体系选择范畴，以某一法域作为话题选择的范围，关注到法律上的"真实"。围绕一些高频出现的法律关键词和法律事件场景,增加相关内容。对案例素材进行文本处理尽可能地保证除法律词汇外的通用词语应该符合学习者的汉语水平等级,借此提高课文文本可读性,增加专业性。在教材释义和词汇学习中注意法律义与通用义的区别。其次,除教材编写外,使用工具书、教学辅助用书能够减少教师因为"非专业"而产生的教学困难,编写分类词典、词汇频率手册等工具书或能为教师开展教学提供一定的支持。最后,针对教材中繁杂的生词,以《国际中文教育水平等级标准》为参考,以专业术语和非专业术语为界限,进行一定的划分,有助于厘清教材生词层级,为当前的汉语教学提供帮助。

参考文献

一、专著

[1] 陈文力，陶秀墩. 中国文化对外传播战略研究 [M]. 北京：九州出版社，2012.

[2] 彭岚嘉，陈占彪. 中国西部文化发展战略研究 [M]. 北京：中国社会科学出版社，2002.

[3] 邓显超. 中国文化发展战略研究 [M]. 南昌：江西人民出版社，2009.

[4] 复旦大学历史系中国思想文化史研究室. 中国文化研究集刊 [M]. 上海：复旦大学出版社，1984.

[5] 费孝通. 乡土中国 [M]. 北京：人民出版社，2008.

[6] 宫玉振. 中国战略文化解析 [M]. 北京：军事科学出版社，2002.

[7] 韩源等. 国家文化安全论：全球化背景下的中国战略 [M]. 北京：社会科学文献出版社，2013.

[8] 何晓燕. 全球化语境下中国电视剧的跨文化传播研究 [M]. 北京：中国艺术研究院，2012.

[9] 胡惠林. 文化产业发展与国家文化安全 [M]. 广州：广东人民出版社，2005.

[10] 姜加林，于运全. 世界新格局与中国国际传播——"第二届全国对外传播理论研讨会"论文集 [M]. 北京：外文出版社，2012.

[11] 姜加林，于运全. 全球传播：新趋势、新媒体、新实践——第三届全国对外传播理论研讨会论文集 [M]. 北京：外文出版社，2014.

[12] 姜义华. 港台及海外学者论中国近代文化 [M]. 重庆：重庆出版社，1987.

[13] 柯育芳，洪小夏，李琳. 中国文化导论 [M]. 北京：中国档案出版

社，2000.

　　[14] 李宗桂. 中国文化导论 [M]. 广东：广东人民出版社，2002.

　　[15] 童庆炳. 文化评论：中国当代文化战略 [M]. 北京：中华工商联合出版社，1995.

　　[16] 何芳川. 中外文化交流史 [M]. 北京：国际文化出版公司，2016.

　　[17] 桑思奋. 文化评论——中国当代文化战略 [M]. 北京：中华工商联合出版社，1995.

　　[18] 王岳川. 文化输出 [M]. 北京：北京大学出版社，2011.

　　[19] 吴瑛. 文化对外传播：理论与战略 [M]. 上海：上海交通大学出版社，2009.

　　[20] 殷海光. 中国文化的展望 [M]. 北京：桂冠图书股份有限公司，1988.

　　[21] 姚国华. 全球化的人文审思与文化战略：文化立国 [M]. 北京：海天出版社，2002.

　　[22] 宋雨涵. 对外汉语教学理论研究 [M]. 北京：北京工业大学出版社，2018.

　　[23] 胡申生，李远行，章有德. 传播社会学导论 [M]. 上海：上海大学出版社，2002.

　　[24] 周鸿铎. 文化传播学通论 [M]. 北京：中国纺织出版社，2005.

　　[25] 吴信训. 文化传播新论以历史与现实为镜鉴 [M]. 上海：上海人民出版社，2008.

　　[26] 庄晓东. 文化传播：历史、现实和未来 [M]. 北京：人民出版社，2003.

　　[27] 周鸿铎. 文化传播学通论 [M]. 北京：中国纺织出版社，2005.

　　[28] 刘珣. 对外汉语教学引论 [M]. 北京：北京语言大学出版社，2000.

　　[29] 任平，孙文云. 现代教育学概论（第2版）[M]. 广州：暨南大学出版社，2016.

　　[30] 赵长征，刘立新. 中华文化与传播 [M]. 北京：外语教学与研究出版社，2015.

　　[31] 董泽芳. 理念与追求大学发展的思考与探索 [M]. 湖北：华中师范大学出版社出版，2018.

　　[32] 孙英春. 跨文化传播学导论 [M]. 北京：北京大学出版社，2008.

　　[33] 国家汉办/孔子学院总部. 新汉语水平考试大纲 HSK 五级 [M]. 北京：商务印书馆，2010.

[34] 萨丕尔. 语言论 [M]. 北京：商务印书馆，1986.

[35] 刘志刚. 中国文化对外话语体系与传播策略研究 [M]. 北京：社会科学出版社，2019.

[36] 杨中举，戴俊潭. 新编传播学教程 [M]. 山东：山东人民出版社出版，2011.

[37] 邵培仁. 传播学 [M]. 北京：高等教育出版社，2000.

[38] 梁激溟. 中国文化要义 [M]. 上海：学林出版社，1987.

[39] 葛雷，齐彦芬. 西方文化概论 [M]. 北京：中国文化书院，1987.

[40] 杨国枢. 中国人的蜕变 [M]. 台北：台湾桂冠图书公司，1988.

[41] 钱穆. 中国文化导论——文化危机与展望（下）[M]. 北京：中国青年出版社，1989.

[42] 王志章. 对外文化传播学引论 [M]. 武汉：武汉科技大学出版社，1991.

[43] 南怀瑾. 亦新亦旧的一代 [M]. 上海：复旦大学出版社，1995.

[44] 陈谷嘉. 儒家伦理哲学 [M]. 北京：人民出版社，1996.

[45] 贾玉新. 跨文化交际学 [M]. 上海：上海外语教育出版社，1997.

[46] 周思源. 对外汉语教学与文化 [M]. 北京：北京语言文化大学出版社，1997.

[47] 董小川. 儒家文化与美国基督新教文化 [M]. 北京：商务印书馆，1999.

[48] 褚斌杰. 儒家经典与中国文化 [M]. 长沙：湖南教育出版社，2000.

[49] 关世杰. 跨文化交流学 [M]. 北京：北京大学出版社，2002.

[50] 薛明扬. 中国传统文化概论 [M]. 上海：复旦大学出版社，2003.

[51] 乐黛云. 比较文学与比较文化十讲 [M]. 上海：复旦大学出版社，2004.

[52] 李晓琪. 对外汉语文化教学研究 [M]. 北京：商务印书馆，2006.

[53] 戴蓉. 孔子学院与中国语言文化外交 [M]. 上海：上海社会科学院出版社，2013.

[54] 程静宇. 中国传统中和思想 [M]. 北京：社会科学文献出版社，2010.

[55] 程裕祯. 中国文化要略 [M]. 北京：外语教学与研究出版社，2016.

[56] 郝永. 中国文化的基因北京：儒道佛家思想 [M]. 重庆：电子科技大学出版社，2014.

［57］刘长林．中国系统思维［M］．北京：中国社会科学出版社，1990.

［58］屈承熹，潘文国．汉语篇章语法［M］．北京：北京语言文化大学出版社，2006.

［59］孙英春．跨文化传播学［M］．北京：北京大学出版社，2015.

［60］张岱年，成中英．中国思维偏向［M］．北京：中国社会科学出版社，1991.

［61］祖晓梅．跨文化交际［M］．北京：外语教学与研究出版社，2015.

［62］董璐．传播学核心理论与概念［M］．北京：北京大学出版社，2016.

［63］姬建国．跨文化教学意识与国际汉语师资培训［M］．北京：北京师范大学出版社，2011.

［64］李钧，王日美．汉语国际教育：中华文化精神的源流、继承与传播［M］．北京：北京语言大学出版社，2015.

［65］刘珣．对外汉语教育学引论［M］．北京：北京语言文化大学出版社，2000.

［66］邵炳军，姚蓉，杨秀礼．泮池集．首届中国古代文学与地域文化学术研讨会论文集［M］．上海：上海大学出版社，2012.

［67］邵培仁．传播学：媒介理论前沿［M］．杭州：浙江大学出版社，2009.

［68］唐智芳．文化视域下的对外汉语教学研究［M］．长沙：湖南师范大学出版社，2014.

［69］王国安，要英．汉语国际推广与中国文化［M］．上海：学林出版社，2008.

［70］王介南．中国与东南亚文化交流志［M］．上海：上海人民出版社，2010.

［71］王晓音．国际汉语教师素质研究［M］．西安：陕西师范大学出版总社，2020.

［72］吴格言．文化传播学［M］．北京：中国市场出版社，2004.

［73］吴莉．传播学视域内的国际中文教育研究［M］．长春：东北师范大学出版社，2017.

［74］许琳．国际汉语教师标准［M］．北京：外语教学与研究出版社，2007.

［75］张朝霞，黄昭文．文化传播学［M］．北京：中国人民大学出版社，2019.

［76］高华铃．推荐算法及应用［M］．北京：北京邮电大学出版社，2021.

[77] 关世杰. 跨文化交流学 [M]. 北京：北京大学出版社，1995.

[78] 胡文仲. 跨文化交际学概论 [M]. 北京：外语教学与研究出版社，1999.

[79] 黄国文. 大众语篇分析的理论与实践——广告语篇研究 [M]. 上海：上海外国语教育出版社，2001.

[80] 贾玉新. 跨文化交际学 [M]. 上海：上海外语教育出版社，1997.

[81] 祖晓梅. 跨文化交际学 [M]. 北京：外语教学与研究出版社，2015.

[82] 段鹏. 国家形象建构中的传播策略 [M]. 北京：中国传媒大学出版社，2007.

[83] 胡范铸，陈佳璇. 基于"国际传播"概念的汉语国际教育 [M]. 北京：高等教育出版社，2011.

[84] 刘珣. 对外汉语教育学引论 [M]. 北京：北京语言文化大学出版社，2000.

[85] 陆俭明，马真. 汉语教师应有的素质与基本功 [M]. 北京：外语教学与研究出版社，2016.

[86] 强荧，吕鹏. 新闻与传播学国际理论前沿——后媒体时代的视角 [M]. 上海：上海社会科学院出版社，2017.

[87] 张骥. 中国文化安全与意识形态战略 [M]. 北京：人民出版社，2010.

[88] 罗祖兵. 课堂境遇与教学生成 [M]. 北京：人民教育出版社，2012.

[89] 束定芳. 外语教学改革：问题与对策 [M]. 上海：上海外语教育出版社，2004.

[90] 王坤庆，教育哲学简明教程 [M]. 武汉：华中师范大学出版社，2011.

[91] 吴应辉. 汉语国际传播研究理论与方法 [M]. 北京：中央民族大学出版社，2015.

[92] 邢福义. 文化语言学 [M]. 武汉：湖北教育出版社，2000.

[93] 许静. 传播学概论 [M]. 北京：清华大学出版社，2017.

[94] 威尔伯·施拉姆，威廉·波特. 传播学概论 [M]. 何道宽，译. 北京：中国人民大学出版社，2010.

[95] 哈罗德·拉斯韦尔. 传播在社会中的结构与功能 [M]. 何道宽，译. 北京：中国传媒大学出版社，2013.

[96] 中根千枝. 日本社会 [M]. 许真，译. 天津：天津人民出版社，1982.

[97] 哈罗德·伊尼斯. 传播的偏向 [M]. 何道宽，译. 北京：中国传媒大

学出版社，2015.

[98] 萨默瓦·波特. 跨文化传播 [M]. 闵惠泉，译. 北京：中国人民大学出版社，2010.

[99] 莱斯利·怀特. 文化科学 [M]. 曹锦清，译. 杭州：浙江人民出版社，1988.

[100] 爱德华·霍尔. 超越文化 [M]. 何道宽，译. 北京：北京大学出版社，2010.

[101] 爱德华·霍尔. 无声的语言 [M]. 何道宽，译. 北京：北京大学出版社，2010.

[102] 施拉姆. 传播学概论 [M]. 何道宽，译. 北京：中国人民大学出版社，2019.

[103] 爱德华·萨丕尔. 语言论——言语研究导论. 陆卓元，译. 北京：商务印书馆，1985.

[104] 蚁布斯. 文化研究与文化参与 [M]. 俞国强，译. 北京：北京大学出版社，1997.

[105] 埃里克·方纳. 美国自由的故事 [M]. 王希，译. 北京：商务印书馆，2002.

[106] 埃姆·格里芬. 初识传播学 [M]. 展江，译. 北京：北京联合出版社，2016.

[107] 特希·兰塔能. 媒介与全球化 [M]. 章宏，译. 北京：中国传媒大学出版社，2016.

[108] 埃里克·方纳. 美国自由的故事 [M]. 王希，译. 北京：商务印书馆，2002.

[109] D e Swan A. Word soft the World：The Global Language System [M]. Cambridge：Cambridge Press and Blackwell，2001.

[110] Long M. H. Second Language Needs Analysis [M]. London：Cambridge CUP，2005.

二、期刊

[1] 李玮，杨晓峰. 中国传统文化中和谐观的哲学思考 [J]. 内蒙古农业大学学报（社会科学版），2008（05）：190-191.

[2] 许琳. 孔子学院的教与学 [J]. 海外华文教育动态，2011（12）：26-30.

[3] 阮静．非物质文化遗产与对外汉语教育 [J]．中南民族大学学报（人文社会科学版），2012（03）：176-178．

[4] 全京．中国文化有效传播视域下的国际中文教育教学设计初探 [J]．汉字文化，2022（S1）：152-153+175．

[5] 杨薇．国际传播视域下国际中文教育文化教学的内容选择 [J]．天津师范大学学报（社会科学版），2022（04）：41-46．

[6] 赵欣扬．国际中文教育的文化教学与文化传播策略探析 [J]．汉字文化，2023（S1）：134-136．

[7] 吴中伟．中国文化教学与中文教学的结合途径 [J]．国际汉语教学研究，2022（02）：8-15．

[8] 贾烈英．论中国特色大国外交思想的理论内涵及实现方式 [J]．陕西师范大学学报（哲学社会科学版），2021（01）：17-24．

[9] 梁宇，刘晶晶，李诺恩，等．内涵式发展之"内涵"：国际中文教育教学资源建设的维度 [J]．天津师范大学学报（社会科学版），2023（01）：38-44．

[10] 张金哲，耿欣雨，张静怡．国际中文教育的中国文化传播现状 [J]．国际公关，2023（17）：167-169．

[11] 马春燕．中国故事的"他方"讲述与传播初探——以来华留学生为视角 [J]．理论导刊，2017（08）：93-96．

[12] 李巍，盛洁．孔子学院和法语联盟语言教学比较与启示 [J]．科教文汇（上旬刊），2021（28）：187-189．

[13] 单波，王金礼．跨文化传播的文化伦理 [J]．新闻与传播研究，2005（01）：36-42+95．

[14] 王艳玲，朱楠．文化间性视域下跨文化传播中的文化认同研究 [J]．天津师范大学学报（社会科学版），2023（03）：87-92．

[15] 刘晶晶，郁影，张哲．文化自信视域下中文国际传播的典型特征与演进路径 [J]．辽宁师范大学学报（社会科学版），2023（04）：39-43．

[16] 郭晶，吴应辉．孔子学院发展量化研究（2015~2017）[J]．云南师范大学学报（哲学社会科学版），2018（5）：36-44．

[17] 李凌艳．汉语国际推广背景下海外汉语教学师资问题的分析与思考 [J]．语言文字应用，2006（S1）：75-81．

[18] 李泉．再论汉语国际化规划 [J]．语言教育，2021（04）：77-84．

[19] 李宝贵，魏禹擎．中文纳入法国国民教育体系现状、动因、挑战与对

策 [J]. 天津师范大学学报（社会科学版），2021（3）：22-28.

[20] 沈国麟. 全球平台传播：分发、把关和规制 [J]. 现代传播（中国传媒大学学报），2021（1）：15-20.

[21] 孙琳，韩霓. 中文国际传播的区域国别研究 [J]. 云南师范大学学报（对外汉语教学与研究），2024（01）：85-92.

[22] 俞吾金. 启蒙的缺失与重建——对当代中国文化发展的思考 [J]. 上海师范大学学报：哲学社会科学版，2010（4）：9.

[23] 葛剑雄. 中国文化如何走向世界 [J]. 参花（下），2012（7）：25-28.

[24] 冯敏. 关于当代中国文化建设的思考 [J]. 现代交际：学术版，2016（13）：19-26.

[25] 郭建宁. 关于当代中国文化建设的思考 [J]. 学术探索，2008（4）：111-115.

[26] 陈秉公. 论中国传统文化的价值与文化战略 [J]. 社会科学辑刊，1988（03）9-16.

[27] 胡雁. 构建新世纪中国对外文化战略 [J]. 中国特色社会主义研究，2003（6）：4.

[28] 蒋凯. 来华留学生教育的战略定位：基于多因素的分析 [J]. 中国高教研究，2010（5）：4.

[29] 李华勇. 中国传统文化在英语国家的影响力差异研究——基于GloWbE语料库的中国传统文化关键词视角 [J]. 重庆邮电大学学报：社会科学版，2014（4）：6.

[30] 李杰. 中国传统文化与中国外交理论建设 [J]. 外交评论：外交学院学报，2006（6）：5.

[31] 李智. 试论文化外交 [J]. 外交学院学报，2003（1）：5.

[32] 罗建波. 软实力与中国文化战略的发展走向 [J]. 新远见，2006（9）：8.

[33] 罗建波. 中国崛起的对外文化战略——一种软权力的视角 [J]. 中共中央党校学报，2006（3）：4.

[34] 罗建波. 构建中国崛起的对外文化战略 [J]. 现代国际关系，2006（3）：5.

[35] 王岳川. 从"去中国化"到"再中国化"的文化战略——大国文化安全与新世纪中国文化的世界化 [J]. 贵州社会科学，2008（10）：11.

［36］王虎学. 多元社会的价值重建——论社会主义核心价值体系的历史生成与自觉建构［J］. 北京师范大学学报：社会科学版，2011（5）：7.

［37］刘曦雯. 哈萨克斯坦与新疆留学生教育的合作交流研究［J］. 现代商贸工业，2018（24）：178-179.

［38］崔希亮. 关于汉语国际教育的学科定位问题［J］. 世界汉语教学，2015（03）：405-411.

［39］吴应辉. 汉语国际教育面临的若干理论与实践问题［J］. 云南师范大学学报（哲学社会科学版），2016（01）：38-46.

［40］刘伟. 孔子学院的文化软实力作用［J］. 云南师范大学学报（对外汉语教学与研究版），2010（4）：40-45.

［41］肖珺. 多模态话语分析：理论模型及其对新媒体跨文化传播研究的方法论意义［J］. 武汉大学学报（人文科学版），2017（6）：126-134.

［42］马兴祥，王欣芳. 霍夫斯泰德文化维度理论在中国跨文化传播研究中的应用［J］. 当代传播，2018（6）：104-107.

［43］许琳. 汉语加快走向世界是件大好事［J］. 语言文字应用，2006（S1）.

［44］朱瑞平. 汉语国际推广中的文化问题［J］. 语言文字应用，2006（S1）：111-116.

［45］李冬梅. 对外汉语教学与中国文化传播［J］. 长春工程学院学报（社会科学版），2007（3）：50-53.

［46］胡丽娜. 昆曲青春版《牡丹亭》跨文化传播的意义［J］. 武汉大学学报（人文科学版），2009（1）：67-71.

［47］张洁. 国际汉语文化推广路径思考［J］. 佳木斯职业学院学报，2019（06）：169-170.

［48］孟建. 提升中华文化影响力——建构跨文化分层传播体系的思考［J］. 中国编辑，2020（11）：31-34.

［49］毛楠楠. 浅谈汉语国际推广与中华文化传播的关系［J］. 新闻世界，2019（01）：80-83.

［50］卞海艳. 汉语国际推广事业与中华文化［J］. 语文学刊，2010（03）：131-132.

［51］景志红. 汉语国际教育与文化推广研究［J］. 才智，2014（22）：275.

［52］张英. 对外汉语文化因素与文化知识教学研究［J］. 汉语学习，2006（6）：59-65.

[53] 黄晓颖. 汉语国际推广背景下的有效教学 [J]. 东北师大学报 (哲学社会科学版), 2011 (5): 172-176.

[54] 肖锐, 张云春, 赵晶, 等. 基于SWOT分析的尼泊尔汉语国际推广策略研究 [J]. 云南师范大学学报 (对外汉语教学与研究版), 2019 (6): 74-81.

[55] 许琳. 汉语加快走向世界是件大好事 [J]. 语言文字应用, 2006 (S1): 8-12.

[56] 王荣莲. 汉语国际教育中的文化教学内容 [J]. 中小企业管理与科技 (上旬刊), 2010 (10): 132-133.

[57] 王宏敏, 李光杰, 菊艳玲. 汉语国际推广背景下的文化传播 [J]. 新闻传播, 2016 (01): 20-21.

[58] 董学峰. 汉语国际推广存在的问题及对策 [J]. 东北师大学报 (哲学社会科学版), 2016 (01): 58-62.

[59] 刘巍. 影视教学与留学生汉语交际能力的培养 [J]. 现代交际, 2010 (03): 62-64.

[60] 严慧仙. 对外汉语文化知识教学探析——以《中国国情与文化》课程为例 [J]. 浙江外国语学院学报, 2012 (4): 14-18.

[61] 许嘉璐. 中国文化如何影响世界 [J]. 人民论坛, 2016 (3): 10-13.

[62] 赵丽玲, 舒路萍. 论国际汉语教师应备文化推广能力的构成 [J]. 湖北工业大学学报, 2013 (3): 98-102.

[63] 胡晓琼, 赵鑫宇. 中国文化传播背景下"中外学生学习共同体"模式的建构 [J]. 三峡大学学报 (人文社会科学版), 2020 (5): 74-78.

[64] 蔡熙. 关于文化间性的理论思考 [J] 大连大学学报, 2009 (01): 80~84.

[65] 丁和根. 大众传媒话语分析的理论、对象与方法 [J]. 新闻与传播研究, 2004 (01): 37-42+95.

[66] 樊笛. 基于文化融合的对外汉语教学角色探析 [J]. 河南教育, 2013 (09): 42-43.

[67] 何道宽. 介绍一门新兴学科——跨文化的交际 [J]. 外国语文, 1983 (02): 70-73.

[68] 胡炯梅. 跨文化交际中折射出的文化差异研究——基于中亚留学生的跨文化交际案例分析 [J]. 云南师范大学学报, 2016 (03): 86-92.

[69] 曲凤荣. 对外汉语教学视阈下的跨文化冲突与策略 [J]. 黑龙江高教研究, 2012 (08): 185-187.

[70] 唐丽萍，马月秋. “中国崛起”在美国大报中的话语建构——一项语料库语言学方法辅助下的批评话语分析 [J]. 燕山大学学报，2013（04）：6-11.

[71] 卫乃兴，李文中，濮建忠，等. 变化中的语料库语言学 [J]. 解放军外国语学院学报，2014（01）：1-9+159.

[72] 吴国华. 论知识文化与交际文化 [J]. 教学研究，1989（02）：71-76.

[73] 邢瀛文. 对外汉语教学中的文化分析 [J]. 智库时代. 2019（47）：198-199.

[74] 杨国章. 文化教学的思考与文化教学的设计 [J]. 世界汉语教学，1991（04）：237-239.

[75] 俞思念. 全球化时代的文化力与文化竞争 [J]. 当代世界与社会主义，2006（06）：92-95.

[76] 张英. 论对外汉语文化教学汉语学习 [J]. 汉语学习，1994（05）：46-50.

[77] 赵贤州. 文化差异与文化导入论略 [J]. 语言教学与研究，1989（1）：45.

[78] 赵燕娇. 中西方思维方式的差异与对外汉语教学 [J]. 城市地理，2015（18）：224-225.

[79] 白雪. 地域文化视域下的对外汉语教学研究——以泰山文化为例 [J]. 文化创新比较研究，2020（16）：187-189.

[80] 陈丽媛，李同，张晓颖，王士举. 国际中文教育推广视域下地域文化的开发与对外传播 [J]. 视听，2018（11）：223-224.

[81] 程书秋. 地方文化语境的综合利用与对外汉语教学 [J]. 黑龙江高教研究，2008（12）：180-181.

[82] 范志坚，丁丽. 高校国际中文教育中的文化教学研究 [J]. 汉字文化，2021（23）：95-96.

[83] 韩雅琪. 汉语国际教育下中华文化传播的作用及内容选择 [J]. 文教资料，2019（02）：67-68.

[84] 黄艳碧. 广西民俗文化在对外汉语教学中的传播 [J]. 汉字文化，2020（20）：78-79.

[85] 刘康杰. 中国地域文化对外传播的特例——广府文化海外传播的现象与本质 [J]. 北大新闻与传播评论，2015（00）：215-228.

[86] 石潇. 浅议对外汉语初级教学中的文化传播策略 [J]. 散文百家（新语文活页），2020（05）：189.

[87] 王松媛. 对外汉语教学中的中华传统文化传播策略 [J]. 文学教育（上），2016（08）：80-81.

[88] 王雪吟，彭新博. 汉语国际教育与中华文化国际传播研究 [J]. 中国多媒体与教学学报（上旬刊），2022（11）：54-57.

[89] 许迎春. 安徽地域文化融入国际中文教育的实践与思考——以安徽师范大学为例 [J]. 安徽广播电视大学学报，2019（04）：51-55.

[90] 张凤琦. "地域文化"概念及其研究路径探析 [J]. 浙江社会科学，2008（04）：63-66+50+127.

[91] 张会，陈晨. "互联网+"背景下的汉语国际教育与文化传播 [J]. 语言文字应用，2019（02）：30-38.

[92] 张妙雪. 对外汉语教学中地域文化融入问题研究 [J]. 山西青年，2019（07）：140+139.

[93] 张素红. "互联网+"背景下对外汉语教学新模式 [J]. 现代职业教育，2020（44）：104-105.

[94] 张亚. 边疆少数民族地区文化在国际学生中的传播与影响研究——以广西民族师范学院为例 [J]. 广西教育，2018（15）：50-51+71.

[95] 周琳娜. 地域文化因素与对外汉语教学研究：以辽宁为例 [J]. 黑龙江史志，2014（11）：332-333.

[96] 庄少月. 试论闽南石文化向海外传播及影响 [J]. 福建省社会主义学院学报，2017（01）：76-81

[97] 左姗华，杨杉梅. 民俗文化在对外汉语教学中的重要性研究 [J]. 产业与科技论坛，2020（16）：195-196.

[98] 包文英. 汉语国际推广研究述评 [J]. 云南师范大学学报（对外汉语教学与研究版），2011（01）：59-65.

[99] 陈永莉. 试论汉语国际推广的文化战略定位 [J]. 北京社会科学，2008（04）：79-82.

[100] 董学峰. 汉语国际推广存在的问题及对策 [J]. 东北师大学报（哲学社会科学版），2016（01）：58-62.

[101] 郭丽颖. 试论当今国际形势下的汉语国际推广 [J]. 当代经济，2009（22）：118-119.

[102] 姜红. 论汉语国际推广的经济价值 [J]. 华东经济管理，2009

（06）：151-153.

　　[103] 雷小兰. 语言的经济价值分析 [J]. 西安交通大学学报（社会科学版），2009（06）：107-110.

　　[104] 林华东. 制约语言传播的几个因素——论汉语的国际推广 [J]. 绍兴文理学院学报（哲学社会科学版），2007（03）：35-39.

　　[105] 卢晓晴，冯刚. 中国语言文化国际传播的借鉴与反思——基于日语国际传播的比较 [J]. 对外传播，2015（11）：56-58.

　　[106] 吕浩雪，李联明，胡燕华. 国际汉语推广的理念与策略 [J]. 中国大学教学，2007（07）：72-74.

　　[107] 任荣. 从语言经济学的角度看"英语热"和"汉语危机"之争 [J]. 成都大学学报（教育科学版），2007（02）：93-96.

　　[108] 沈荭，袁继锋. 汉语国际推广的地域性研究 [J]. 重庆大学学报（社会科学版），2009（02）：114-118.

　　[109] 王淳. 语言学跨学科理论演进中的路径依赖与整合——基于语言经济学的研究 [J]. 东北师大学报（哲学社会科学版），2010（06）：120-125.

　　[110] 王海兰，宁继鸣. 汉语国际传播的微观基础与路径选择 [J]. 云南师范大学学报（对外汉语教学与研究版），2019（02）：84-92.

　　[111] 王建勤. 汉语国际推广的语言标准建设与竞争策略 [J]. 语言教学与研究，2008（01）：65-72.

　　[112] 文红. 全球化背景下汉语经济价值展望 [J]. 湖南商学院学报，2007（04）：108-109.

　　[113] 苏剑. 构建和发展我国语言产业的思考 [J]. 中国社会科学院研究生院学报，2014（2）：108-112

　　[114] 王志刚，倪传斌，王际平，等. 外国留学生汉语学习目的研究 [J]. 世界汉语教学，2004（03）：67-78+3-4.

　　[115] 叶子. 汉语国际推广背景下的教材建设与出版 [J]. 语言文字应用，2006（S1）：99-103.

　　[116] 尹海良. 对外汉语教育素材的"叙述视角"意识 [J]. 广西民族大学学报（哲学社会科学版），2008（S2）：173-174.

　　[117] Alexander W. Construction International Politics [J]. International 01Security, 1995（1）：71-81.

　　[118] Benjamin, J. Two-way streets: Recognition of difference and the inter subjective third [J]. Differences, 2006（1）：116-146.

［119］Carl R. R. On becoming a person ［J］. Pastoral Psychology，1956（1）：9-13.

［120］Gil J. A. The promotion of Chinese language learning and China's soft power ［J］. Asian Social Science，2009（10）：116-122.

［121］Grin F. The economic approach to minority languages ［J］. Journal of Multilingual&Multicultural Development，1990（1-2）：153-173.

［122］Grin F. The economic soft language education ［J］. Encyclopedia of Language and Education，2008（1）：83-93.

三、报纸

［1］王觅，康春华. 讲好中国故事展现中国形象 ［N］. 文艺报，2022-01-21.

［2］习近平在中共中央政治局第三十次集体学习时强调加强和改进国际传播工作展示真实立体全面的中国 ［N］.《人民日报》，2021-06-02.

［3］黄鑫. 文化传播也需参考他方视角 ［N］. 中国文化报，2008-11-26.

［4］李宇明. 转变来华留学生教育的观念 ［N］. 社会科学报，2016-8-4.

［5］李云雷. 何谓"中国故事"［N］.《人民日报》，2014-1-24.

［6］姜飞. 中国视角下的新知识生产 ［N］. 中国社会科学报，2010-02-02.

［7］黄廓，姜飞. 在博弈中规划跨文化传播地图 ［N］. 中国社会科学报，2009-10-20.

［8］联合国安理会决议首次载入"构建人类命运共同体"重要理念，反映国际社会共识 ［N］.《人民日报》，2017-3-21.

［9］韦九报，张冬冬. 在线教育助推国际中文教育转型 ［N］. 中国社会科学报，2023-01-30.

［10］常大群. 孔子学院与中国文化传播初探 ［N］.《光明日报》，2010-04-28.

［11］陈至立. 对外汉语推广和中外文化交流的成功实践 ［N］.《人民日报》，2014-12-19.

［12］孔子学院发展规划（2012-2020年）［N］.《光明日报》，2013-02-28.

［13］梁琳. 慕课：与网络孔子学院 ［N］.《光明日报》，2014-11-06.

四、学位论文

［1］胡文涛. 美国对华文化外交的历史轨迹与个案分析 ［D］. 广州：暨南

大学，2005.

[2] 周璐铭. 中国对外文化战略研究（2000-2015）[D]. 北京：中共中央党校，2015.

[3] 陈红琳. 新疆师范大学汉语国际教育中华文化传播研究 [D]. 乌鲁木齐：新疆师范大学，2021.

[4] 陈菁菁. 中国形象：拉美地区跨文化传播研究 [D]. 上海：复旦大学，2014.

[5] 孙莉莉. 对外汉语教学中的文化传播研究 [D]. 长春：吉林大学，2013.

[6] 王艺菲. 韩国书井高中汉语文化教学调查报告 [D]. 西安：西安外国语大学，2017.

[7] 郑化淑. 留学生汉语教学中文化教学的研究 [D]. 哈尔滨：黑龙江大学，2011.

[8] 代偲. 传播学视域下国际中文教育传播者研究 [D]. 济南：山东大学，2018.

[9] 高怡. 传播学视域下国际中文教育传播效果研究 [D]. 济南：山东大学，2017.

[10] 李琪琨. 传播学视野下国际中文教育"中国故事"的教学：中国诚信故事的选文及教学处理研究 [D]. 海南：海南师范大学，2018.

[11] 刘佳. 甘肃特色文化的国际传播研究 [D]. 兰州：西北师范大学，2015.

[12] 谢叔咏. 传播学视域下国际中文教育受众分析 [D]. 济南：山东大学，2016.

[13] 李颖. 社会建构主义视域下中国文化网的跨文化传播研究 [D]. 西安：陕西师范大学，2019.

[14] 宗文婷. 我国汉语国际教育背景下面向韩国的文化传播研究 [D]. 济南：山东大学，2013.

[15] 王彩霞. 国际传播视角下的巴基斯坦汉语教学研究 [D]. 武汉：华中师范大学，2022.

后　记

　　文化全球化的国际大背景，给我国国际文化传播提供了更大的发展空间。目前，我国正处于重要的历史机遇期，振兴中华文化，传播中华文明是民族复兴的重大任务和战略课题。积极地实施国际文化传播战略，广泛传播中华文化，传播地域文化，增强文化影响力和竞争力，这对于提升我国文化软实力具有重要而深远的意义。新时代国际传播能力的提升至关重要，从国际地位的提升到国际形象的塑造，都需要强大的国际传播能力来支撑。而加强中华文化的对外交流与沟通，有利于推动构建人类命运共同体。人类命运共同体的建构要尊重世界文明的多样性，以交流、互鉴、共存去超越不同文明间的隔阂和冲突。推动构建人类命运共同体，积极开展世界各国文化之间的交流、融合和贯通，构建开放包容的人类文化发展形态，有利于推动人类社会繁荣进步。

　　2018年，时任国务院副总理孙春兰在第十三届孔子学院大会上首次提出"汉语+"概念，强调实施"汉语+"项目要因地制宜开设技能、商务、中医等特色课程，建立务实合作支撑平台。要坚持开门办学，发挥双方办学优势，培养更多熟悉双方国家的优秀人才，搭建友好的国家交往平台，不断深化中外友谊，积极推动构建人类命运共同体。"汉语+"与"中文+"均体现出国际中文教育服务国家发展战略、助力构建人类命运共同体的新使命和新担当，旨在通过中文教育促进中外人文交流，推动中国与世界各国的互学互鉴、合作共赢。"中文+"模式将中文教育与中国经济、文化、科技等领域的快速发展相结合，为世界各国提供更多的中文教育资源和机会，以满足各国人民对中文学习的需求。

　　"中文+"模式是在我国综合国力和国际地位不断提高的情况下，对国际中文教育的一次重要创新。是适应国际中文教育转型发展的需要，满足持续推进对复合型技术技能本土人才的旺盛需求，是对"中文+职业技能"理论研究和教育实践的积极践行。"中文+"模式的提出旨在推动国际中文教育事业向更深更广的方向发展，将中文教学与技能培训结合起来，更好地服务当地社会和经济发展。它侧重在语言学习基础上进行其他专业的学习，有助于实现海外人才市场"需求侧"与国际中文教育人才培养"供给侧"的无缝对接，进而满足当地经济社会的发展需要，满足建设发展的需求。

　　"中文+"模式的提出为国际汉语教育的理论体系提供了新的思路和方法，丰富和发展了国际汉语教育的理论体系。该模式注重跨文化交际、全球视野和实际应用等方面的培养，为国际汉语教育的理论体系提供了新的视角和观点，有助于推动该领域理论的不断完善和发展，也有助于"增强中华文明传播力影响力""推动中华文化更好走向世界"。

　　本书是吉林外国语大学国际中文教育"中文+"师资培养模式创新团队的阶段性成果。全书由宋学清教授和肖可意副教授带领课题组成员共同完成，研究生郭茜跃和杨秀悦同学负责全书的校对工作，曲婉婷、方志鑫、诸淑淇、高洁、陈彦羽、梁家豪、朱若源、杜路遥、孙杜鑫、徐乐亭、金彦希、马德雄、石沛霖、许赫冰、焦晨熙、张欣睿等同学，参与到本书的文献收集整理、组织文字、修订内容等工作，在此一并感谢！有关"中文+"模式与中国文化对外传播的研究方兴未艾，书中错误、偏颇之处难免，期望读到此书的专家、学者、同仁们多多批评指正！